revista de derecho público

Allan R. ~~I003349~~ `I0033499`

~~allan@brewercarias.com~~
http://www.allanbrewercarias.com

José Ignacio **HERNÁNDEZ G**, Sub-Director
jihernandez@ghm.com.ve

Mary **RAMOS FERNÁNDEZ**, Secretaria de Redacción
maryra77@gmail.com

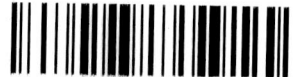

Revista de Derecho Público
Fundación de Derecho Público

Torre América, PH, Av. Venezuela, Bello Monte, Caracas 1050, Venezuela
Email: fundaciondederechopublico1@gmail.com.

Editada por la **Fundación Editorial Jurídica Venezolana**, Avda. Francisco Solano López, Torre Oasis, P.B., Local 4, Sabana Grande, Caracas, Venezuela. Telf. (58) 212 762–25–53/38–42/ Fax. 763–52–39 Apartado Nº 17.598 – Caracas, 1015–A, Venezuela.

Email: fejv@cantv.net

Pág. web: http://www.editorialjuridicavenezolana.com.ve

© 1980, FUNDACIÓN DE DERECHO PÚBLICO/EDITORIAL JURÍDICA VENEZOLANA

Revista de Derecho Público
N° 1 (Enero/marzo 1980)
Caracas.Venezuela

Publicación Trimestral

Hecho Depósito de Ley
Depósito Legal: pp 198002DF847
ISSN: 1317-2719
1. Derecho público–Publicaciones periódicas

Normas para el envío de originales

La Revista de Derecho Público aceptará artículos inéditos en el campo del derecho público. Los artículos deberán dirigirse a la siguiente dirección secretaria@revistadederechopublico.com

Se solicita atender a las normas siguientes:

1. Los trabajos se enviarán escritos a espacio y medio, con una extensión aproximada no mayor de 35 cuartillas tamaño carta.

2. Las citas deberán seguir el siguiente formato: nombre y apellidos del autor o compilador; título de la obra (en letra cursiva); volumen, tomo; editor; lugar y fecha de publicación; número de página citada. Para artículos de revistas u obras colectivas: nombre y apellidos del autor, título del artículo (entre comillas); nombre de la revista u obra colectiva (en letra cursiva); volumen, tomo; editor; lugar y fecha de publicación; número de página citada.

3. En su caso, la bibliografía seguirá las normas citadas y deberá estar ordenada alfabéticamente, según los apellidos de los autores.

4. Todo trabajo sometido deberá ser acompañado de dos resúmenes breves, en español e inglés, de unas 120 palabras cada uno y con una palabras clave (en los dos idiomas)

5. En una hoja aparte, el autor indicará los datos que permitan su fácil localización (N° fax, teléfono, dirección postal y correo electrónico). Además incluirá un breve resumen de sus datos académicos y profesionales.

6. Se aceptarán para su consideración y arbitraje todos los textos, pero no habrá compromiso para su devolución ni a mantener correspondencia sobre los mismos.

La adquisición de los ejemplares de la Revista de Derecho Público puede hacerse en la sede antes indicada de la Fundación Editorial Jurídica Venezolana, o a través de la librería virtual en la página web de la Editorial: http://www.editorialjuridicavenezolana.com

La adquisición de los artículos de la Revista en versión digital puede hacerse a través de la página web de la Revista de Derecho Público: http://www.revistadederechopublico.com

Las instituciones académicas interesadas en adquirir la Revista de Derecho Público mediante canje de sus propias publicaciones, pueden escribir a canje@revistadederechopublico.com

La Revista de Derecho Público se encuentra indizada en la base de datos CLASE (bibliografía de revistas de ciencias sociales y humanidades), Dirección General de Bibliotecas, Universidad Nacional Autónoma de México, LATINDEX (en catálogo, Folio N° 21041), REVENCYT (Código RVR068) y DIALNET (Universidad de la Rioja, España).

Portada: Lilly Brewer (1980)

Diagramado y montaje electrónico de artes finales: Mirna Pinto, en letra Times New Roman 9,5, Interlineado 10,5, Mancha 20x12.5

Hecho el depósito de Ley
Depósito Legal: lfi54020153401898
ISBN Obra Independiente: 978-980-365-312-5

Impreso por: Lightning Source, an INGRAM Content company
para Editorial Jurídica Venezolana International Inc.
Panamá, República de Panamá.
Email: ejvinternational@gmail.com

reuista de derecho publico

N° 138
Abril – Junio 2014

Director Fundador: Allan R. Brewer-Carías
Editorial Jurídica Venezolana
Fundación de Derecho Público

SUMARIO

ESTUDIOS

Artículos

LEGISLACIÓN

Información Legislativa

JURISPRUDENCIA

Información Jurisprudencial

Comentarios Jurisprudenciales

RESEÑA BIBLIOGRÁFICA

ÍNDICE

ESTUDIOS

Artículos

Análisis dinámico del derecho administrativo: Construyendo el camino del desarrollo

Luis Fraga Lo Curto[1]

Abogado

Resumen: *El propósito de este artículo es el de contraponer el criterio de eficiencia dinámica propuesto por la escuela austríaca de economía, basado en el descubrimiento empresarial y la coordinación de los desajustes sociales, y los criterios de Pareto y Kaldor-Hicks, basados en la asignación de recursos dados. Así mismo, mostrar que a través del análisis de eficiencia dinámica, el derecho administrativo puede ser utilizado como un instrumento para el desarrollo y la creación de riqueza. Por último, daremos algunas recomendaciones de cómo podría lograrse esta meta.*

Palabras Clave: *Eficiencia estática, óptimo de Pareto, criterio de Kaldor-Hicks, eficiencia dinámica, descubrimiento empresarial, coordinación, análisis económico del derecho administrativo.*

Abstract: *The aim of this paper is to contrast the dynamic efficiency criterion proposed by the Austrian school of economics, based on the entrepreneurial discovery and social coordination, with the criteria of Pareto and Kaldor-Hicks, based on the allocation of given resources. Additionally, to show that through the dynamic efficiency analysis, administrative law can be used as an instrument for development and wealth creation. Finally, to present some recommendations on how this goal could be achieved.*

Key words: *Static efficiency, Pareto optimality, Kaldor-Hicks efficiency, dynamic efficiency, entrepreneurial discovery, social coordination, economic analysis of administrative law.*

---

[1] Abogado egresado de la Universidad Católica Andrés Bello (2013), candidato a la Maestría en Derecho de los Negocios de la Université de Lyon. www.luisfragalocurto.com.

I. INTRODUCCIÓN

Pareciera excesivamente reiterativo y hasta tedioso comenzar este trabajo afirmando que la economía es una ciencia que estudia la conducta humana en el marco de la escasez, como apuntaban Lionel Robbinsy Ludwig von Mises. Pero no lo es.

Dice el profesor Ludwig von Mises que los principios de la economía:

"No derivan de la experiencia. Son como aquellos de la lógica o la matemática, deducibles a priori. No están sujetos a verificación o a falsificación a través de la experiencia o los hechos empíricos. Estos son tanto lógica como temporalmente anteriores a cualquier compresión de los hechos históricos. Son el requisito necesario para cualquier apreciación intelectual de los eventos históricos."[2]

Para Mises, las bases que sustentan el pensamiento económico *"no son axiomas elegidos arbitrariamente, sino proposiciones autoevidentes presentes de forma clara y necesaria en todas las mentes humanas"*[3]. El axioma central y el punto de partida de la teoría económica es la acción humana[4], concepto que trataremos a lo largo de este trabajo.

Decir que la economía estudia la acción del ser humano y no a la materia inerte, inexorablemente sometida a las leyes de la naturaleza, sigue siendo un enorme desafío. Empezar por este axioma irrefutable: *el ser humano actúa*, nos conlleva a tomar el tristemente olvidado camino del análisis dinámico.

La excesiva matematización y el casi absoluto basamento en supuestos *hechos históricos* de la metodología económica moderna así lo demuestran. Estos paradigmas afectan a la economía en todas sus ramas, y el análisis económico del derecho es ejemplo de ello.

En las siguientes páginas, estudiaremos los fallos metodológicos que conlleva el análisis a través de los criterios de eficiencia generalmente utilizados.

Así mismo, trataremos de rescatar el análisis dinámico de la tradición austríaca, basado en la valorización subjetiva, el proceso del descubrimiento empresarial y la coordinación de los desajustes sociales que éste produce.

Por último, trataremos de mostrar cómo el análisis de eficiencia dinámica es crucial en la creación del derecho administrativo. Así mismo, estudiaremos cómo puede este análisis transformar esta rama del derecho en una herramienta para el desarrollo y la generación de riqueza.

I. NOCIONES GENERALES SOBRE LOS CRITERIOS DE EFICIENCIA

El análisis económico del derecho es una herramienta vital para el operador jurídico. Nos permite comprender de mejor forma por qué tiene éxito o por qué fracasa determinada regulación en su aplicación práctica y cómo lograr llevarla a cabo de forma eficiente.

¿Pero por qué es tan importante? ¿Qué es lo que nos ofrece este innovador instrumento de análisis?

---

[2]   von Mises, Ludwig. *Human Action. A Treatise on Economics*. 1998, p. 32.

[3]   von Mises, Ludwig. *The Ultimate Foundation of Economic Science. An Essay on Method.* 1962, p. 4.

[4]   *Ibídem*. p. 17.

Resulta pues evidente que el derecho produce consecuencias económicas, y esto es así, puesto que la regulación del mercado se manifiesta a través del ordenamiento jurídico.

Algunas veces, ésta lo hace como simples normas que permiten establecer las fronteras entre los derechos y obligaciones de los ciudadanos y que a su vez delimitan la responsabilidad derivada del traspaso ilegítimo de dichas fronteras, aquellas que Hayek ha llamado *normas de recta conducta*[5]. Dicho de otra manera, la regulación en sentido amplio.

Otras veces, lo hace a través de la intervención estatal, esa que pretende conducir de forma planificada la acción humana. Son las normas que denominamos regulación económica en su sentido corriente y también en su sentido más estricto, que forman parte, por supuesto, del derecho administrativo.

Sin embargo, el derecho por sí sólo es incapaz de explicar una cantidad de fenómenos sociales que ocurren a nuestro alrededor, por lo que se hace necesario recurrir a otras ciencias. No es el derecho una ciencia que ofrezca herramientas para explicar y estudiar el comportamiento de los seres humanos en relación con sus fines y los medios escasos que otorga la naturaleza para alcanzarlos, pues de esto se encarga la economía.[6]

Así pues, ofreciéndonos las herramientas necesarias para comprender la acción humana, el análisis económico del derecho, como veremos más adelante, nos permite transformar al ordenamiento jurídico en un instrumento que incentive la creatividad empresarial y por ende la generación de riqueza.

Ahora bien, el análisis económico del derecho, en su acepción más tradicional, parte del supuesto que el individuo es un ser racional que busca maximizar beneficios, y que las normas jurídicas constituyen una estructura de incentivos externos que determinarán su comportamiento.[7] Para los neoclásicos, el análisis económico del derecho se limita a determinar si las normas jurídicas son eficientes[8] en el sentido paretiano[9] o en el mejor de los casos, eficientes bajo el criterio Kaldor-Hicks.[10] Para poder descubrir si el derecho es Pareto-superior o no, es necesario entonces recurrir a los datos empíricos que así lo *demuestran*.

Sin embargo, como veremos más adelante, la información indispensable para llevar a cabo demostraciones empíricas que determinan la eficiencia dentro de los criterios de Pareto y Kaldor-Hicks, es una que por su naturaleza no puede ser transmitida, puesto que depende del proceso dinámico de descubrimiento empresarial.[11]

---

[5]   Hayek, Friedrich. *Derecho, legislación y libertad*. 2006, p. 113.

[6]   Robbins, Lionel. *An essay on the nature and significance of economic science*. 1945, p. 16.

[7]   Posner, Richard. *El análisis económico del derecho*. 2007, p. 26.

[8]   Spector, Horacio. *Introducción. Elementos de Análisis Económico del Derecho*. 2004, p. 9.

[9]   Una situación Pareto-superior, llamada así por el concepto de eficiencia del economista italiano Wilfredo Pareto, es aquella donde, luego de una asignación inicial de recursos a una serie de personas, al cambiar dicha asignación se mejora a al menos uno de los individuos sin perjudicar a los demás. *Vid: Ibídem*. p. 9.

[10]   Bajo el criterio Kaldor-Hicks, "la mera existencia de perdedores no excluye que el cambio sea Pareto-superior, en efecto, podría ocurrir que los ganadores de hecho compensaran a los perdedores de modo que éstos quedaran, por lo menos, igual de lo que estaban antes del cambio". Este criterio se basa en la eficiencia del cambio si favorece el aumento de la riqueza. *Vid: Ibídem*. p. 12.

[11]   Strigham, Edward. *Kaldor-Hicks Efficiency and the Problem of Central Planning*. 2001, p. 48

Así mismo, estos criterios miden, a través de la distribución de recursos, la consecución de objetivos sociales, lo cual contraría la subjetividad de las preferencias de cada individuo.

Frente a estos criterios caracterizados por un análisis estático, la escuela austríaca de economía propone un estilo de análisis de la eficiencia basado en la subjetividad y el dinamismo de los procesos de mercado. Esta concepción deviene del entendimiento de la economía como ciencia de la acción humana. Para la escuela austríaca, el proceso empresarial es la pieza fundamental de su teoría microeconómica, dejando de lado el análisis de equilibrio general walrasiano, y tomando una dirección bastante diferente a la del *mainstream* neoclásico.[12]

En los párrafos a venir, estudiaremos brevemente los criterios clásicos utilizados en el análisis económico del derecho, así como aquel propuesto por la tradición austríaca.

III. LOS CRITERIOS DE PARETO Y KALDOR-HICKS

Los criterios de eficiencia de Pareto y Kaldor-Hicks permiten, en principio, evaluar los efectos económicos que produce un cambio en el ordenamiento jurídico.[13]

Dice el profesor Thierry Kirat: *"un cambio es Pareto-eficiente, si éste permite mejorar la circunstancia de al menos un individuo, sin empeorar la situación de ningún otro individuo".*[14]

Por otro lado, desde el criterio de Kaldor-Hicks, una situación es eficiente cuando uno de los individuos mejora su situación, luego del cambio jurídico, y uno o varios individuos son afectados, pero pudiesen ser eventualmente compensados por el ganador. Bajo este criterio es irrelevante si la compensación debe o no llevarse a cabo (lo que compete a la dogmática jurídica), o si de hecho se llevó a cabo. Lo importante, bajo este criterio, es la posibilidad de la compensación.[15]

En estos criterios encontramos el error típico del análisis estático de la economía moderna: el desconocimiento de la subjetividad con la que el ser humano percibe los cambios en el ordenamiento jurídico, y por ende, la imposibilidad de recolectar la información empírica necesaria para determinar la eficiencia.

1.   El uso de la información empírica

La información necesaria para determinar la eficiencia bajo los criterios de Pareto y Kaldor-Hicks es una que por su naturaleza no puede ser transmitida, ni recolectada. Se trata de información práctica, tácita y subjetiva que se encuentra en la mente de los millones de usuarios del ordenamiento jurídico y que a veces incluso, debido a la naturaleza del proceso de mercado, todavía no ha sido creada.

Debemos a Ludwig von Mises y a Friedrich Hayek uno de los más grandes cuestionamientos sobre la metodología de la ciencia económica: partir del hecho de que la información

---

[12]   Kirzner, Israel. *Entrepreneurial Discovery and the Competitive Market Process: An Austrian Approach.* 1997, p. 61.

[13]   Kirat, Thierry. *Économie du droit.* 2012, p. 61.

[14]   *Ibídem.* p. 61.

[15]   *Ibídem.* p. 61.

empírica necesaria para construir la teoría está *dada* y que nos queda sólo recolectarla y llevar a cabo los cálculos matemáticos.[16]

El origen de este problema, dice Hayek, es que no sabemos distinguir entre los distintos tipos de conocimiento que existen.

Por un lado está el conocimiento científico, que aunque *"ocupa un espacio prominente en la imaginación colectiva"*[17], no es el único conocimiento que existe. Es un tipo de conocimiento racional, organizado y sobre todo, disponible. Por otro lado, el conocimiento práctico, que se encuentra disperso en las mentes humanas y que aplicamos, incluso sin darnos cuenta, en un espacio y tiempo determinado.[18] Es un conocimiento subjetivo, pues pertenece a cada individuo y lo más importante de todo: no puede ser transmitido (salvo a través del proceso de descubrimiento empresarial que veremos más adelante), recolectado, ni organizado, pues depende del dinamismo del mercado.

En este mismo sentido, el profesor Israel Kirzner[19] distingue los dos tipos de información o conocimiento de la siguiente forma:

1. El primer tipo es aquel para el que existe una oferta y una demanda. Es el que ofrecen las universidades, los libros, las centrales telefónicas, los canales de televisión y que todos los seres humanos demandamos porque conocemos su existencia. En este sentido, es posible que se desconozca el número telefónico de una persona X, sin embargo se sabe que al comprar las páginas amarillas, se encontrará esta información. Se es parcialmente ignorante, puesto que se conoce cómo obtener dicha información.

2. El segundo tipo de información o conocimiento, es uno para el cual no hay oferta, ni tampoco demanda, porque es información que no ha sido creada. Acá la ignorancia es absoluta, *sheer ignorance* dice el profesor Kirzner. Antes de que existiesen personas que hiciesen zapatos, jamás se hubiese podido obtener información sobre cómo cubrirnos los pies, porque no se sabía que existía esa necesidad, porque no se sabía lo que es un zapato. Todavía nadie había tenido la idea ingeniosa.

Este último tipo de información es generado por la *"percepción de la oportunidad de ganancia que depende de la vigilancia del empresario."*[20] A alguien se le ocurre (porque es más inteligente, porque tuvo suerte, porque estaba más despierto que el resto de nosotros), que los seres humanos necesitamos cubrirnos los pies, y entonces inventa el zapato. Esta actividad o proceso de carácter informativo, es lo que Kirzner llama *entrepreneurship*, que puede traducirse como función empresarial o empresarialidad.

En este sentido, siendo que la información necesaria para determinar la eficiencia es la segunda, es decir, aquella derivada del conocimiento práctico, existe un problema gigantesco, pues como ya vimos, es imposible de recolectar.[21]

---

[16]   Hayek, Friedrich. *The use of knowledge in society*. 1945, p. 520.

[17]   *Ibídem*. p. 521.

[18]   *Ibídem*. p. 521.

[19]   Kirzner, Israel. *Entrepreneurial Discovery and the Competitive Market Process: An Austrian Approach*. 1997, p. 72.

[20]   Tardieu, Luc. *La fonction entrepreneuriale dans la firme*. 2005, p. 4.

[21]   Strigham, Edward (2001). *Kaldor-Hicks Efficiency and the Problem of Central Planning*. 2001, p. 48

Ahora bien, esto no quiere decir que los datos empíricos no ocupen ningún lugar en la ciencia económica. Simplemente afirmamos que hay que dejarlos en su justo lugar: no sirven para construir sobre ellos la teoría económica, ni para demostrar una ya existente, sino para exponer indicios de la aplicabilidad de aquella que fue desarrollada a priori.[22]

Así pues debemos concluir, que los criterios de Pareto y Kaldor-Hicks no sirven para analizar los fenómenos sociales complejos que ocurren a nuestro alrededor.

IV. EL CRITERIO DE EFICIENCIA DINÁMICA

Para los austríacos, los conceptos de eficiencia estática y equilibrio general[23] son irrelevantes. En primer lugar por su incompatibilidad con el estudio de los fenómenos sociales complejos que existen en la vida real.[24] En segundo lugar, puesto que la intención de la economía no debe ser estudiar *estadios finales*, sino comprender el proceso de mercado.[25]

En este sentido, un concepto básico para la escuela austríaca es el de eficiencia dinámica ligado a la creación empresarial.[26] Como ya vimos, la información empírica sobre la que descansa la economía neoclásica es imposible de recolectar, al ser subjetiva, cambiante y sobre todo, porque muchas veces no ha sido creada, debido a la naturaleza del proceso empresarial.[27]

Pero, ¿qué es la eficiencia dinámica? La eficiencia, desde el punto de vista dinámico, es *"la capacidad que tiene un sistema económico para estimular la coordinación y la creatividad empresarial."*[28] Para entender pues este criterio de eficiencia, es necesario definir los dos conceptos básicos sobre los que se sustenta: la creatividad empresarial y la coordinación de los desajustes sociales.

1. La creatividad empresarial

La creatividad empresarial es la piedra angular sobre la cual descansa el análisis dinámico. Afirma el profesor Huerta de Soto, que ésta es *"la habilidad típicamente humana de reconocer las oportunidades de beneficio que aparecen a nuestro alrededor y sacar provecho de ellas"*[29].

Se trata de un proceso de descubrimiento de oportunidades, anticipación de situaciones futuras, competencia y sobre todo, de constante creación y transmisión de información.

El proceso empresarial es característico del ser humano, de su raciocinio, de su imaginación y de su constante búsqueda de la mejora personal. La persona ingeniosa tiene una idea

---

[22]   von Mises, Ludwig. *Human Action. A Treatise on Economics*, 1998, p. 37.

[23]   *Ibídem.* p. 71.

[24]   Huerta de Soto, Jesús. *The Theory of Dynamic Efficiency* 2009, p. 1.

[25]   Kirzner, Israel. *Entrepreneurial Discovery and the Competitive Market Process: An Austrian Approach* 1997, p. 64.

[26]   Dice el profesor Huerta de Soto, que es dinámicamente eficiente el sistema que "aviva la creatividad empresarial y la coordinación" de los desajustes sociales. *Vid: The Theory of Dynamic Efficiency.* 2009, p. 21 y 23.

[27]   *Ibídem.* p. 41.

[28]   *Ibídem.* p. 29.

[29]   *Ibídem.* p. 29.

que le hace satisfacer un fin individual: crea el zapato para poder cubrirse los pies, y gracias a esta idea, genera riqueza que favorece a toda la humanidad. Gracias al proceso empresarial, se genera información todos los días, a cada instante. Este proceso permite resolver los desajustes sociales (necesidad de cubrirse los pies y ausencia de zapatos) a través de la búsqueda de ganancia.

2. La coordinación de los desajustes sociales

La creación y trasmisión de la información práctica en el proceso empresarial, se da a través de la llamada coordinación de los desajustes sociales.

El empresario descubre que un productor A tiene un determinado recurso en exceso y que por otro lado, un comprador B necesita el recurso producido por A. De este descubrimiento el empresario obtiene un beneficio, pero no sólo eso, sino que resuelve un desajuste en la asignación de recursos y crea una información que no existía antes.[30]

Luego de crear la información, el empresario la transmite, cuando hace ver al productor A que existe alguien interesado en su recurso y al comprador B que existe alguien que ofrece el producto que necesita.[31]

V. CREANDO REGULACIONES DINÁMICAMENTE EFICIENTES

Ya hemos visto de qué se trata la eficiencia dinámica y cómo funciona el proceso de descubrimiento y coordinación empresarial. Ahora nos queda ver cómo crear regulaciones eficientes.

Una regulación o un marco regulatorio, será más eficiente mientras más estimule la capacidad creativa y coordinadora del empresario. Suena fácil. Sin embargo, es necesario aclarar qué es lo que queremos decir con esto. Estimular no quiere decir que el Estado, a través de la regulación, vaya a dirigir la creatividad empresarial y la coordinación. Por el contrario, estimular debe entenderse como permitir que el empresario asuma su rol de liderazgo en el proceso de mercado.

Un marco regulatorio debe, como dice Israel Kirzner *"alentar al empresario a percibir la información valiosa cuya existencia desconocía."*[32] Para alentar este proceso de descubrimiento, el entorno debe ser lo más competitivo posible y las normas no deben configurarse como un estorbo, sino como una herramienta para la solución de problemas.

Está suficientemente comprobado históricamente, que los sistemas económicos abiertos son los únicos que permiten la creación de riqueza y por ende alcanzar el desarrollo. Estos sistemas están siempre acompañados por un ordenamiento jurídico que limita la coacción y el tamaño del Estado.

En los próximos párrafos, detallaremos algunas de las características que creemos debe tener un derecho administrativo dinámicamente eficiente.

---

[30] Huerta de Soto, Jesús. *The Theory of Dynamic Efficiency*. 2009, p. 9.

[31] *Ibídem.* p. 9.

[32] Huerta de Soto, Jesús. *The Theory of Dynamic Efficiency*. 2009, p. 11.

VI.   EL DERECHO ADMINISTRATIVO, UN POTENCIAL INSTRUMENTO PARA EL DESARROLLO

Por supuesto que no podemos referirnos a todas y cada una de las características que debe tener una regulación administrativa eficiente, empezando por el hecho de que cada una de ellas debe ser analizada tomando en cuenta sus especificidades. Sin embargo, enumeraremos tres principios que debe seguir toda norma de derecho administrativo que pretenda estimular el proceso empresarial y la generación de riqueza, así como algunos ejemplos específicos.

1.   *La preeminencia de las normas de recta conducta*

El derecho en general y el derecho administrativo en particular, debe configurarse como un sistema en el que prevalezcan las normas de recta conducta (que como vimos antes, son aquellas que delimitan las fronteras entre los derechos y obligaciones de los ciudadanos y que a su vez delimitan la responsabilidad derivada del traspaso ilegítimo de dichas fronteras[33]) por sobre las normas doctrinantes o autoritarias (que por el contrario, son aquellas que pretender planificar, censurar y modelar la conducta del ser humano).

El derecho administrativo debe limitarse a resolver los conflictos de intereses que surgen entre los distintos órganos y entes del Estado y los particulares y sobre todo, otorgar al individuo herramientas de protección frente a la actuación pública.

El derecho administrativo (tanto en su contenido formal, como orgánico y procesal) debe regular de forma clara, lógica y sistematizada las relaciones de los individuos con el Estado, para evitar que se cometan atropellos que desequilibren el proceso empresarial.

De lado deben quedar (en la medida de lo políticamente posible, por supuesto), las normas doctrinantes (los controles de precio, las regulaciones sobre calidad de bienes y servicios, los controles migratorios, las regulaciones que sustentan al Estado Docente y un infinito etc.) pues estas pretenden conducir y planificar de forma centralizada la acción humana, lo que impide el descubrimiento empresarial.

2.   *Separación entre Estado y sociedad*

Así mismo, el ordenamiento jurídico debe dejar clara y taxativamente establecidas cuáles son las funciones del Estado, sin que quepan interpretaciones ligeras que puedan desdibujar los límites entre lo público y lo privado.

Como afirma José Valentín González, es propio de los sistemas totalitarios intentar estatizar las funciones de la sociedad[34], esto va desde otorgarle al Estado funciones empresariales, educativas y de ingeniería social, hasta la dominación del pensamiento, con los fines de construir una sociedad unitaria, dócil y servil.

Varios teóricos del derecho administrativo (a veces adrede), confunden los conceptos de sociedad y Estado[35], dando así pie para que este último posea funciones ilimitadas. Un ordenamiento que no

---

[33]   Hayek, Friedrich. *Derecho, legislación y libertad.* 2006, p. 113.

[34]   González, José Valentín. *Las Tendencias Totalitarias del Estado Social y Democrático de Derecho y el carácter iliberal del Derecho Administrativo.* 2012, p. 11 y 12.

[35]   Por ejemplo, decía Maurice Hauriou (1900) que "el Estado es una sociedad que se ha transformado en cosa pública y persona soberana". *Vid.: Précis de droit administratif et de droit public général.* p. 6.

establezca de forma transparente y taxativa las funciones del Estado y los límites de dichas funciones, genera inseguridad, lo cual perturba el proceso de creatividad empresarial y coordinación de desajustes sociales.

Por otro lado, la participación exagerada del Estado en los asuntos propios del individuo (el Estado empresario, devorador de los medios de producción, es el ejemplo más claro), genera desequilibrios en el proceso de mercado, destruyendo las oportunidades que de otra forma serían aprovechadas por el empresario para generar riqueza.

Es importantísimo resaltar, que como afirma el profesor Huerta de Soto[36],el ejercicio de la coacción estatal impide que el empresario descubra o cree la información necesaria para coordinar la sociedad.

3. *Un Estado controlado, responsable y de limitados privilegios*

El Estado debe tener límites claros en sus funciones, ya lo hemos dicho, pero además sus funciones deben estar sometidas al control estricto de la sociedad.

Esto incluye, sin lugar a dudas, que sus acciones sean justiciables y acarreen responsabilidad jurídica, y que se garantice la igualdad procesal y contractual de la Administración frente a los administrados. Pareciera evidente, sin embargo, que los privilegios y potestades exorbitantes que el derecho administrativo otorga por ley al Estado, hacen que sus acciones sean juzgadas y contraladas de una manera mucho menos rigurosa que las de los particulares. Prerrogativas legales que lo colocan en posiciones poderosas a la hora de contratar, límites para declarar su responsabilidad patrimonial, una jurisdicción especial presta a aplastar los derechos individuales en nombre del *bien común* y así sucesivamente. El administrado se encuentra en una situación de total desprotección frente a un Estado ilimitado, privilegiado, poderoso e irresponsable.

Esta desprotección despierta en los individuos un sentimiento de incertidumbre que trastorna el proceso normal de creatividad empresarial, destruyendo la información necesaria para coordinar los intercambios voluntarios.

A continuación los ejemplos más claros:

A. *La jurisdicción administrativa*

La mal llamada jurisdicción contencioso administrativa[37] surge, no hay que negarlo, como una respuesta liberal para limitar al Estado arbitrario y absolutista. Sin embargo, el sometimiento de las acciones del Estado a la justicia, se ha visto marcado por la resistencia de la doctrina a dejar atrás los totalitarismos destructores.

Para muchos, todavía parece una locura someter al Estado (representante máximo del interés general, incapaz de equivocarse y de quien debe presumirse siempre la buena intención), a la misma justicia que deben someterse los particulares.

---

[36] Rodríguez González, Guillermo. *Civilización, economía y orden espontaneo. La inviabilidad evolutiva del socialismo*. 2011, p. 8 y 9.

[37] La jurisdicción es la función que tiene el Estado –de manera no exclusiva– de resolver los conflictos intersubjetivos de intereses, por lo que esta función implica, obviamente, una contención. Es por esto que consideramos que este nombre es absolutamente redundante. *Vid*.: Couture, Eduardo (1981). *Fundamentos del Derecho Procesal Civil*. p. 40.

Sin embargo, los resultados de la aplicación de este fuero privilegiado, caracterizado por el rechazo constante de las pretensiones de los administrados, demuestran, al menos en nuestro país[38], su fracaso incuestionable.

Aplicar el derecho procesal ordinario, significaría despojar al Estado de sus privilegios y ponerlo en igualdad de condiciones frente al administrado. Esto, aunque parezca un delirio a nuestros *iuspublicistas* educados en los países de la tradición continental, es lo que ocurre (en algunos casos, de forma más o menos intensa), en los países del *common law*.

Afirmamos que resultaría más eficiente la aplicación del derecho procesal ordinario a los conflictos en los que el Estado se encuentre involucrado, toda vez que éste se caracteriza por establecer de forma clara y transparente la posición de las partes en el proceso, dejando de lado la ambigua y arbitraria noción de interés general, que suele colocar a los órganos y entes del Poder Público en una situación de ventaja frente al débil administrado.

B. La responsabilidad patrimonial de la Administración

Uno de los más graves daños que la separación entre el derecho público y el derecho privado ha causado, es el establecimiento de un régimen autonómico de responsabilidad patrimonial del Estado.

Como ha afirmado el profesor Morles, la justificación sistemática de este -ni tan- novedoso régimen, pareciera, en nombre del orden público, invitar a la Administración a eludir su responsabilidad jurídica frente a los particulares.[39] Sin tapujos, continua diciendo el autor, que *"a gran parte de los estudiosos del régimen de la responsabilidad de la administración pública le resulta placentero hacer referencia a la máxima del common law según la cual King can do no wrong"*.[40]

No podemos estar más de acuerdo con esta afirmación, cuando observamos cómo se utiliza al derecho administrativo, no como muro de contención del poder estatal, sino como un instrumento para el resguardo de los privilegios de la Administración Pública.

Esta situación, que se añade al desastroso resultado que ha tenido el fuero administrativo especial, coloca al administrado en una situación total de indefensión, absolutamente indeseable si lo que se pretende es construir un sistema abierto que respete los derechos individuales.

Es necesario, por ende, que se someta al Estado al régimen de responsabilidad patrimonial establecido por el derecho civil. Esto no sólo sería un reconocimiento a la clara superioridad dogmática del derecho civil frente al muy maleable derecho público, sino una garantía de defensa a los derechos de los particulares.

C. El derecho de los contratos

La noción misma de contrato administrativo, como institución distinta a la del contrato regulado por el derecho común, es una que por su naturaleza carece de todo sustento jurídico.

---

[38] *Vid.*: Canova González, Antonio. *La realidad del contencioso administrativo venezolano.* FUNEDA, Caracas.

[39] Morles Hernández, Alfredo. Discurso de orden del Dr. Alfredo Morles Hernández en el acto solemne de la Academia de Ciencias Políticas y Sociales en *homenaje al Profesor José Mélich Orsini.* 2011, p. 140 y 141.

[40] *Ibídem.* p. 141.

Las diferencias entre los contratos celebrados por la Administración: unos ordinarios o de derecho privado, y otros propiamente administrativos por su naturaleza, responden a teorías tristemente lejanas a la ciencia jurídica, ni hablar a la eficiencia que debería caracterizar al ordenamiento jurídico.

En Venezuela, los profesores José Melich Orsini[41] y Gonzalo Pérez Luciani[42], han negado la existencia del contrato administrativo como una noción distinta al de derecho privado, advirtiendo la indeterminación de su concepto y la incertidumbre que genera su aplicación a los casos concretos. Pérez Luciani ha llegado a afirmar que el contrato administrativo, copiado de la dogmática francesa, tiene *"connotaciones más propias de la política local, que de una distinción jurídica que parece imposible de precisar"*.[43]

Consideramos en este sentido, que el contrato administrativo, como institución separada del contrato de naturaleza privada, al igual que muchas otras nociones que los *iuspublicistas* han querido desligar del derecho privado (como la responsabilidad de la Administración, la jurisdicción especial administrativa, etc.), sólo responden al interés que tiene el Estado de mantenerse en una situación privilegiada frente a los administrados.

Las bases que sustentan el concepto de contrato administrativo son ambiguas e indeterminadas (servicio público, interés nacional, etc.), arbitrarias (prerrogativas especiales de la Administración), violatorias de la igualdad procesal (discriminación entre las personas de derecho público y privado) y en definitiva, jurídicamente incorrectas.

Debemos recordar que el fin último del derecho administrativo es el de servir de muro de contención frente a los abusos del Estado. El derecho administrativo debe ser un derecho protector y garantista de los derechos individuales y sobre estos principios es que se deben basar sus conceptos.

No debe la ley administrativa velar por los intereses del Estado, sino garantizar el equilibrio entre el interés general y los derechos individuales, lo cual garantizaría también, un ambiente propenso a la competencia, que aliente la creatividad empresarial y la generación de riqueza.

Opinamos pues, que la noción actual de contrato administrativo establecida en nuestra legislación, contraría estos principios. Sí es del interés del derecho administrativo garantizar un equilibrio real entre los ciudadanos y la Administración, será necesario desechar definitivamente el concepto de contrato administrativo y regresar a la Teoría General del Contrato propia del derecho común.

VII. CONCLUSIONES

De esta manera, luego del análisis llevado a cabo en la presente investigación, llegamos a las siguientes conclusiones:

---

[41] *Vid.*: Melich Orsini, José. La Responsabilidad Contractual de la Administración, en *Régimen Jurídico de los Contratos Administrativos*. 1991.

[42] *Vid.*: Pérez Luciani, Gonzalo. Los contratos de interés nacional, en *Régimen Jurídico de los Contratos Administrativos*. 1991

[43] Pérez Luciani, Gonzalo. "Los contratos de interés nacional", en *Régimen Jurídico de los Contratos Administrativos*. 1991, p. 154.

1. El análisis económico del derecho es un instrumento fundamental para entender el comportamiento práctico de las regulaciones jurídicas.

2. El análisis de eficiencia dinámica consiste en determinar cuáles sistemas estimulan de mejor manera la creatividad empresarial y la coordinación de los desajustes sociales.

3. El criterio de eficiencia dinámica se adapta a la naturaleza compleja de las relaciones humanas, por lo que es mucho más apropiado que los criterios estáticos de Pareto y Kaldor-Hicks para el análisis económico del derecho.

4. Los sistemas económicos abiertos son los que permiten que exista un entorno más eficiente desde el punto de vista dinámico.

5. Un sistema económico abierto debe estar acompañado por un ordenamiento jurídico que garantice los derechos individuales frente a la acción del Estado.

6. Para poder garantizar de forma eficiente los derechos individuales, el derecho administrativo debe: a. Hacer prevaler las normas de recta conducta frente a las normas doctrinantes, b. Separar de forma clara las funciones del Estado y la sociedad, c. Controlar las acciones del Estado y garantizar la igualdad procesal y contractual frente a los administrados, sometiendo la jurisdicción, la responsabilidad patrimonial y el derecho de los contratos al derecho común.

VIII. BIBLIOGRAFÍA

Canova González, Antonio *La realidad del contencioso administrativo venezolano*. FUNEDA, Caracas, 2009

Couture, Eduardo. *Fundamentos del Derecho Procesal Civil*. Ediciones Depalma, Buenos Aires, 1981

González, José Valentín (2012). *Las Tendencias Totalitarias del Estado Social y Democrático de Derecho y el carácter iliberal del Derecho Administrativo*. CEDICE Libertad. Extraído el 20 de agosto de 2014 de: http://cedice.org.ve/wp-content/uploads/ 2012/12/ Tendencias-Totalitarias-del-Edo-Social-y-Democr%C3%A1tico-de-Derecho-Administrativo.pdf.

Hauriou, Maurice. *Précis de droit administratif et de droit public général*. Librairie de la Société du Recueil Général des Lois et des Arrêts. Paris, 1900

Hayek, Friedrich. *The use of knowledge in society. The American Economic Review*. Vol. 35. N° 4. American Economic Association. Nashville, 1945

Hayek, Friedrich. *Derecho, legislación y libertad*. Unión Editorial. Madrid, 2006

Huerta de Soto, Jesus. *The Theory of Dynamic Efficiency*. Routledge. Nueva York, 2009

Huerta de Soto, Jesús. *Socialismo, Cálculo Económico y Función Empresarial*. Unión Editorial. Madrid, 2010

Kirat, Thierry. *Economie du droit. Économie du droit*. La Découverte. Paris, 2012

Kirzner, Israel. *Entrepreneurial Discovery and the Competitive Market Process: An Austrian Approach. Journal of Economic Literature*. Vol. 35. N° 1. American Economic Association. Nashville, 1997

Melich Orsini, José. "La Responsabilidad Contractual de la Administración", en *Régimen Jurídico de los Contratos Administrativos*. Ediciones de la Fundación Procuraduría General de la República, Caracas, 1991

Morles Hernández, Alfredo. Discurso de orden del Dr. Alfredo Morles Hernández en el acto solemne de la Academia de Ciencias Políticas y Sociales en *homenaje al Profesor José Mélich Orsini*. Cuestiones Jurídicas. Vol. V. N° 2. julio-diciembre. Universidad Rafael Urdaneta. Maracaibo, 2011

Pérez Luciani, Gonzalo. "Los contratos de interés nacional", en *Régimen Jurídico de los Contratos Administrativos*. Ediciones de la Fundación Procuraduría General de la República. Caracas, 1991

Posner, Richard. *El análisis económico del derecho*. Fondo de Cultura Económica. México, 2007

Robbins, Lionel. *An essay on the nature and significance of economic science*. MacMillan and Co. Londres, 1945

Rodríguez González, Guillermo. "Civilización, Economía y Orden Espontaneo. La Inviabilidad Evolutiva del Socialismo". Libertad y Prosperidad. Caracas, 2011

Spector, Horacio. *Introducción. Elementos de Análisis Económico del Derecho*. Rubinzal-Culzoni Editores. Buenos Aires, 2004

Strigham, Edward. *Kaldor-Hicks Efficiency and the Problem of Central Planning. The Quarterly Journal of Austrian Economics*. Vol. 4. N° 2. Ludwig von Mises Institute. Auburn, 2001

Tardieu, Luc. *La fonction entrepreneuriale dans la firme. Revue d'économie industrielle*. Vol. 109. 1er trimestre. Éditions De Boeck. Niza, 2005

von Mises, Ludwig. *The Ultimate Foundation of Economic Science. An Essay on Method*. D. Van Nostrand Company, Inc. Princeton, 1962

von Mises, Ludwig. *Human Action. A Treatise on Economics*. Ludwig von Mises Institute. Auburn, 1998

Comentarios Monográficos

BOSQUEJO HISTÓRICO DEL CONSTITUCIONALISMO BOLIVARIANO

Raúl Morodo

Catedrático de Derecho Político, Facultad de Derecho, UCM; de la Real Academia de Ciencias Morales y Políticas

Resumen: *El autor, miembro de número de la Real Academia española de Ciencias Morales y Políticas, desarrolla en este breve ensayo una aproximación a las ideas políticas y constitucionales de Simón Bolívar, dentro del contexto de la independencia de la América hispana. Cuestión historiográfica e ideológica llena de complejidad y polivalencia y cuya polémica llega hasta hoy. Su propuesta de sistematización es: 1) Constitucionalismo de la independencia; 2) Constitucionalismo de transformación y transacción; 3) Constitucionalismo de horizonte utópico; y 4) Constitucionalismo de la excepcionalidad interina dictatorial ilustrada y fin de etapa.*

Palabras Clave: *Bolívar, Independencia, Montesquiu, Identidad nacional, Rousseu, Centralismo, anti-federalismo, Bentham, Integración, Confederación Americana.*

Abstract: *The author, Member of the Spanish Royal Academy of Moral and Political Sciences, analyzes in this brief essay an approximation to the political and constitucional ideas of Simón Bolívar, within the context of the independence of Hispanic America. An historiographic and ideological matter full of complexities and polyvalence, nowadays still polemic. He systematizes his comments, as follows: 1. Independence constitutionalism; 2. Transformation and transactional constitutionalism; 3. Utopic horizon constitutionalism; 4. Exceptional interim dictatorial illustrated constitutionalism and the end.*

Key words: *Bolívar, Independence, Montesquieu, National identity, Rousseau, Centralism, Antifederalism, Bentham Integration, American Confederation.*

En esta ponencia[1], resumen de un ensayo más extenso, desarrollaré un viejo tema polémico: me refiero a las ideas políticas y aportaciones constitucionales de Simón Bolívar, dentro del marco de la independencia de la América española, en que Bolívar fue protagonista central. Sus textos (epistolario y Memorias, Mensajes y proyectos de códigos) y contexto estructuran unos escenarios, dinámicos y de gran complejidad, dominados por conflictos bélicos, confusión política y anarquía social e institucional. Como introducción, expondré unas reflexiones sobre el carácter polivalente del *corpus* doctrinal bolivariano, así como unos breves apuntes sobre su formación intelectual. No en esta ocasión, pero sí, tal vez en otra, comentaré el problema de su legado simbólico que, en la actualidad, como subconsciente colectivo en el imaginario popular, es un elemento que forma parte, en gran medida, de la identidad nacional venezolana.

---

[1]   Leída en la Real Academia de Ciencias Morales y Políticas, Madrid, sesión 27 de mayo de 2014.

La figura de Bolívar, como carismático jefe militar de la Independencia de cinco países, estadista y propulsor de Constituciones, ha sido objeto continuo de discusión política y doctrinal. Hay aquí algo enigmático, como si su *daimon* griego proyectase, en su vida y obra, versatilidad y lucidez al mismo tiempo, siendo, de esta manera, difícil instalarse ante ellas con neutralidad: vindicadores y detractores forman legión sin que la distancia histórica sosiegue los juicios, como puede verse en la monumental obra de Filippi. Su laberinto personal –éxitos, frustraciones, derrotas- fue y sigue siendo trasunto literario, de Lord Byron a Pablo Neruda, de Menéndez Pelayo a García Márquez. Y, sobre todo, su laberinto político traspasará fronteras e ideologías. Ya en su coetaneidad, de París a San Petesburgo, encenderá debates: así, en la famosa polémica entre los liberales Benjamín Constant y el abate De Pradt, que abrirá cauces para posteriores posiciones doctrinales sobre la legitimidad de los poderes de excepción. Para los decembristas rusos anti-zaristas de esta época -nobles e ilustrados- Bolívar será referente de la emancipación popular (así, Pestel –en su Ruskaia Pravda (Justicia Rusa). Años más tarde, en el marxismo, la ambivalencia tendrá también cabida: se pasará, de una crítica anti-bolivariana, en los escritos neoyorkinos de Marx, en 1858, hasta un revisionismo elogioso, pero que solo aparecerá en la historiografía tardía pos-stalinista. Y, también, en el siglo XX, en el fascismo europeo –sobre todo, italiano: Volpe, Bottai- será considerado Bolívar como el gran modelo heroico de la latinidad imperial o príncipe nuevo renacentista.

Este continuum que, en el fondo, es, a veces, soporte instrumental ideológico, tendrá, pues, largo trayecto. En el marco del positivismo liberal-conservador, incluso en el autoritario (de México a Brasil), la obra política bolivariana se conceptualizará como el necesario y útil cesarismo democrático (con Vallenilla Lanz). Otras interpretaciones se acumularán, en la diferenciación o coincidencia: así, en Mariátegui, Blanco Fombona, Lecuna, Arciniegas, Uslar Pietri, Morón, Rangel. Y, últimamente, en el caso concreto venezolano, a raíz de la actual Constitución y el movimiento que la impulsó (chavismo) se revivirá la polémica: Pino Iturrieta, Caballero, Brewer-Carías, Escarrá, Velasco, entre otros ensayistas y juristas.

En España, la historiografía no ha sido muy distinta,, pero que tiende a ser Bolívar asimilado y recuperado acudiendo a las raíces hispánicas, aunque con supuestos ideológicos antagónicos: desde un ultra-nacionalismo (el Franco-Bolívar de Giménez Caballero) a proyecciones humanistas, como el Don Quijote-Bolívar de Unamuno, o el elogio poético de un presidente de República española, y además federalista, que un Rey de España podrá asumir institucionalmente: "donde duerme Bolívar cabe un mundo" (Castelar y Juan Carlos I) y, también tesis encontradas entre exiliados republicanos: Ortega y Gasset (Eduardo), Grases o Madariaga.

En esta ojeada, aquí simplificada, vemos surgir, así, un Bolívar ilustrado y romántico, aristócrata y demócrata, utópico y pragmático, deísta y masón, ateo y católico institucional, rebelde y patriota nacionalista, centralista y confederalista americano, incluso pre-fascista y pre-socialista: en Bolívar, así, cabe un mundo multipolar. La cuestión es quien lo interpreta, con qué objetivos y en qué coyuntura. Con todo, hay constantes.

Su formación, en el marco de su contexto social, quizás pueda mostrar algunas claves orientadoras. Simón Bolívar (Caracas, 1783) pertenecía a la aristocracia criolla (desde el siglo XVI, su familia se instala en Venezuela). Clase llamada mantuana o gran cacao, terrateniente y esclavista. Dos ilustrados (Andrés Bello, el gran gramático, y Simón Rodríguez, libertario utópico) serán sus jóvenes maestros. Viajará y vivirá en Europa más de seis años. En Madrid, primero, con su tío, el jovellanista marqués de Ustáriz. Más tarde, París será su centro cultural: leerá a Voltaire, Condillac, Siéyès, Raynal y, sobre todo, a Montesquieu y Rousseau; a Plutarco y a los clásicos romanos, pero, también, a Maquiavelo, Spinoza, Hobbes, Locke y Filangieri. Por sus cartas y memorias de amigos o edecanes (Flores, Palacios, O'Leary, Perú de la Croix) conocemos los datos de estas lecturas. Frecuentará los salones de moda parisinos, hablará con Humboldt sobre la independencia americana, admirará el genio militar de Napoleón, en su cénit, pero lo verá como "tirano, destructor de la libertad". En las afueras de Roma pronunciará su juramento romántico por la Patria: luchar por la independencia de la América española hasta la muerte. Ya, en su breve tercer viaje a Europa, a Londres, tratará a Miranda, Pitt, James Mill, Blanco-White y, según se dice, verá a Bentham–ya gran gurú de la codificación planetaria: sus Tratados, traducidos al francés, se distribuirán profusamente por América (se habla de 40.000 ejemplares) y en Bolívar influirán. Bentham y Bolívar tendrán, más tarde, correspondencia epistolar (Pedro Schwartz/C. Rodríguez Braum)

En un intento de sistematización del constitucionalismo bolivariano, propondría el siguiente: 1) Un constitucionalismo de la independencia; 2) Un constitucionalismo de transformación y transacción; 3) Un constitucionalismo de horizonte utópico; y 4) Un constitucionalismo de la excepcionalidad interina dictatorial y fin de ciclo.

I. PRIMERA ETAPA: LA CRÍTICA A LA CONSTITUCIÓN DE 1811: MENSAJE DE CARTAGENA, PRIMERAS BASES CONSTITUCIONALES, CARTA DE JAMAICA

a) Junto a episodios efímeros pre-independentistas (Gual, España, Miranda), el punto de inflexión que marcará ya el irreversible camino de la Independencia estará en las Jornadas de Bayona, en 1808, con las renuncias borbónicas a la Corona española y americana. Dentro de la confusión, los notables criollos formarán una Junta de Defensa de los derechos de Fernando VII, deponen al Gobernador y asumen la soberanía que proclamarán, en principio, solo interina. Su argumentación jurídica será similar a la de los constituyentes gaditanos: vacío de poder, dinastía intrusa, falta del consentimiento popular en la transmisión de la soberanía. La tradición, en esta primera etapa, servirá de legitimación para ir estableciendo una nueva legalidad: la ruptura del pacto originario Rey/Pueblo (Giménez Fernández). Un año más tarde, se producirá ya un salto cualitativo doctrinario, es decir, entrarán en escena nuevos principios legitimadores: la modernidad iusnaturalista revolucionaria liberal (norteamericana y sobre todo francesa). Así, el Pueblo de los Estados de Venezuela (provincias), reunidos en Congreso General (constituyente) aprobará la primera Constitución republicana de la América española, en 1811. Código que, responderá a los esquemas del liberalismo emergente: soberanía popular, afirmación y reconocimiento garantista de derechos (libertad, igualdad, propiedad, seguridad) y división de poderes (Ejecutivo, Legislativo, Judicial). El federalismo –en realidad, Confederación provincial sui generis– y un Ejecutivo presidencialista colegiado (tres miembros) serán las notas más relevantes. El Legislativo, con dos Cámaras (de Representantes, y Senado) y la base de la ciudadanía descansará en la propiedad.

Bolívar, en este contexto, participará con Miranda, en la aceleración del proceso independentista, en la "Sociedad Patriótica", pero no será diputado constituyente. Fracasada militarmente la Primera República, Bolívar, que sí luchará en la guerra contra los realistas, se exilia en Cartagena de Indias, en 1812. Desde esta ciudad neo-granadina (hoy, Colombia), redacta y publica su primer texto político: una extensa Memoria sobre las causas de la derrota republicana. Resaltará que, más que por motivos militares, este fracaso fue por razones políticas y jurídicas: por la Constitución de 1811, que estableció, dirá, una "república aérea". En este documento se anuncian juicios que se convertirán ya en constantes: la crítica a la configuración de un poder ejecutivo colegiado, débil e inoperante; al legislativo idealista; al federalismo disgregador; a la división a los partidos (facciones); a la falta de patriotismo en amplios sectores eclesiásticos, pero también y, sobre todo, intuye Bolívar con perspicacia que la guerra de independencia se estaba convirtiendo en guerra civil, social y racial. Es decir, que la República de criollos blancos, notables y hacendados, no se percibía como propia por pardos y negros, que constituían la mayoría de la población. Para estos últimos, la lejanía de

Madrid era menos mala que la proximidad criolla propietaria: de ahí, el éxito coyuntural del caudillo populista y realista Boves. Desde este análisis racionalizador, Bolívar decretará, más tarde, la abolición de la esclavitud, uniendo los principios del derecho natural revolucionario con el de utilidad: proceso de nacionalización de los excluidos para que se adhieran a la nueva patria, ya americana y republicana, y al Ejército: la conjunción cívico-militar y popular libre para la guerra y para la paz serán supuestos que se afincarán ya en Bolívar.

Por otra parte, Bolívar expondrá la tesis de la especificidad y singularidad americanas. No creía –como sí Hegel, eurocéntrico imperial (como decía Ortega)-, que América era un pueblo a-histórico sino que, para el ilustrado Bolívar, la modernidad europea y la norteamericana podrían implantarse en América, pero con revisión y correcciones para adaptarse a su historia. Así, Bolívar, en su reproche al texto de 1811, aparcará a Rousseau, en esta ocasión, asentando un pragmatismo fundado en las circunstancias, y en la experiencia. Relativismo, sin embargo, que no afectará a su objetivo irrenunciable y prioritario como rebelde-patriota: ganar la guerra y alcanzar la independencia. Apoyándose en Montesquieu, de forma expresa, Bentham comienza a perfilarse. En el texto que transcribo, Bolívar resume bien su punto de vista crítico: "Los códigos que consultaban nuestros magistrados –dirá- no eran los que podrían enseñarles la ciencia práctica del Gobierno, sino los visionarios que han procurado alcanzar la perfección política.... Tuvimos filósofos por jefes, filantropía por legislación, dialéctica por táctica, sofistas por soldados. Con semejante subversión de principios corrió el Estado a su disolución".

De regreso de su exilio neo-granadino, en 1813, ya como Comandante en Jefe de las tropas republicanas, recuperando Caracas, nombrado Libertador, y con plenos poderes, Bolívar proyectará asentar unas bases refundadoras del Estado, moviéndose entre la excepcionalidad bélica cotidiana y los principios liberales y su legalidad ordenadora. En este dilema, excepcionalidad bélica/necesidad social y legalidad será la constante dramática de Bolívar, de la que no podrá escapar. Así, rechazará la dictadura militar ("el triunfo armado –afirmará- no da derecho a gobernar sin menoscabar la soberanía del pueblo") y que los Congresos, que expresan esta soberanía, con su poder constituyente continuo, conformarán los referentes legítimos obligados.

b) En esta breve etapa (1813-1814), Bolívar, con el carácter interino de sus poderes extraordinarios cívico-militares, intentará reordenar un Estado vacío de institucionalidad en medio de una polarización bélica ("Guerra a muerte"). Se trata de un Proyecto de Bases constitucionales estableciendo de facto una dictadura comisarial, de reminiscencias romanas, para discutirlos más tarde por una Asamblea. Para su justificación, argumentará que fueron los poderes que, en su día, se dieron a Miranda. Se reafirmaban, sin embargo, los principios generales liberales y acudir, en su momento, a un Congreso soberano. Habrá, en su contenido, la concentración de los poderes ejecutivo y legislativo, "sin otras restricciones –se dirá que las que provengan del Congreso de Nueva Granada, hasta la paz". Su otro objetivo principal, se dirigirá a la formación de la Gran Colombia (unión de Venezuela, Colombia, Ecuador), que el Congreso debe ratificar y establecer, al final, así, una "buena Constitución" (Grases).

c) De nuevo en el exilio –por los vaivenes bélicos, de victorias y derrotas– Bolívar, en Kingston, publicará otro documento político-constitucional denominado Carta de Jamaica (1815). En él, habrá consideraciones históricas, conjeturas constitucionales de futuro y, por primera vez, el anuncio de una unión/confederación de América española independiente y republicana. Para Bolívar, América no estaba preparada para la independencia, a causa, sobre todo, de la exclusión criolla en el ejercicio del poder político, a diferencia de la estructura colonial anglo-americana. Sí ocurrió "súbitamente" –como añadirá Bolívar– fue debida a una toma de conciencia patriótica al romperse el contrato social originario multisecular: los Reyes, primero; la Regencia y las Cortes gaditanas más tarde. Ruptura entendida definitiva, irreversible, no-negociable. En cambio, sobre el futuro político-constitucional de América, Bolívar tiene dudas, tanto de sus formas de gobierno y de Estado, y de su estabilidad. Como más tarde Hegel, Bolívar hablará de conjeturas: América como un continente de conjeturas, es decir, todo es posible, nada seguro. Optimismo (la independencia) y pesimismo (riesgos de anarquía, guerra civil) se entrelazan.

El horizonte visionario de Bolívar estará muy presente en esta Carta de Jamaica: la aspiración a la unidad confederativa de la América española: "formar –dirá– de todo el Nuevo Mundo una Gran Nación... un solo Gobierno que confederase los nuevos Estados". Señalará que la sede de esta Unión puede ser el istmo de Panamá, como fue "Corinto para los griegos". En 1826, Bolívar reunirá, en efecto, este Congreso panamericano en Panamá, pero sin éxito.

II. CONSTITUCIONALISMO DE TRANSFORMACIÓN Y DE TRANSACCIÓN: ANGOSTURA (1819)

En octubre de 1818, Bolívar, propondrá, una vez más, la convocatoria de un Congreso constituyente para "elaborar leyes que, emanadas de la voluntad popular, restauren las instituciones republicanas". En febrero de 1819, instalado el Congreso, llamado de Angostura, Bolívar, depone su magistratura suprema ("terrible y peligroso encargo el de Dictador y Jefe Supremo de la República, forzado por la necesidad y la voluntad popular") y en este Discurso, sintetiza su Proyecto de nueva Constitución. En líneas generales, los supuestos claves de la Constitución de 1811 se mantienen (derechos y libertades, separación de poderes), pero Bolívar introducirá innovaciones heterodoxas: en cierto modo, una Constitución transaccional y efímera también (dos años más tarde, aparecerá la Constitución de Cúcuta, 1821).

En sus apoyos doctrinales, Bolívar acudirá a sus clásicos más cercanos: Montesquieu, Rousseau y Bentham, difícil sincretismo, pero en el que perseverará. En su idea fija de establecer un Estado nacional fuerte, combatirá el federalismo, en cuanto entiende que disuelve el Estado. Partiendo de Montesquieu, las leyes deben ser las apropiadas para cada pueblo: consecuentemente, dada la conflictividad localista-provincial y la diversidad social y racial americana, mezcla de blancos, indios, pardos y negros, se impone una nacionalización que sólo puede realizar un Estado centralizado: así, el federalismo norteamericano no es aplicable. Y, en otra dirección, apoyándose ahora en Rousseau, hablará de la necesidad de una "suprema libertad social": la abolición de la esclavitud. Criterios iusnaturalistas y de estabilidad/utilidad los volverá a manejar: por un decreto de 1816, en plena guerra, ya había abolido la esclavitud y quiere ahora su ratificación. Con el énfasis romántico de la época, ante los constituyentes, dirá: "Yo imploro la confirmación de la libertad absoluta de los esclavos, como imploraría por mi propia vida y la vida de la República". En la Constitución aprobada se incluirá un artículo, en principio, abolicionista, pero, de hecho, la esclavitud no se derogará hasta la década avanzada de los 50'.

Reforzar el ejecutivo nacional e instaurar el centralismo serán victorias que conseguirá, por ahora, Bolívar y, de igual modo, equilibrar las competencias ejecutivo-legislativo. Así, desaparecerá el ejecutivo colegiado, la República se define como una e indivisible, no federal, y el legislativo bicameral será reformado, reiterando su idea del equilibrio: evitar tanto el "despotismo del ejecutivo" como el "despotismo deliberante". Recordará, en este sentido, al estratego Pericles como el "más útil de los ciudadanos atenienses", elogiará también a Esparta y a Volney para tener en cuenta la experiencia del Mundo Antiguo. Bentham, será parafraseado": "El sistema de gobierno más perfecto es aquel que produce más suma de felicidad posible, mayor suma de seguridad social y mayor suma de estabilidad", urgiendo la codificación general, civil y criminal. Sus planteamientos de formar la Gran Colombia también se materializarán constitucionalmente.

En fin, una novedad bolivariana, con carga ilustrada, y republicana (luces, educación, virtud) no tendrá éxito: lo que llama Bolívar el Poder Moral. Una especie de cuarto poder que fomentase las luces, el civismo republicano, las buenas costumbres, tomado de su idealizado Areópago de Atenas . El Poder Moral, tendría dos Cámaras (de Moral y de Educación) y con competencias amplias de vigilancia y control. Atacado por inquisitorial y muy debatido, el Congreso decidió que se publicase como "apéndice de la Constitución", sin base legal, para su posterior estudio, que, naturalmente, no volverá a plantearse.

III.   CONSTITUCIONALISMO BOLIVARIANO DE HORIZONTE UTÓPICO: BOLIVIA, 1826

Si bien es cierto que, en Angostura (1819), Bolívar, frente al Congreso, introduce novedades, no plasmó plenamente sus ideas. En 1826, en cambio, es ya Libertador continental, personaje mítico, y se siente así, políticamente fuerte: "antes, dirá, no tenía las manos libres" y ahora "estoy en condiciones de no transigir con nadie". Esto lo expresa, en correspondencia privada, cuando, la Asamblea del Alto Perú, que se independiza como República Bolívar, le solicita que redacte un proyecto constitucional, con dos condiciones: que se recoja la independencia y que la forma de gobierno sea la republicana. Bolívar acepta y envía su Proyecto al Congreso constituyente bolivariano que, durante unos meses, se discutirá. La Constitución será aprobada, el 6 de noviembre de 1826, por el Congreso y promulgada por el Presidente de la República, el mariscal Sucre.

En este interregno, Bolívar, en virtud de sus poderes de excepción, declarará sus intenciones y una serie de decretos, anunciadores ya de su Proyecto. Hablará, así, de "Constitución muy fuerte, muy liberal, útil y combinada", sin que, "se viole ninguna de las tres unidades (separación de poderes) y garantizando la libertad, seguridad y propiedad" y, de modo especial, incidiendo en el campo de la igualdad. El liberalismo individualista va dando paso a un liberalismo social e intervencionista in nuce, ya democrático, adquiriendo así el Estado un papel relevante. Entre otras disposiciones, ilustradas o ya revolucionarias, estarán: la Educación como "primer deber del Estado" (uniforme, general, gratuita"); acentuar reformas judiciales, tomadas de la Constitución gaditana; racionalización de la Hacienda; asentar el mérito como criterio para el ejercicio de la función pública. A esta regeneración ilustrada, se sumarán otras medidas de cambio social radical: reiterar la abolición de la esclavitud, eliminar el servicio personal de los indios (la mita) y el tributo a que estaban obligados, repartición de tierras, asumir el Estado las minas, vender las tierras abandonadas e incorporación por el Estado de las capellanías eclesiásticas.

Sobre los poderes públicos, Bolívar inventará un sofisticado sistema, modificando e inter-relacionando la clásica división tripartita. Añadirá, así, un cuarto Poder, el Electoral democrático (centrado en que la ciudadanía no requerirá poseer bienes, sino sobre todo virtud). De este Poder saldrá el Poder legislativo que tendrá, no dos, sino tres Cámaras. La iniciativa legislativa, pero no en exclusividad, le corresponderá a la Cámara de los Tribunos; la de Senadores, forman los Códigos y todo lo referente al control Judicial; y la de Censores –éstos vitalicios– protección de las libertades, mantener la virtud republicana, fiscalización del Ejecutivo. Esta última Cámara recuperaba las funciones del fallido Poder Moral de Angostura.

Mucho más heterodoxas serán las propuestas bolivarianas sobre el Poder Ejecutivo: un Presidente vitalicio y, en principio, un vice-Presidente (jefe de gobierno), elegido por el Presidente, y hereditario. Paradójicamente, Bolívar, tan crítico de la monarquía, de alguna forma, piensa en una república monárquica, sin privilegios tradicionales (una Inglaterra idealizada republicana). Lector de Constant, y reinterpretando su "poder neutro", consideraba que con ello y con la herencia, se aseguraba continuidad y estabilidad. Por lo que se refiere a la Religión, Bolívar omitirá, toda referencia explícita en el Proyecto: la religión, dirá, en su Discurso, es ley de conciencia, deberes morales ("civiles y luminosos", pero no políticos) y no debe insertarse en la Constitución. [Pero los constituyentes, por el contrario, fijarán la "religión católica como oficial y con culto exclusivo].

Una última reflexión sobre este singular texto: ¿en qué medida Bolívar tenía en mente extender esta Constitución tan personal como modelo para otras Repúblicas emergentes? Muchas son las conjeturas, pero, en la ambivalencia bolivariana (utopismo/pragmatismo) todo era posible.

IV. CONSTITUCIONALISMO DE LA EXCEPCIONALIDAD DICTATORIAL Y FIN DE ETAPA (1828-1830)

Tres textos conforman el último periodo de Bolívar: su Mensaje presidencial a la Convención de Ocaña (febrero 1828); el Decreto Orgánico del Poder Supremo (agosto 1828); el Mensaje al Congreso constituyente de Valencia (enero 1830).

De nuevo, dada la confusa situación grancolombiana, (etapa de la Cosiata), se convocará una gran Convención Nacional en Ocaña, participando neogranadinos, venezolanos, ecuatorianos y panameños para marzo de 1828. La independencia estaba asegurada, pero las disensiones políticas eran muy fuertes, (entre federalistas y centralistas, y partidarios u opuestos al mantenimiento de la Gran Colombia) y, además, el caos institucional, social y económico se había agravado y generalizado. Bolívar, como Presidente, enviará un Mensaje apocalíptico al Congreso sobre el Estado de la Nación: "Gran Colombia –dirá- está exánime, la República en un concurso de acreedores, el Estado y la sociedad en bancarrota". Reiterará sus ideas centrales: la falta de organización, leyes inservibles, ejecutivo inoperante. "El Gobierno está mal constituido y las leyes –añadirá– carecen de conjunto, de clarificación, de idioma legal: confusas y contradictorias" (así, con resonancias benthamitas). Propugnará una revisión de los poderes tradicionales: el legislativo porque no conoce la realidad, es teórico, y se considera el único soberano y el ejecutivo necesita fortalecerse: un Gobierno fuerte es, para Bolívar, la única respuesta ante la excepcionalidad, que ahora no es ya la bélica independentista, pero sí excepcionalidad social y económica, de anarquía política y de peligro de guerra social y racial ("guerra de colores", pardocracia).

El Congreso por falta de *quorum* para la toma de acuerdos, se disolverá: las posiciones entre partidarios del centralismo, defensores de la unidad grancolombiana (bolivarianos) y los allegados al parlamentarismo y ya proclives a dividir Gran Colombia (santanderistas), serán irreconciliables. En este escenario, Bolívar toma la decisión de asumir plenos poderes mediante un Decreto orgánico del Poder Supremo en agosto de 1828, estableciéndose así la dictadura. Sobre su naturaleza jurídica existen interpretaciones varias. En todo caso, no es una dictadura comisarial, en la medida en que no hay mandato expreso del poder legislativo (autodisuelto), pero tampoco, es una dictadura constituyente plena, en cuanto se fija expresamente su provisionalidad (catorce meses) y se sigue proclamando el principio de la voluntad nacional y que el Congreso (señalado para 1830) será el que apruebe una nueva Constitución. En este Decreto, en su exposición de motivos, se justificarán los plenos poderes por la incapacidad del Congreso para reformar la Constitución y disolverse sin lograr este objetivo. Ante esta situación, con una apelación genérica al pueblo y al voto provincial, para "evitar –se dirá– la anarquía, y consolidar la unidad del Estado, restablecer la paz interior y realizar reformas", Bolívar se hace cargo del Poder como Libertador-Presidente. En la parte orgánica del Decreto, se desarrolla el poder supremo (concentración de ejecutivo y legislativo); por primera vez, se distingue entre Jefatura del Estado y Presidente de Gobierno, y aparece ya la expresión de Ministros; se crea un Consejo de Estado, órgano consultivo y técnico; se centraliza el territorio y se organiza la Administración de Justicia. En las disposiciones generales, se reconocen los derechos (igualdad ante la ley, libertad individual, libertad de expresión, inviolabilidad de la propiedad) pero, en todos, con una remisión a decretos que podían restringirlos. La Religión Católica aparece reconocida como la "religión de los colombianos".

Esta interinidad dictatorial se cumplirá por Bolívar y un recurrente Congreso constituyente se convocará en Valencia en enero de 1830. A este Congreso enviará Bolívar un Mensaje, en donde justificará su política dictatorial, presentará su dimisión (ya definitiva) y alertará sobre la conveniencia de construir un Estado desde las instituciones y no sobre personalismos: "Si un hombre fuese necesario para sostener un Estado –dirá–, este Estado no debería existir". Bolívar es ya consciente de que la unión de la Gran Colombia ya está en vías de desintegrase (Páez, Santander, Flores), como sucederá: que fracasó su proyecto continental panamericano, que las divisiones internas se acentúan, que su liderazgo se cuestiona. En este Mensaje, último y de despedida al Congreso, termina con una autocrítica que sintetiza, con lucidez, todo este periodo, "la independencia es el único bien que hemos adquirido a costa de los demás", pero también aludirá a la confianza en el futuro.

Este pesimismo final se afianzará, meses más tarde, muy poco antes de morir, en el ostracismo, en carta privada a su amigo, el general Flores: "Ud. sabe que he mandado veinte años, y de ellos no he sacado más que pocos resultados ciertos: "1° la América es ingobernable para nosotros; 2° el que sirve una revolución ara en el mar". Paralelamente, en su testamento, como un guiño utópico, manda que su ejemplar del Contrato Social de Rousseau, su siempre compañero de viaje, se entregue a la Universidad de Caracas. Lucidez y contradicción, idealismo y pragmatismo, serán notas insertas en la obra bolivariana: hombre de frontera, que, desde la ilustración abra nuevos caminos, como en su día lo fue Montesquieu.

Bolívar, fallece en el exilio colombiano, el 17 de diciembre de 1830, con solo 47 años. Trasladados, en 1842, sus restos mortales a Caracas y depositados en la Catedral y, más tarde, en el Panteón, se convertirá ya en mito y leyenda, y, sobre todo, en seña de identidad de la Patria independiente. Legado simbólico que, en el fondo, remite a las vicisitudes derivadas, primero, del emergente constitucionalismo liberal y que, posteriormente, en el siglo XX, tendrá una lectura ampliada en los códigos de 1947, de 1961 y, con más intensidad, en el vigente de 1999, representando los intentos transformadores del Estado liberal, en un Estado social y democrático de Derecho. A partir de esta última Constitución, se reavivará la polémica con conflicto muy polarizado (jurídico, político y social) y, en este contexto actual, Bolívar vuelve a estar presente.

BIBLIOGRÁFICA

Bolívar, S. *Obras Completas, comp. y notas de Vicente Lecuna*, Editorial Lex, La Habana, 1947

Bosch, J. *Bolívar y la guerra social*, Ed. Alfa y Omega, Santo Domingo, 1977

Brewer-Carías, A. *Asamblea Constituyente y ordenamiento constitucional*, Ed. Biblioteca de la Academia de Ciencias Políticas y Sociales, Caracas, 1999

Britto, L. *El pensamiento del Libertador. Economía y Sociedad*, Banco Central de Venezuela, Caracas, 2010

Caldera, R. *Bolívar siempre,* Academia Nacional de Historia, Caracas, 1987

Carrera, J. *Bolívar visto por marxistas,* Fondo Editorial Carlos Aponte, Caracas, 1987

Carreras Damas, G. *El culto a Bolívar. Esbozo para un estudio de las ideas en Venezuela,* Ed. Grijalbo, Caracas, 1989

Casal, J. M. y Chacón Hanson, A. *El nuevo derecho constitucional venezolano,* Ed. UCAB, Caracas, 2001

Castañón, J. M. *Bolívar y los poetas,* Caracas, 1976

Chust, M.: (coord.) *Las independencias americanas en su laberinto. Controversias, cuestiones, interpretaciones,* Universitat de Valencia, 2010

Filippi, A. *Bolívar y Europa en las crónicas, el pensamiento político y la historiografía,* Ed. Presidencia de la República – Bicentenario de Simón Bolívar, Caracas, 1983, 3 vols.

García Márquez, G. *El general en su laberinto,* Ed. Random House Mondadori, Barcelona, 2013

Gil Fortoul, J. *Historia constitucional de Venezuela,* México, 1978

Gourdon, H. "Les trois constitucionalismes de Simón Bolívar", in *Cahiers des Amériques Latines,* N° 29/30, Paris, 1984

Grases, P. *Escritos de Simón Rodríguez* (comp. y estudio bibliográfico, Imprenta Nacional, Caracas, 1954; del mismo autor: *Los proyectos constitucionales del Libertador,* Ed. Congreso de la República, Caracas, 1983

Guerrero, C. *Liberalismo y republicanismo en Bolívar: Usos de Constant por el Padre Fundador,* UCAB, Caracas, 2005

Linch, J. *Simón Bolívar. A life,* New Haven, Yale University Press, 2006; Madariaga, S. *Bolívar,* Ed. Hermes, México DF, 2ª ed., 1953

Marx, K. *Bolívar y Ponte,* introducción de J. Aricó, Ed. Sequitur, Madrid, 2009

O'Leary, D. *Memorias.* Imp. Nacional, Caracas, 3 vols., 1952

Ortega y Gasset, E. *Las mocedades de Bolívar y florilegio del Libertador,* Ed. Átomo, Caracas, 1966

Perú de la Croix, L. *Diario de Bucaramanga,* Ed. El perro y la rana, Caracas, 2012

Pino Iturrieta, E. *El divino Bolívar. Ensayo sobre una religión republicana,* Ed. Catarata, Madrid, 2003; del mismo autor: *Bolívar. Esbozo biográfico,* Ed. Alfa, Caracas, 2012

Rangel, C. *Marx y los socialismos reales y otros ensayos (Marx/Bolívar),* Ed. Monte Avila, Caracas, 2ª ed., 1988

Robertson, W.S. *The life of Miranda,* New York, 1969

Roscio, J. G. *El triunfo de la libertad sobre el despotismo,* Biblioteca Ayacucho, Caracas, 1996

Rojas, R. *Las Repúblicas de aire. Utopía y desencanto en la Revolución de Hispanoamérica,* Taurus, Madrid, 2009

Sáez Arance, A. *Simón Bolívar. El Libertador y su mito*, Ed. Marcial Pons, Madrid, 2013

Vallenilla Lanz, L. *Cesarismo democrático*, Ed. Eduven, Caracas, 2000

Velázquez Alvaray, L. *Memoria de la Constitución de la República Bolivariana de Venezuela*, Ed. Magistratura, Caracas, 2005

Viciano, R. y Martínez Dalmau, R. *Cambio político y proceso constituyente en Venezuela (1998-2000)*, Vadel Hnos. Ed., Valencia-Caracas, 2001

Zapata, R. *Los libros que leyó el Libertador*, Universidad de Bogotá Jorge Tadeo Lozano, Bogotá, 2003.

EL CARÁCTER OBJETIVO DE LA RESPONSABILIDAD PATRIMONIAL DE LA ADMINISTRACIÓN PÚBLICA: UNA REVISIÓN DOCTRINAL

José Luis Meilán Gil*

Catedrático de Derecho administrativo

Resumen: *Se discute el carácter objetivo de la responsabilidad extracontractual de la Administración Pública. Se pone el acento en el funcionamiento anormal, actividad e inactividad, de la Administración Pública. No toda la indemnización por daños tiene por fundamento la responsabilidad de la Administración pública en un Estado social y democrático de Derecho.*

Palabras Clave: *Administración pública. Responsabilidad. Indemnización. Expropiación Forzosa.*

Abstract: *On discuss the objective character of non contractual liability of the Public Administration. Emphasis is place on the abnormal functioning, activity or inactivity, of Public Administration. Not all damages reparations is based on the Public Administration liability.*

Key words: *Public Administration. Liability. Reparations. Compulsory purchase.*

I. PLANTEAMIENTO

En la actualidad nadie duda de que, no solo la Administración, sino el Estado debe responder de los daños que cause a los ciudadanos. Hace muchos años Jellineck dejó sentenciado que la responsabilidad del Estado es la última ratio del Estado de Derecho. Como llamada de atención es suficiente. La afirmación no debería quedar limitada al ámbito de los Estados, como confirma la jurisprudencia del TJUE. De hecho figura como un derecho fundamental de los ciudadanos en el artículo 41 de la Carta de la UE, aplicable a sus instituciones y órganos en una interpretación restringida del artículo 51, que ha de ser reconocida por los Estados miembros de acuerdo con sus tradiciones constitucionales.

Habría que extenderla al ámbito global, cuyo reconocimiento explícito es todavía una de las muestras del déficit democrático del Derecho administrativo global, en relación con la actuación de organismos como la OMS que hace años, por ejemplo causó daños a muchos países, de un modo especial a México en materia de turismo, con su declaración sobre la gripe A y a muchos países que hubieron de comprar vacunas en grandes cantidades que han quedado inservibles y ahora mismo ha reconocido fallos en relación con el ébola.

*   Catedrático de Derecho administrativo, miembro de número de la Real Academia Gallega de Jurisprudencia y Legislación, Presidente de honor del FIDA, ex Consejero de Estado.

En el meollo de la responsabilidad hay un daño, que es preciso identificar con precisión y después deducir si ha de ser reparado por quien lo haya causado; quién responde y en qué medida.

En el Derecho civil, la responsabilidad tiene una muy larga tradición, simbolizada en el romano *alterum non leadere*. Se construyó sobre la conducta del particular: culpa, negligencia, culpa objetiva,..., con diferenciación del cumplimiento de las obligaciones contractuales, de una manera progresiva, al hilo de los casos concretos.

Sin hacer referencias concretas e históricas de Derecho comparado podría decirse, de una manera sintética y aproximativa para lo que pretendo exponer, que la evolución de la teoría de la responsabilidad patrimonial de la Administración Pública se mueve entre los siguientes polos: de irresponsabilidad a responsabilidad de la Administración; de responsabilidad indirecta a la responsabilidad directa; de responsabilidad subsidiaria a responsabilidad solidaria; de responsabilidad parcial a responsabilidad completa; de responsabilidad subjetiva a responsabilidad objetiva. Es esta última afirmación la que importa para lo que se pretende razonar sobre la posible revisión del carácter objetivo de la responsabilidad, tomando como referencia el Derecho español.

El resultante de la evolución teórica señalada es el desplazamiento de la base del sistema de responsabilidad. Esta no giraría sobre el principio de culpabilidad (principio subjetivo), sino sobre el concepto de lesión (criterio objetivo). En eso se pondrá un especial énfasis por un sector dominante de la doctrina española y se ha llegado a afirmar que el cambio coincide con el paso de un Estado liberal abstencionista a un Estado social, sin aludir a un Estado democrático. Esa orientación doctrinal se impuso legalmente y fue aceptada acríticamente durante largo tiempo por la doctrina científica.

Podría decirse, y así lo he sostenido desde hace muchos años en mis explicaciones de cátedra que, en cuanto a responsabilidad, el Derecho administrativo tomaba como punto de partida lo que para el consolidado Derecho civil, entonces considerado como el *ius commune* por excelencia, era una arribada después de una laboriosa y magnífica labor interpretativa. El Derecho administrativo, denunciaba en 1967, no tenía ya que acudir al Derecho civil para construir sus categorías jurídicas como habían testimoniado Mayer en Alemania o Hauriou en Francia y como durante muchos años el legislador español hizo para enfrentarse con la incipiente responsabilidad de la Administración.

La responsabilidad patrimonial de la Administración ha de construirse desde el propio Derecho administrativo, como *ius commune*. La responsabilidad extracontractual, como sucede con el contrato, es un supra concepto que engloba la derivada de actos entre particulares y la que se deriva de actuaciones del Estado, de la Administración, que han de dirigirse al bien común, a los intereses generales que la Administración pública ha de servir.

El carácter objetivo de la responsabilidad basado en el daño conduce con facilidad a una reparación omnicomprensiva o universal de los daños. En concreto, hay que plantear si en un Estado social y democrático de Derecho la responsabilidad patrimonial de la Administración Pública ha de hacer frente a la posible reparación de todos los daños que no se refieran a las lesiones queridas directamente por la Administración, de lo que se excluirían las justificadas en el interés público o social en virtud de expropiación forzosa.

Porque en este asunto, que sigue siendo controvertido, incide la evolución del Estado y de su relación con la sociedad, el progreso tecnológico, el incremento del riesgo y la sensibilidad social, la política legislativa y la dogmática jurídica. El caso español es paradigmático.

II. EL DERECHO ESPAÑOL

La ley de Expropiación forzosa de 16 de diciembre de 1954, todavía vigente, constituye el *turning point* de la concepción de la responsabilidad patrimonial de la Administración. Se reconoce una responsabilidad directa. Atrás queda la insuficiencia e inadecuación del Código civil: responsabilidad sí del Estado cuando obraba por mediación de un "indefinido" agente especial y no cuando el daño hubiere sido causado, mediando culpa o negligencia, por un funcionario, por regla general insolvente. Todo lo más se reconocía responsabilidad subsidiaria (ley 5 abril 1904; Constitución 1931, ley municipal 1931) llegándose admitir responsabilidad directa en el ámbito local cuando no haya culpa o negligencia, (ley de 1955).

La introducción en la LEF se hace de un modo forzado, con calzador, como reconoce la Exposición de Motivos y se encargaría de recordarlo su "padre", el prestigioso profesor García de Enterría. El artículo 121 establece que dará lugar a indemnización "toda lesión que los particulares sufran en los bienes y derechos a que esta ley se refiere, siempre que aquélla se consecuencia del funcionamiento normal o anormal de los servicios públicos o la adopción de medidas de carácter discrecional no fiscalizables, en vía contenciosa, sin perjuicio de las responsabilidades que la Administración pueda exigir de sus funcionarios con tal motivo". El artículo 122,1 dispone "en todo caso el daño habrá de ser efectivo, evaluado económicamente e individualizado con relación a una persona o grupo de personas".

La LEF se aplica a toda la Administración, pero en cambio se restringe a las lesiones que se sufren en los bienes o derechos susceptibles de expropiación, es decir, de carácter patrimonial. Esta limitación intentó ser salvada por el Reglamento de Expropiación Forzosa de 26 de abril de 1957 que, en su artículo 133, habla simplemente de "toda lesión que los particulares sufran en sus bienes o derechos".

Esta responsabilidad se distingue de la expropiación forzosa ya que los artículos señalados están incluidos en un capítulo bajo la rúbrica "indemnización por otros daños" que, a su vez, forma parte de un título distinto de los que se refieren al procedimiento general y a los especiales de Expropiación Forzosa. En ese sentido podría decirse que en la expropiación el daño es querido directamente por la Administración y, por eso, la indemnización o justo precio es un supuesto previo para su realización. Por el contrario, la responsabilidad surge no como consecuencia directamente querida, sino como consecuencia incidental, residual de una actuación: la exposición de motivos de la Ley habla de "una inevitable secuela accidental de daños residuales y una constante creación de riesgos" que lleva consigo la actividad administrativa.

La inclusión de estos artículos relativos a la responsabilidad por daños causados por la Administración se justifica en la exposición de motivos de la Ley por dos órdenes de consideraciones. En primer lugar se trata de aprovechar la oportunidad para "poner remedio a una de las más graves deficiencias de nuestro régimen jurídico-administrativo" dado que "los límites técnicos dentro de los cuales se desenvuelve entre nosotros la responsabilidad por daños de la Administración, resultan hoy tan angostos, por no decir prohibitivos". En consecuencia, "se ha estimado que es esta una ocasión ideal para abrir, al menos, una brecha en la rígida base legal que, perjudicando el interés general, no puede proteger intereses de la Administración insolidarios con aquél".

En segundo lugar, la justificación es doctrinal y estriba en llevar "a sus lógicas consecuencias" el principio en que se basa la expropiación forzosa según la ley, que es considerarla "el estatuto legal básico de todas las formas de acción administrativa que impliquen una lesión individualizada de los contenidos económicos del derecho del particular por razones de interés general". La afirmación de ese principio y su extensión a la responsabilidad de la

Administración ponen de manifiesto una cierta unidad básica ya que "cabe apreciar siempre el mismo fenómeno de lesión de un interés patrimonial privado" que "no es justo que sea soportada a sus solas expensas por el titular del bien jurídico dañado", sea esto consecuencia de una actuación directamente querida (expropiación) o de una consecuencia de la actividad de la Administración (responsabilidad).

El artículo 121 de la LEF establece que dará lugar a indemnización "toda lesión que los particulares sufran en los bienes y derechos a que esta ley se refiere, siempre que aquélla sea consecuencia del funcionamiento normal o anormal de los servicios públicos o la adopción de medidas de carácter discrecional no fiscalizables, en vía contenciosa, sin perjuicio de las responsabilidades que la Administración pueda exigir de sus funcionarios con tal motivo". El artículo 122,1 dispone "en todo caso el daño habrá de ser efectivo, evaluado económicamente e individualizado con relación a una persona o grupo de personas.

Constituyó un gran avance y, como tal, fue generalmente admitido, hasta el punto de que otro profesor, López Rodó, propugnó la generalización de la responsabilidad en la Ley de Régimen Jurídico de la Administración del Estado de 26 de julio de 1957. En su exposición de motivos se justifica diciendo que "no obstante el gran avance que supuso la Ley de Expropiación Forzosa de 16 de diciembre de 1954, parece oportuno consignarla en términos generales, a fin de cubrir todos los riesgos que para los particulares pueda entrañar la actividad del Estado, salvo cuando exista justa causa que obligue a soportar el daño sin indemnización". No vale la pena consignar los perfeccionamientos concretos que contiene la ley que ya es formalmente pasado.

Lo significativo es que nos poníamos a la cabeza de Europa. Era un triunfo del Estado administrativo, aunque no democrático de Derecho, de aquella época que ningún legislador de la etapa democrática se ha atrevido a modificar, quizá por no parecer menos progresista que el de la era predemocrática, pese al cambio político que se ha producido desde entonces.

En la regulación actual han desaparecido medidas no fiscalizables en vía contenciosa -en la LRJAE se había suprimido la referencia a discrecionales-, un reconocimiento de doctrinas y limitaciones del control judicial entonces dominantes. Por lo demás, todo ha quedado igual en la vigente ley 30/1992 de Régimen jurídico de las Administraciones Públicas y del Procedimiento administrativo (LRJPAC) en la que se han refundido y puesto al día las del mismo nombre impulsadas por Lopez Rodó. Figura en los artículos 139 a 144.

Para lo que aquí interesa tratar se subraya que la lesión sea consecuencia del funcionamiento normal o anormal de los servicios públicos, salvo en los casos de fuerza mayor; son indemnizables las lesiones provenientes de daños que el particular no tenga el deber jurídico de soportar según la ley; la anulación de los actos o disposiciones administrativas no presupone derecho a indemnización, aunque obviamente el verbo empleado no la excluye. Y para completar la amplitud de la regulación, por servicios públicos se entiende cualquier actuación de la Administración, como su inactividad, o simples hechos, siempre que se compruebe la existencia de un nexo causal y, por supuesto, son indemnizables los daños morales.

Para completar la referencia normativa no deja de ser significativo que la Constitución de 1978, en su artículo 106,2 se refiera solo al funcionamiento de los servicios públicos, sin distinguir entre normal y anormal. Pero esa diferencia ha persistido en la ley a la que hace referencia el artículo constitucional.

III. EL CARÁCTER OBJETIVO DE LA RESPONSABILIDAD PATRIMONIAL DE LA ADMINISTRACIÓN: APLICACIÓN JURISPRUDENCIAL Y CRÍTICA

Esa magnánima regulación ha sido aplicada por los Tribunales aceptando acríticamente el carácter objetivo de la responsabilidad patrimonial de la Administración. Los recursos fueron escasos y moderados hasta los años 80 y desde entonces se han incrementado exponencialmente (Martín Rebollo), hasta tal punto que en 1999 el legislador, alarmado por el monto de las indemnizaciones en materia de sanidad pública, tuvo que introducir un añadido al artículo 141, estableciendo que no serían indemnizables los daños derivados de hechos o circunstancias que no se hubiesen podido prever o evitar según el estado de la ciencia o de la técnica existentes en el momento de producción de aquellos y todo ello sin perjuicio de las prestaciones asistenciales o económicas que las leyes puedan establecer en ambos casos.

La doctrina dominante impuso como un dogma el carácter objetivo de la responsabilidad aceptado por casi todos los administrativistas a excepción de Garrido Falla, que apuntó la distinción entre indemnización y responsabilidad. En 1993 se mantenía, al comentar la ley 30/1992 actualmente vigente, que la responsabilidad patrimonial de la Administración es "un dispositivo objetivo de reparación de todos los daños antijurídicos que los particulares sufran a resultas de acciones u omisiones administrativas (Leguina).

La cuestión se centra en la admisión de la responsabilidad por el funcionamiento normal de los servicios públicos. En 1994 un civilista, Pantaleón, agitó las aguas aquietadas por la auctoritas de García de Enterría. Comentando una STS de 14 de junio de 1991, en un asunto del ámbito de la sanidad –indemnización por una intervención quirúrgica que había sido, sin embargo, realizada de acuerdo con la ARS médica y tuvo una complicación posterior– arremetió contra el supuesto de funcionamiento normal del servicio, llegando a sostener que es "un mecanismo de redistribución perversa de la renta". Tesis que se subrayará más adelante en sede doctrinal (Oriol Mir) desde el punto de vista de la indemnización: más elevada la del rico que la del pobre.

Levantada la veda, la doctrina ya no es unánime. La lesión como base de la responsabilidad de la Administración ha sido cuestionada. En ella se puso el acento en lugar de la actividad posiblemente causante. Tenía sentido para diferenciarla de la subjetividad de la acción, culpa o negligencia o dolo, en la responsabilidad civil. Es obvio, como vengo insistiendo desde el comienzo de mi actividad docente, que ha de evitarse antropomorfismo al referirse a la Administración Pública. Sigue definiéndose el acto administrativo como declaración de voluntad y similares. Pero los "vicios" del acto administrativo, por utilizar esa alegoría, no son los de la "voluntad" de un sujeto –vis, metus– sino los datos objetivos derivados de la legalidad –competencia, por ejemplo– en definitiva, no ser conformes a Derecho. Es cierto que la actuación de la Administración se lleva a cabo por personas, pero su comportamiento personal no es decisivo para declarar la legalidad o nulidad del acto. Ni siquiera en la desviación de poder.

Es certero, por tanto, no acudir a la subjetividad del comportamiento propio de la responsabilidad civil para explicar la patrimonial de la Administración. Las categorías jurídicas, en el Derecho administrativo han de ser construidas desde él, como ius commune, he venido insistiendo. Eso no impide, sino todo lo contrario, descubrir el carácter supra conceptual de muchas categorías jurídicas. También esta aproximación general puede ser útil en el caso de la responsabilidad por daños.

La categoría jurídica de la responsabilidad tiene como elemento esencial un daño que es consecuencia de una actuación, o si se prefiere de un comportamiento, que ocasiona un daño ilegítimo, por no ser conforme al Derecho. Eso mismo sucede en relación con el comportamiento de la Administración a efectos de responsabilidad. La actuación administrativa, equivalente a comportamiento que engloba la inactividad, es controlable por los Tribunales en cuanto a su sometimiento a los fines que la justifican. El cambio sustentado por la doctrina para explicar el, por supuesto plausible paso de la irresponsabilidad o responsabilidad subsidiaria de la Administración a la responsabilidad directa, no justifica, en mi opinión, cambiar el fundamento de la responsabilidad.

Cierto es que si no hay daño, no hay responsabilidad; pero es fundamental conocer si existe una causa que justifique su reparación. Intuitivamente no es difícil admitir, de entrada, que esa causa ha de ser ilegítima para generar responsabilidad. Daños o, si se prefiere, lesiones que puedan ser consecuencia de una causa legítima habrían de encontrar su justificación en una institución diferente de la responsabilidad. Es lo que sucede con la expropiación forzosa; pero no se agota en ella, como habrá ocasión de razonar, en un Estado social de Derecho, distinto al Estado en que se fraguó la doctrina que permanece legalmente por inercia doctrinal y oportunismo político.

La tesis que adelanto es conforme con lo que dice la Constitución, que se refiere solo al el funcionamiento de los servicios públicos. El equivalente a la culpa o negligencia de la responsabilidad civil sería el funcionamiento anormal de los servicios públicos. Sólo en ese caso estaría justificada la indemnización del daño causado. La actuación del sujeto causante del daño es relevante para la existencia de responsabilidad. No hay por qué trasladar la base de la responsabilidad desde la actuación al daño. La ilegitimidad de la actuación se manifiesta de distinto modo en el particular y en la Administración, como sucede también en los contratos, sin que se altere lo esencial del "supraconcepto".

De otra parte, ha de subrayarse que la Constitución no ha impuesto el criterio objetivo en el sentido tradicional que sigue manteniéndose en la ley. El precepto fue aprobado en el proceso constituyente sin reparo alguno. Se conocía perfectamente lo que figuraba en las leyes predemocráticas que con toda conciencia no se reprodujo exactamente en la Constitución. La remisión que hace la Constitución a la ley no se refiere necesariamente a esa legislación. El peso doctrinal, de un lado y un discutible progresismo de otro mantuvieron la alternativa de funcionamiento normal o anormal.

En definitiva, al no querer, con razón insisto, colocar el peso en la culpabilidad o negligencia del actor, lo que se ha hecho es desplazar la clave de la responsabilidad del comportamiento del actor al resultado de él, la lesión. Frente a un carácter subjetivo, ligado al comportamiento ilegítimo, una responsabilidad objetiva, en la que el comportamiento ilegítimo no es concluyente.

A mi entender habría que volver a poner en primer término el comportamiento, es decir el funcionamiento anormal del servicio público por decirlo en términos acuñados en la ley. El funcionamiento anormal, cuya anormalidad, ha de precisarse, cubre los supuestos de auténtica responsabilidad patrimonial de la Administración. La responsabilidad del Estado, deriva también de un comportamiento ilícito cuando la ley vulnera la Constitución (*ad exemplum* STS de 11 de octubre de 1991) o el Derecho comunitario. Por lo que se refiere a este último la responsabilidad puede provenir tanto de una acción como de una inactividad, así reconocida por el Tribunal Luxemburgo; un caso paradigmático es la no transposición de una Directiva.

El artículo 139,3 de la LRJPAC suscita alguna duda: "Las Administraciones públicas indemnizarán a los particulares por la aplicación de actos legislativos de naturaleza no expropiatoria de derechos y que éstos no tengan el deber jurídico de soportar, cuando así se establezca en los propios actos legislativos y en los términos que especifiquen dichos actos". De entrada, conforme a lo adelantado y que se reiterará, distingue responsabilidad de expropiación forzosa. Los actos legislativos pueden cubrir actuaciones legítimas, debe ser lo normal y, no obstante el precepto prevé responsabilidad, pero restringida a los términos en ellos especificados. Como mínimo podría sentarse que la regla general de la responsabilidad es el funcionamiento anormal y sólo en casos concretos y explícitos puede derivar de una actividad lícita referida a actos legislativos.

El examen de la jurisprudencia descubre que, de un modo casi instintivo, se busca esa anormalidad del funcionamiento del servicio. En ese sentido se ha hablado de que "se puede reconocer la subjetivización del discurso de los jueces y tribunales que pondría en entredicho la concepción meramente objetiva de la conducta del agente causante de la lesión"(Nettel Barrera). Para no separarse de la literalidad del precepto legal y no desviarse de la escuela (Martín Rebollo) se ofrece un esquema razonador que es, en realidad, lo que frecuentemente hacen los tribunales: ver si existe anormalidad y si no, acudir "*in extremis*" a la normalidad, en aplicación del criterio objetivo de la responsabilidad que invocan para fundamentar el fallo, en ocasiones, en principio de equidad, con función retributiva del gasto público.

La jurisprudencia revela una notoria variabilidad a la hora de entender, desde la admisión del carácter objetivo de la responsabilidad, cuándo, por ejemplo, es exigible en actos administrativos anulados, al examinar si existe o no el deber jurídico de soportar el daño. Se pasa de la doctrina del "margen de tolerancia", al de "margen de apreciación", con una asunción de la tradicional concepción de la potestad discrecional, contra la que me he pronunciado reiteradamente, ya que entiendo que no hay soluciones igualmente justas, no existe indiferencia para la Administración. Así, en STS de 5 de febrero de 1996: "la Administración puede optar entre diversas alternativas, indiferentes jurídicamente". No deja de tener razón el voto particular al advertir la contradicción de la mayoría del tribunal "cuando afirman el carácter objetivo de la responsabilidad de la Administración, al tiempo que la exoneran de responder por haber actuado dentro de lo razonable".

Como se ha dicho en sede doctrinal, contraria a la admisión de responsabilidad en caso de funcionamiento normal de los servicios públicos, "no puede montarse un sistema que quiera ser objetivo en base a criterios aplicativos que sólo pueden ser utilizados arbitrariamente" (Santamaría). Quizá la frase sea excesiva, pero es significativa de cómo un sector se va separando de la doctrina hegemónica. Otras son más contundentes: "un sistema de responsabilidad objetiva global de la Administración (un sistema en que la responsabilidad sea objetiva para todos y cada uno –sin excepción– de los ámbitos de actuación administrativa) como el que recoge el ordenamiento español…resulta inaceptable (Oriol Mir).

Al parecer, la doctrina que siguió la que era dominante y la jurisprudencia no interpretaron bien lo que el autor del artículo 121 de la LEF quiso decir. Según sus propias palabras en 2002 (Prólogo a Oriol Mir) "nunca existió la idea de …una responsabilidad objetiva y absoluta, capaz de incluir supuestos ilimitados de indemnización". Se trataba de sostener que la causa de la responsabilidad ha de ser siempre un "perjuicio antijurídico" desplazando la antijuridicidad desde la conducta a la perspectiva del patrimonio del dañado. El daño, en sí mismo, es antijurídico.

Me parece que hay un poco de tautología. La antijuridicidad se explica porque no existe el deber de soportarlo. En qué se basa ese no deber, la juridicidad. Es obvio en el caso de la expropiación. Si no se acude a una actuación antijurídica, en un sentido amplio de la palabra, resulta difícil acertar en la identificación del daño. Justamente la actividad antijurídica, que en la responsabilidad civil se manifiesta por culpa o negligencia, en la Administración se manifiesta por el funcionamiento anormal de los servicios públicos, que constituye la base para reconocer la reparación de un daño.

La tesis que se está criticando es precisamente una de las causas de que los tribunales hayan interpretado "libremente desde criterios de equidad o que (en el caso de los servicios sanitarios, por ejemplo) se han referido a veces a una situación socialmente deseable desde criterios morales o desiderativos de protección social", que el padre de la doctrina con razón critica. Y lo que es más significativo, termina reconociendo que la formulación legal, seguramente demasiado abstrusa, puede dar lugar como la experiencia ha demostrado, a resultados excesivos", a que el sistema legal español "ha comenzado a funcionar hace ya algún tiempo de forma poco satisfactoria". Pero no se cambia la posición que ha inducido a esas equivocaciones. A lo sumo podría proponerse "mantener esa fórmula general, pero adicionándolas con algunas puntualizaciones". Más bien habría que invertir la regla.

Esos resultados excesivos, que ponen en cuestión la efectividad del sistema y la solidaridad en que a veces se sitúa como fundamento, quizá provengan de pedir a la categoría más de lo que ella puede dar: no toda indemnización de un daño ha de atribuirse a la responsabilidad patrimonial de la Administración.

De entrada, ha de reconocerse que el sistema español no es el general en la Unión Europea. El artículo 340 del TFUE reconoce, en materia de responsabilidad extracontractual, la obligación de reparar los daños causados por sus instituciones o agentes en el ejercicio de sus funciones "de conformidad con los principios generales comunes a los Derechos de los Estados miembros". Puesto en relación con el artículo 41 de la Carta de derechos humanos representa un mínimo obligatorio para los Estados miembros que han de reconocer ese tipo de responsabilidad, ya que hay diversidad de regulaciones en los Derechos de los Estados miembros, en los que no es unánime la admisión de responsabilidad por actos lícitos.

Aunque el citado artículo se refiere a los daños causados por instituciones o agentes de la UE, el TJCE ha declarado que es de aplicación a los Estados miembros ya que la protección de los ciudadanos "no puede variar en función de la naturaleza nacional o comunitaria de la autoridad que origina el daño" (STJ de 5 de marzo de 1996, C-46/1993 y C-48/1993).

La jurisprudencia, cuyo examen minucioso queda fuera del alcance de lo que aquí se trata, se aduce solo como elemento de referencia en apoyo de la tesis expuesta de limitar la responsabilidad al funcionamiento anormal de los servicios públicos.

La STJ de 4 de julio de 2000, C-352/98 P, reproduce lo que es doctrina general en materia de responsabilidad de los Estados miembros por daños causados a los particulares: "el Tribunal de Justicia ha declarado que el Derecho comunitario reconoce un derecho a indemnización cuando se cumplen tres requisitos, a saber, que la norma jurídica violada tenga por objeto conferir derechos a los particulares, que la violación esté suficientemente caracterizada, y, por último, que exista una relación de causalidad directa entre la infracción de la obligación que incumbe al Estado y el daño sufrido por las víctimas". Esa violación suficientemente caracterizada se reconoció desde muy temprano (caso *Zuckerbabrik Schoppenstedt*, de 2 de diciembre de 1971). Entiendo que se trata de un ato normativo, una norma, ilícito.

Existe reticencia a admitir la responsabilidad por actos lícitos. En ese sentido, la STJ de 15 de julio de 2000, C-237/98, con cita de otras, dice: "En el supuesto de admitirse en el Derecho comunitario el principio de responsabilidad por un acto lícito, tal responsabilidad requerirá en todo caso la existencia de un perjuicio anormal y específico".

De otra parte, la vulneración de una norma, para que pueda entenderse que genera un daño reparable ha de estar "suficientemente caracterizada" y se identifica con "la inobservancia manifiesta y grave por parte tanto de un Estado miembro como de una Institución comunitaria, de los límites impuestos a su facultad de apreciación" (asuntos C-178/94 y c-190/94).

IV. PROPUESTA DE REVISIÓN DE LA CATEGORÍA

De lo expuesto se desprende que la responsabilidad directa de la Administración es una conquista inamovible. La repetición sobre el personal de la Administración, cualquiera que fuese su éxito, es una cuestión que no afecta a ese avance.

También de lo expuesto se deduce mi opinión a favor de reconducir la responsabilidad patrimonial de la Administración al funcionamiento anormal de los servicios públicos cuando se produce un daño. No se trata solo de intentar delimitar la institución, sino también de hacer más fácil la función de los jueces.

La anormalidad no se identifica necesariamente desde el punto de vista de su ilegalidad. Un acto declarado nulo supone un funcionamiento anormal; pero no todo funcionamiento anormal genera daño. En ese sentido, la jurisprudencia ofrece una casuística aceptable porque, en el fondo, los casos en que se admite la responsabilidad por ser el acto inválido, revelan un patente funcionamiento que excede de lo que es razonable exigir en la producción de actos, sujetos al control judicial: flagrante desatención normativa, demora injustificada, manifiesta ilegalidad teñida de arbitrariedad etc.

La anormalidad se refiere al incumplimiento de los estándares que forman parte del funcionamiento que es razonable prever del funcionamiento de los servicios: falta del servicio, no actuación, retraso etc. Las Cartas de servicios son, en ese sentido, un buen instrumento para fijar estándares y ayudar a resolver los casos litigiosos. A eso responde también la referencia al "estado de los conocimientos de la ciencia y la técnica", una remisión a estándares que la Administración debe conocer, que en materia sanitaria encuentra una referencia mundial en la OMS y protocolos varios, como acaba de ponerse en cuestión en el caso de una enfermera contagiada de ébola.

Entiendo que son reconducibles al supuesto de funcionamiento anormal de los servicios públicos actuaciones que no son ilícitas en un sentido jurídico, y por tanto en ellas no cabría la posibilidad de responsabilidad solidaria con el agente o funcionario público que la realizó. Es el caso de daños, incluso personales, por actuaciones policiales y en otros casos de emergencia que hayan sido proporcionadas y, sin embargo, hayan causado daños colaterales. En esos casos, existe un riesgo que se asume. La actuación desde el punto de vista jurídico no es ilícita, no ha habido culpa o negligencia en quien la ha desarrollado; pero es evidente que el funcionamiento del servicio ha sido anormal: lo normal es que no se produzcan esos daños colaterales, aunque no se descarte el riesgo de que ocurran.

Es una consecuencia de cómo opera la responsabilidad en el Derecho civil y en el administrativo. Funcionamiento anormal del servicio no significa necesariamente ilicitud como culpabilidad o negligencia. Esa no identificación permite que los agentes puedan actuar con la eficiencia que requiere el mantenimiento de la seguridad pública y ciudadana. En el caso de una acción desproporcionada resulta también evidente el funcionamiento anormal del servicio y genera responsabilidad de la Administración, sin perjuicio de la acción de repetición contra el agente.

También entiendo que, de acuerdo con lo expuesto, existe un funcionamiento anormal de los servicios públicos cuando las obras realizadas en una vía pública producen daños en edificios colindantes. No existe un ilícito en la actuación, pero el servicio público no ha funcionado normalmente.

La reconducción de la posible responsabilidad al funcionamiento anormal de los servicios públicos, del comportamiento activo e inactividad de la Administración, podría dar la impresión de que daños no producidos por el funcionamiento anormal quedarían fuera de todo resarcimiento. De entrada, ha de recordarse que no todo resarcimiento se reduce al que procede de responsabilidad. No todas las indemnizaciones por daños tienen la misma causa y, por tanto, sus regímenes jurídicos no son iguales. En esa diferencia se encuentra la justificación de las distintas categorías jurídicas.

En España, gran parte del problema proviene del nacimiento del actual régimen de la responsabilidad patrimonial de la Administración en la LEF, que la engloba en el título "otros daños". Responde a la orientación doctrinal que puso el acento en el daño, con independencia de su causa. Un empeño laudable, pero entiendo que doctrinalmente innecesario. La expropiación forzosa es una institución distinta de la responsabilidad. La exposición de motivos de la LEF y el testimonio de su "padre doctrinal" reconocen que la introducción de la responsabilidad en la citada ley fue un tanto forzada: para aprovechar la oportunidad de que se reconociese en el ordenamiento español la responsabilidad directa de la Administración.

En apoyo de la diferenciación entre expropiación forzosa y responsabilidad, fácilmente aceptada, puede aducirse el diferente sitio que ambas instituciones figuran en la LEF y en la CE. En el artículo 33 de esta, al reconocer como derecho fundamental la propiedad privada - de contenido obviamente económico, al que puede incorporársele un elemento de afección- se dice que "nadie podrá ser privado de sus bienes y derechos sino por causa justificada de utilidad pública o interés social, mediante la correspondiente indemnización y de conformidad con lo dispuesto en las leyes". La responsabilidad patrimonial de la Administración está en el artículo 103 del título IV Del Gobierno y de la Administración". Es cierto que en ambos casos existe una lesión en derechos, un daño, pero la causa y los efectos jurídicos no son coincidentes, aunque se hable en ellos de indemnización. El artículo 139,3 de la LRJPAC, anteriormente citado, viene a reconocer la diferencia entre responsabilidad y expropiación forzosa.

Desde esa perspectiva puede sostenerse que en la expropiación forzosa el daño ha de ser soportado por el particular, porque se trata de una actuación de la Administración justificada en el interés público o social, sin cuya procura no existe la organización de la convivencia que llamamos Estado. El daño es directamente querido por la Administración; su actuación queda justificada por ese fin. La indemnización es el precio justo de la privación efectuada. En la responsabilidad el daño no es directamente buscado por la actuación de la Administración. Es el resultado de la misma, en el amplio sentido que se ha dado anteriormente al término actuación.

Qué sucede, por tanto, con daños que no son consecuencia de una expropiación forzosa y no proceden de un funcionamiento anormal de los servicios públicos, el ámbito al que se ha defendido debe circunscribirse la responsabilidad patrimonial de la Administración.

Sin entrar en el análisis de la variada casuística pueden adelantarse las siguientes consideraciones. En primer término ha de reconocerse lo que parece una obviedad: la indemnización no presupone siempre existencia de responsabilidad de la Administración. Es más, en casos no existe actuación de la Administración por muy amplia que fuere la interpretación de aquella. Un ejemplo extremo sería el de las víctimas de terrorismo. Sufren un daño que, obviamente, no tienen el deber de soportar. Es de justicia por parte del Estado reparar el daño. La obligación de reparar no procede del funcionamiento normal o anormal de los servicios públicos. Resultaría sarcástico admitirlo.

Sin aludir a ese caso extremo, que tiene que ver con situaciones de emergencia, se admite con toda naturalidad que no se reconoce responsabilidad patrimonial en los casos de fuerza mayor. El carácter objetivo de la responsabilidad basado en la existencia del daño parece que naufraga. El fundamento de la reparación es diferente. Se comprueba en el Real Decreto-ley

2/2014 de 21 de febrero, por citar un ejemplo no muy lejano. Se adoptan medidas urgentes para reparar daños causados en los dos primeros meses de 2014 por las tormentas de viento y mar en la fachada atlántica y cantábrica, de lo que puedo dar fe por mi residencia, tanto a personas como a bienes afectados por esas tormentas. La reparación se concreta en ayudas por daños a personas, enseres y viviendas, establecimientos industriales, mercantiles, agrarios, marítimo-pesqueros y de otros servicios. Nada que no haya ocurrido en ocasiones análogas. Incluso las expresiones subrayadas muestran la diferencia con los supuestos de derechos como consecuencia de una responsabilidad patrimonial del Estado.

En otros casos, el reconocimiento posible de la indemnización podría seguir el curso de la expropiación forzosa, aunque el bien dañado no haya sido objeto formal de aquella. Es lo que sucede con el resultado antieconómico de la parte de la propiedad que queda después de la expropiación (art. 23 LEF). Ese mismo tratamiento puede aplicarse a otros casos en el que el posible daño sea consecuencia de una actuación amparada en el interés público, no formalmente expropiatoria. La definición legal de la expropiación forzosa es lo suficientemente amplia para no tener que acudir a otro fundamento: "cualquier forma de privación singular de la propiedad privada o de derechos o intereses patrimoniales legítimos" que en este caso sería consecuencia de esa actividad protegida por un interés público concreto.

Desde ese punto de vista puede entenderse la obligación de indemnizar por decisiones del Gobierno que son expresión de "dirigir la política interior y exterior" (artículo 97 de la CE) que, en definitiva, se corresponde con su función de contribuir a definir los intereses generales que la Administración debe servir (artículo 103 de la CE), propios de la alternancia y pluralismo político característicos de un Estado democrático de Derecho.

Cuando se aprobó la LEF y la LRJAE existía la inmunidad de los actos políticos del Gobierno para su revisión por la jurisdicción contencioso administrativa. Por eso se entiende que, como un avance, se incluyera en los supuestos indemnizatorios "la adopción de medidas discrecionales, no fiscalizables en vía contenciosa" según la LEF-García de Enterría o con supresión del término discrecionales en la LRJAE-López Rodó. Tal sintagma ha desaparecido en la regulación actual. Puede ocurrir, y será lo normal, que el acuerdo adoptado por el Gobierno, que tiene legitimidad democrática, sea conforme a la ley y al Derecho. No existiría ninguna anormalidad; pero puede generar daños. Entiendo que la indemnización encaja en el instituto expropiatorio.

Sería el caso de la STS del 5-7-1999 relativa a la reclamación por perjuicios causados a un local de negocio a causa de la resolución del Consejo de Ministros de 6 de junio de 1969 por la que se acordó el cierre de los puestos fronterizos y de policía de la Línea de la Concepción, en otras palabras, el de la verja de Gibraltar, un contencioso político histórico, "en el ejercicio de las funciones de dirección de la política exterior que tiene encomendada". Cualquiera que sea el juicio político que mereciera la medida es obvio que la decisión era conforme, al menos, con el Derecho nacional sin que conste que sobre ella hubiese recaído ninguna decisión de un Tribunal internacional. La sentencia aplica el artículo 40 de la LRJAE de 1957 que recogía la posibilidad antes citada, de recurrir por daños ocasionados por medidas no fiscalizables en vía contenciosa y admite en parte la pretensión del recurrente. Desde la perspectiva que aquí se plantea, se trataría de un supuesto de carácter expropiatorio.

Con vigencia de la Constitución de 1978, ese carácter expropiatorio tiene la ley de Costas de 28 de julio de 1988 en relación con los enclaves de propiedad privada, así declarada en sentencias firmes del Tribunal Supremo, en la Zona marítimo-terrestre, que por determinación constitucional es dominio público (artículo 132,2). Ese carácter ha sido reconocido por la STC 149/1991, que reconoce como justiprecio la transformación de la propiedad en una concesión gratuita por 30 años prorrogables por otros 30 que, con cambio de gobierno, se ha extendido has los 75 por la ley 2/2013 de protección y uso sostenible del litoral y de modificación de la citada.

La consideración de social del Estado muestra otra posibilidad de hacer frente a daños o perjuicios que se produzcan aun cuando el servicio ha funcionado con normalidad. A ello se refiere la frase final de lo añadido al artículo 141 de la LRJPAC. No serán indemnizables por causa de responsabilidad lo establecido allí en relación con el estado de la ciencia y de la técnica; pero ello "sin perjuicio de las prestaciones asistenciales o económicas que las leyes puedan establecer para esos casos".

Esta es la vía, sin obligar a los jueces a que realicen por su cuenta una labor humanitaria que, aceptada como regla general, supondría una redistribución injusta como la que suscitó el comentario de la sentencia referida con anterioridad en el ámbito de la sanidad. Daños producidos por accidente al margen del funcionamiento normal del servicio, adverado por el cumplimiento cabal de los protocolos.

Sería un derecho a realizarse por la vía de la Seguridad social, de conformidad con el artículo 41 de la Constitución: "Los poderes públicos mantendrán un régimen público de Seguridad social para todos los ciudadanos que garantice la asistencia y prestaciones sociales suficientes en caso de necesidad". En ese sentido, que comparto, se ha dicho que la institución de la responsabilidad no es un buen instrumento para canalizar la solidaridad (Oriol Mir), de otra parte habría que añadir esencial; tampoco una buena herramienta redistributiva como se afirmó con anterioridad.

El impresionante desarrollo tecnológico desde que se aprobó en 1954 la LEF, con incremento del riesgo, que no se circunscribe al originado por la naturaleza -la fuerza mayor- plantea nuevas perspectivas para la responsabilidad de la Administración, por su obligación de cumplir con un principio de precaución. En todo caso nos encontraríamos ante nuevos supuestos de funcionamiento anormal de los servicios públicos.

Son los "nuevos riesgos" que pueden ocasionar la vulneración de derechos fundamentales como constata la jurisprudencia del Tribunal Europeo de Derechos Humanos. Casos conocidos son los daños que han de ser reparados por los ruidos de los aviones en aeropuertos, polución acústica, que no respetan o inciden de un modo negativo en la calidad de la vida privada y en el domicilio de residentes cercanos: Heathrow, STEDH de 21 de febrero de 1990; Barajas, STEDH de 16 de noviembre de 2004. El Estado tiene la obligación de adoptar las medidas necesarias, razonables y adecuadas, para proteger esos derechos de los interesados al respeto de su vida privada y de su domicilio y, en general, a gozar de un medio ambiente sano y protegido, según el Tribunal.

En España se ha reconocido al resolver un recurso de amparo por STC 119/2001, de 24 de mayo, con referencia a "las directrices marcadas por la Organización Mundial de la Salud sobre la salud, cuyo valor como referencia científica no es preciso resaltar". La sentencia del TEDH citada sobre el aeropuerto Barajas por la que se declaró que España había vulnerado el artículo 8 de la CEDH fue fundamento para la STS de 13 de octubre de 2008 y el ATS de 14 de enero de 2009, en que se reconoce que la contaminación acústica es "muy superior a la aconsejada por la OMS", estimándose el recurso interpuesto.

Se han planteado cuestiones en cuanto a la prevención de la salud y la preservación del medioambiente. Hasta qué punto la Administración ha debido adoptar esas medidas o advertencias. Un caso típico es el de la STEDH de 27 de enero de 2009, en la que se enjuicia la pasividad de las autoridades en la información de las consecuencias presentes y futuras del vertido tóxico de cianuro de sodio de una mina de extracción de oro en las proximidades de los domicilios, con repercusión sobre la salud de los habitantes en el caso concreto de accidente ecológico.

Los ciudadanos, se constata que han debido vivir en un estado de angustia e incertidumbre acentuados por la pasividad de las autoridades que tenían el deber de suministrar informaciones suficientes y detalladas en cuanto a las consecuencias, pasadas, presentes y futuras del accidente ecológico sobre la salud de aquellos.

El problema se plantea en cuanto a la relación de causalidad: hasta qué punto el vertido ha supuesto la agravación del asma que los reclamantes invocaban. Una cuestión de prueba para la efectividad de la reclamación planteada. En el voto particular se critica la concepción clásica de esa relación, cuando hay que operar sobre la incertidumbre, la probabilidad deducida de cálculos estadísticos en conexión con los datos que suministra la ciencia. En todo caso, se pronuncia sobre la inversión de la carga de la prueba; correspondería a la Administración probar que no existe esa relación causal: "el respeto de la vida privada es un valor primordial, cuya defensa, por el juez europeo, no estaría limitada por la ausencia de una certidumbre absoluta, sobre todo en el contexto de las enfermedades modernas". Una cuestión ciertamente discutible que evidencia, sin embargo, las nuevas dimensiones de la responsabilidad de la Administración.

Otra modalidad nueva es la asunción de un riesgo por la Administración que no crea, pero cuya existencia puede producirse por actividades privadas que ella misma estimula. Hasta qué punto podría sostenerse que es una cuestión de responsabilidad patrimonial, tal como se ha construido tradicionalmente. No hay funcionamiento normal ni anormal de los servicios públicos. Se encajaría más bien en una política económica de fomento que no vulnere la prohibición de ayudas públicas en el Derecho de la UE.

Es lo que ocurre con la cobertura de los riesgos que puedan acaecer a las empresas en un mundo global y altamente competitivo. A ello se refiere la ley 8/2014 de 22 de abril sobre cobertura por cuenta del Estado de los riesgos de internacionalización de la economía española. Esa cobertura de riesgos constituye un servicio de interés económico general como instrumento del sistema español de apoyo financiero oficial a las empresas españolas. Los riesgos podrán ser de variado carácter (comercial, político…) y la cobertura es gestionada por cuenta del Estado por medio de un Agente Gestor. Actividad de servicio público con fines de fomento; nada que ver con la responsabilidad patrimonial de la Administración.

V. REFLEXIÓN CONCLUSIVA

El quehacer científico ha desempeñado y seguirá desempeñando un rol importante en la construcción de los ordenamientos jurídicos que garanticen derechos de los ciudadanos, los haga más efectivos y permita una mejor satisfacción de los intereses generales en cada momento. Se trata de una actividad, abierta al diálogo, sin dar la espalda a la evolución de la sociedad, que quizá de un modo pretencioso se acostumbra a llamar doctrina o dogmática. Una actividad libre, sin sujeciones especiales, expuesta a la rectificación y a la revisión, sin erigir en inmutable lo que pudo ser oportuno en un momento.

Las categorías e instituciones son necesarias para una cabal explicación de lo que se quiere en función del bien común y la dignidad y el bienestar de los ciudadanos. Son una muestra o un intento de servirlos. No deberían extenderse más allá de lo que las justifican. No se trata de desnaturalizarlas para dar respuesta a hechos nuevos que deban encontrar una solución de justicia, que da razón de ser al Derecho.

Es posible que la construcción de la responsabilidad patrimonial o extracontractual de la Administración haya de ser contemplada desde las exigencias y requerimientos del Estado social y democrático de Derecho. Es lo que he pretendido con las reflexiones expuestas.

BIBLIOGRAFÍA

La bibliografía española sobre la responsabilidad patrimonial de la Administración es numerosa. Aquí se seleccionan algunos trabajos, con exclusión de los Tratados y Cursos generales de Derecho administrativo.

García De Enterría, E. *Los principios de la nueva Ley de Expropiación Forzosa*, Instituto de Estudios Políticos, 1956; Prólogo a O. Mir Puigpelat, "La responsabilidad patrimonial de la Administración". Madrid, 2002

Garrido Falla, Fernando. "Panorama General de la responsabilidad civil de la Administración Pública" en *La responsabilidad patrimonial de los poderes públicos*, Coord. J. L. Martínez López Muñiz y A. Calonge, Marcial Pons, Madrid, 1999.

González Pérez, Jesús. *Responsabilidad patrimonial de las Administraciones Públicas*, Thomson-Civitas, Madrid, 2004

Leguina Villa, Jesús. *La nueva ley de Régimen Jurídico de las Administraciones Públicas y del Procedimiento administrativo común*, Tecnos, Madrid, 1993

Martín Rebollo, Luis. "Ayer y hoy de la responsabilidad patrimonial de la Administración: un balance y tres reflexiones", *RAP*, 150, 1999.

Mir Puigpelat, Oriol. *La responsabilidad patrimonial de la Administración. Hacia un nuevo sistema*. Civitas, Madrid, 2002

Nettel Barrera, Alina de Carmen. *Obligación de resolver, silencio administrativo y responsabilidad patrimonial por inactividad.* Atelier, Barcelona, 2012.

Pantaleón Prieto, Fernando. "Los anteojos del civilista: Hacia una revisión del régimen de responsabilidad de las Administraciones Públicas", Documentación Administrativa, 237-238, 1994.

Santamaría Pastor, Juan Alfonso. Prólogo, a Francisco Javier de Ahumada Ramos, *La responsabilidad patrimonial de las Administraciones públicas*, Aranzadi, 2000.

LEGISLACIÓN

Información Legislativa

LEYES, DECRETOS NORMATIVOS, REGLAMENTOS Y RESOLUCIONES DE EFECTOS GENERALES DICTADOS DURANTE EL SEGUNDO TRIMESTRE DE 2014

Recopilación y selección
por Carlos Reverón Boulton
Abogado

SUMARIO

I. ORDENAMIENTO ORGÁNICO DEL ESTADO

1. *Régimen del Poder Público Nacional.* A. Administración Publica: Misiones.

II. RÉGIMEN DE POLÍTICA, SEGURIDAD Y DEFENSA

1. *Política de Relaciones Exteriores: Tratados, acuerdos y convenios.* A. Leyes Aprobatorias. B. Publicación de Acuerdos y Convenios. C. Entrada en vigor de los Acuerdos, Convenios y Memorándum de Entendimiento. 2. *Seguridad y defensa.* B. Seguridad Ciudadana.

III. RÉGIMEN DE LA ECONOMÍA

1. *Régimen Cambiario.* A. Tipo de cambio por la venta de divisas provenientes de actividades u operaciones distintas a las de exportación y/o venta de hidrocarburos. B. Participación de Operadores Cambiarios. C. Convenio Cambiario. D. Supresión de CADIVI. E. Contrato de fiel cumplimiento. 2. *Régimen de los Bancos y Otras Instituciones Financieras.* A. Manual de Contabilidad para Bancos. B. Cartera de Crédito. C. Tasas de interés. 3. *Régimen del comercio interno: Producción y comercialización de productos.* 4. *Régimen de arrendamiento de locales comerciales.*

IV. RÉGIMEN DEL DESARROLLO SOCIAL

1. *Régimen de la Vivienda.* 2. *Régimen del Trabajo.* A. Salario Mínimo. 3. *Régimen del Turismo.*

V. RÉGIMEN DEL DESARROLLO FÍSICO Y ORDENACIÓN DEL TERRITORIO

1. *Régimen del transporte y tránsito: Transporte y Tráfico Aéreo.*

I. ORDENAMIENTO ORGÁNICO DEL ESTADO

1. *Régimen del Poder Público Nacional*

A. *Administración Publica: Misiones*

Decreto N° 1.026 de la Presidencia de la República, mediante el cual se reforma parcialmente el Decreto N° 8.580, de fecha 09 de noviembre de 2011, publicado en *Gaceta Oficial de la República Bolivariana de Venezuela Extraordinario* N° 6.052, de fecha 10 de noviembre de 2011, donde se crea la Comisión Presidencial denominada "Órgano Superior de la Gran Misión Saber y Trabajo". *G.O.* N° 40.431 de 11-06-2014.

Decreto N° 1.013 de la Presidencia de la República, mediante el cual se adscribe la Gran Misión Vivienda Venezuela y la Gran Misión Barrio Nuevo Barrio Tricolor, al Órgano Superior del Sistema Nacional de Vivienda y Hábitat. *G.O.* N° 40.422 de 29-05-2014.

II. RÉGIMEN DE POLÍTICA, SEGURIDAD Y DEFENSA

1. *Política de Relaciones Exteriores: Tratados, acuerdos y convenios*

    A. *Leyes Aprobatorias*

Ley Aprobatoria de la Convención Internacional sobre la Protección de los Derechos de todos los Trabajadores, Migratorios y de sus Familiares. *G.O.* N° 40.405 de 06-05-2014.

Ley Aprobatoria del Acuerdo de servicios aéreos entre la República de Gambia y la República Bolivariana de Venezuela. *G.O.* N° 40.405 de 06-05-2014.

Ley Aprobatoria del Protocolo al Tratado Antártico sobre Protección del Medio Ambiente. *G.O.* N° 40.405 de 06-05-2014.

Ley Aprobatoria del Acuerdo Marco de Cooperación entre la República Bolivariana de Venezuela y la República Tunecina. *G.O.* N° 40.406 de 07-05-2014.

    B. *Publicación de Acuerdos y Convenios*

Resolución DM N° 085 del Ministerio del Poder Popular para Relaciones Exteriores, mediante la cual se ordena la publicación del "Acuerdo entre el Gobierno de la República Bolivariana de Venezuela y la Organización de las Naciones Unidas para la Alimentación y la Agricultura (FAO), GCP/RAF/489A/EN 'Alianzas para el Desarrollo de Sistemas Sostenibles de Producción de Arroz en África Sub Sahariana'". *G.O.* N° 40.434 de 16-06-2014.

    C. *Entrada en vigor de los Acuerdos, Convenios y Memorándum de Entendimiento*

Resolución DM N° 075 del Ministerio del Poder Popular para Relaciones Exteriores, mediante la cual se ordena publicar la entrada en vigor del "Acuerdo entre el Gobierno de la República Bolivariana de Venezuela y el Gobierno de la República de Indonesia para la exención de visado para los titulares de pasaportes diplomáticos o de servicio", suscrito en la ciudad de Nusa Dua, Balí, República de Indonesia. *G.O.* N° 40.406 de 07-05-2014.

Resolución DM N° 084 del Ministerio del Poder Popular para Relaciones Exteriores, mediante la cual se informa la entrada en vigor del "Acuerdo Marco de Cooperación entre la República Bolivariana de Venezuela y la República Tunecina", suscrito en la ciudad de Túnez. *G.O.* N° 40.434 de 16-06-2014.

Resolución DM N° 086 del Ministerio del Poder Popular para Relaciones Exteriores, mediante la cual se informa la entrada en vigor del "Acuerdo de Cooperación en materia de Turismo entre el Gobierno de la República Bolivariana de Venezuela y el Gobierno de la República de Bulgaria", suscrito en Sofía, República de Bulgaria. *G.O.* N° 40.434 de 16-06-2014.

Resolución DM N° 087 del Ministerio del Poder Popular para Relaciones Exteriores, mediante la cual se informa la entrada en vigor del "Acuerdo de Cooperación entre el Gobierno de la República Bolivariana de Venezuela y el Gobierno de la República del Perú, en materia de Intercambio Educativo", suscrito en la ciudad de Puerto Ordaz. República Bolivariana de Venezuela. *G.O.* N° 40.434 de 16-06-2014.

2. *Seguridad y defensa*

A. *Defensa*

Ley de Registro y Alistamiento para la Defensa Integral de la Nación. *G.O.* N° 40.440 de 25-06-2014.

B. *Seguridad Ciudadana*

Resolución N° 149 del Ministerio del Poder Popular para Relaciones Interiores, Justicia y Paz, mediante la cual se dicta las Normas de Seguridad y uso adecuado de las piscinas, embalses de uso público, pozos y demás estanques y similares destinados al baño, a la natación, recreación o a otros ejercicios y deportes acuáticos o de usos medicinales o terapéuticos, en clubes, residencias privadas, condominios o centros de esparcimiento públicos o privados, entre otros, durante los períodos festivos, de asueto, vacacionales y otros establecidos en todo el territorio nacional. *G.O.* N° 40.392 de 11-04-2014.

Resolución N° 150 del Ministerio del Poder Popular para Relaciones Interiores, Justicia y Paz, mediante la cual se activa el Plan Nacional Integral de Seguridad, Prevención y Atención en Períodos Festivos, Asueto y Vacacional "Dispositivo Semana Santa Segura 2014". *G.O.* N° 40.392 de 11-04-2014.

Decreto N° 957 de la Presidencia de la República, mediante el cual se ordena la reestructuración y reorganización de la Dirección Nacional de Protección civil y Administración de Desastres. *G.O.* N° 40.406 de 07-05-2014.

Resolución Conjunta N° 178 y S/N de los Ministerios del Poder Popular para Relaciones Interiores, Justicia y Paz y para la Defensa, mediante la cual se suspende de manera temporal el porte de armas de fuego en el Estado Vargas, con motivo al inicio de los Terceros Juegos Suramericanos de Playa a celebrarse desde el 14 al 24 de mayo de 2014, en el Complejo Deportivo Hugo Chávez Frías. *G.O.* N° 40.409 de 12-05-2014.

Resolución Conjunta N° 188 y 004786, de los Ministerios del Poder Popular para Relaciones Interiores, Justicia y Paz y para la Defensa, mediante la cual se suspende de manera temporal el porte de armas de fuego y armas blancas en el estado Carabobo de la República Bolivariana de Venezuela, desde el día viernes veintitrés (23) de mayo de 2014, a las 18:00 horas (6:00 p.m.), hasta el día lunes veintiséis (26) de mayo de 2014, a las 18:00 horas (6:00 p.m.) con motivo de la celebración de las Elecciones para el cargo de Alcalde o Alcaldesa del Municipio San Diego, estado Carabobo, a efectuarse el día 25 de mayo de 2014. *G.O.* N° 40.417 de 22-05-2014.

III. RÉGIMEN DE LA ECONOMÍA

1. *Régimen Cambiario*

A. *Tipo de cambio por la venta de divisas provenientes de actividades u operaciones distintas a las de exportación y/o venta de hidrocarburos*

Convenio N° 24 del Banco Central de Venezuela, mediante el cual se publica el Convenio Cambiario de fecha 30 de diciembre de 2013. *G.O.* N° 40.387 del 04-04-2014.

B. *Participación de Operadores Cambiarios*

Resolución N° 0030 de la Superintendencia Nacional de Valores, mediante la cual se dictan Instrucciones Prudenciales para la Participación de los Operadores de Valores Autorizados en el Sistema Cambiario Alternativo de Divisas (SICAD II). *G.O.* N° 40.387 de 04-04-2014.

Resolución N° 0036 de la Superintendencia Nacional de Valores, mediante la cual se establecen que en las operaciones de compra-venta de títulos valores denominados en moneda extranjera, a través del Sistema Cambiario Alternativo de Divisas (SICAD II), los Operadores de Valores Autorizados podrán cobrar a sus clientes personas naturales y jurídicas, únicamente hasta el 1% del monto en bolívares de cada operación, por concepto de comisión, tarifa y/o recargo. *G.O.* N° 40.387 de 04-04-2014.

Resolución N° 048.14, de la Superintendencia de las Instituciones del Sector Bancario (SUDEBAN), mediante la cual se dictaron las normas relativas a la aplicación de los beneficios netos originados en las operaciones que realizan las instituciones bancarias en calidad de oferentes en el Sistema Cambiario Alternativo de Divisas (SICAD II). *G.O.* 403.393 de 14-04-2014.

C. *Convenio Cambiario*

Convenio N° 28 del Banco Central de Venezuela y el Ministerio del Poder Popular de Economía, Finanzas y Banca Pública, mediante el cual se establece la actuación de las Casas de Cambio en el mercado alternativo de divisas. *G.O.* N° 40.387 de 04-04-2014.

Convenio N° 11 del Banco Central de Venezuela y el Ministerio del Poder Popular de Economía, Finanzas y Banca Pública, mediante el cual se dictan las Normas que establecen el Régimen para la Adquisición de Divisas por parte del Sector Público. *G.O.* N° 40.391 de 10-04-2014.

Convenio N° 26 del Banco Central de Venezuela y el Ministerio del Poder Popular de Economía, Finanzas y Banca Pública, mediante el cual se establece que las subastas especiales de divisas llevadas a cabo a través del Sistema Complementario de Administración de Divisas (SICAD) serán gestionadas y dirigidas directamente por el Centro Nacional de Comercio Exterior (CENCOEX). *G.O.* N° 40.391 de 10-04-2014.

D. *Supresión de CADIVI*

Decreto N° 903 de la Presidencia de la República, mediante el cual se ordena la supresión de la Comisión de Administración de Divisas (CADIVI). *G.O.* N° 40.393 de 14-04-2014.

E. *Contrato de fiel cumplimiento*

Providencia Administrativa N° 006 del Centro Nacional de Comercio Exterior (CENCOEX), mediante la cual se autoriza el modelo de contrato de fiel cumplimiento para operaciones cambiarias en la República Bolivariana de Venezuela. *G.O.* N° 40.405 de 06-05-2014.

2.   *Régimen de los Bancos y Otras Instituciones Financieras*

A. *Manual de Contabilidad para Bancos*

Resolución N° 049.14 de la Superintendencia del Sector Bancario (SUDEBAN), mediante la cual se modifica el Manual de Contabilidad para Bancos, Otras Instituciones Financieras y Entidades de Ahorro y Préstamo. *G.O.* N° 40.392 de 11-04-2014.

B. *Cartera de Crédito*

Resolución N° 035 y DM/N° 02/2014 de los Ministerios del Poder Popular de Economía, Finanzas y Banca Pública y Ministerio del Poder Popular para la Agricultura y Tierras, mediante la cual se corrige por error material la Resolución Conjunta de fecha 20 de marzo de 2014, en la cual se establecen las bases, condiciones, términos y porcentajes mínimo obligatorio de la cartera de créditos que cada una de las entidades de Banca Universal, así como la Banca Comercial tanto pública como privada, deberá destinar al sector agrario. *G.O.* N° 40.407 de 08-05-2014.

Resolución N° 29 del Ministerio del Poder Popular para Vivienda y Hábitat, mediante la cual se establecen las condiciones de financiamiento que regirán el otorgamiento de créditos para la Adquisición, Autoconstrucción, Ampliación o Mejoras de la Vivienda Principal con recursos provenientes de los Fondos regulados que en ella se indican. *G.O.* N° 40.433 de 13-06-2014.

Resolución N° 31 del Ministerio del Poder Popular para Vivienda y Hábitat, mediante la cual se establece en un veinte por ciento (20%) el porcentaje mínimo de la cartera de crédito bruto anual, que con carácter obligatorio deben colocar con recursos propios las instituciones del sector bancario obligadas a conceder créditos nuevos hipotecarios destinados a la construcción, adquisición y autoconstrucción de vivienda principal. *G.O.* N° 40.433 de 13-06-2014.

C. *Tasas de interés*

Resolución N° 14-06-01 del Banco Central de Venezuela, mediante la cual se establece la tasa de interés activa máxima mensual a ser aplicada a los Créditos destinados a la adquisición de vehículos otorgados mediante contrato de venta con reserva de dominio de cuota balón a que se refiere la sentencia de la Sala Constitucional del 24 de enero de 2002. *G.O.* N° 40.435 de 17-06-2014.

3. *Régimen del comercio interno: Producción y comercialización de productos*

Resolución Conjunta N° DM/N° 016/2014, DM/N° 4267 y DM/N° 142 de los Ministerios del Poder Popular para la Agricultura y Tierras, para la Defensa y para Relaciones Interiores, Justicia y Paz, mediante la cual se prorroga la vigencia de la suspensión temporal de la exigencia en todo el territorio nacional del Registro Único Nacional de Salud, Agrícola Integral. *G.O.* N° 40.385 de 02-04-2014.

Decreto N° 928 de la Presidencia de la República, mediante el cual se establece la agilización de los trámites administrativos y procedimientos operativos requeridos en el ordenamiento jurídico vigente para efectuar las importaciones de los productos terminados, insumos y materia prima que en él se indican, requeridos para asegurar el abastecimiento nacional y el suministro oportuno de bienes esenciales para la vida, la salud y la alimentación digna de las venezolanas y los venezolanos. *G.O.* N° 40.397 de 23-04-2014.

Providencia Administrativa N° 004/2014 de la Superintendencia Nacional para la Defensa de los Derechos Socio Económicos (SUNDDE), mediante la cual se establece el procedimiento para autorizar las promociones solicitadas ante esta Superintendencia. *G.O.* N° 40.397 de 23-04-2014.

Providencia Administrativa N° 005/2014 de la Superintendencia Nacional para la Defensa de los Derechos Socio Económicos (SUNDDE), mediante la cual se informa sobre los mecanismos, metodología y demás aspectos necesarios, por medio de los cuales serán públicas las distintas regulaciones en relación a la determinación de precios justos en el acceso a los productos y servicios. *G.O.* N° 40.397 de 23-04-2014.

Resolución Conjunta N° DM/N° 037, DM/N° 017/2014 y DM/N° 0003-14 de los Ministerios del Poder Popular de Economía, Finanzas y Banca Pública, para la Agricultura y Tierras y para la Alimentación, mediante la cual se califica como bienes de primera necesidad o de consumo masivo a los efectos del beneficio previsto en el Artículo 91 de la Ley Orgánica de Aduanas, las mercancías correspondientes a la subpartida del Arancel de Aduanas que en ella se indican. (Maíz para siembra, fórmulas lácteas de primera infancia, semillas de tomates, entre otros. *G.O.* N° 40.404 de 05-05-2014.

4. *Régimen de arrendamiento de locales comerciales*

Decreto N° 929, de la Presidencia de la República, mediante el cual se dicta el Decreto con Rango, Valor y Fuerza de Ley de Regulación del Arrendamiento Inmobiliario para el Uso Comercial. *G.O.* N° 40.418 de 23-05-2014.

IV. RÉGIMEN DEL DESARROLLO SOCIAL

1. *Régimen de la Vivienda*

Resolución N° 28 del Ministerio del Poder Popular para Vivienda y Hábitat, mediante la cual se dictan los lineamientos y normas para los Procesos de Regularización de Terrenos de la Propiedad de la Tierra y para la elaboración de documentos de propiedad de las viviendas de la Gran Misión Vivienda Venezuela. *G.O.* N° 40.433 de 13-06-2014.

Resolución N° 30 del Ministerio del Poder Popular para Vivienda y Hábitat, mediante la cual se establecen los lineamientos para la aplicación del Plan 0800-MIHOGAR, destinados a los créditos de adquisición de vivienda principal construidas con recursos públicos o privados en el marco de la Gran Misión Vivienda Venezuela. *G.O.* N° 40.433 de 13-06-2014.

Resolución N° 32 del Ministerio del Poder Popular para Vivienda y Hábitat, mediante la cual se establecen las condiciones de financiamiento que regirán el otorgamiento de créditos para la adquisición y autoconstrucción de vivienda principal con recursos provenientes de la Cartera de Crédito Obligatoria para Vivienda, que de forma anual deben cumplir las Instituciones del Sector Bancario. *G.O.* N° 40.433 de 13-06-2014.

2. *Régimen del Trabajo*

A. *Salario Mínimo*

Decreto N° 935 de la Presidencia de la República, mediante el cual se fija un aumento del treinta por ciento (30%) del salario mínimo mensual obligatorio en todo el Territorio Nacional, para los Trabajadores y las Trabajadoras que presten servicios en los sectores público y privado, quedando a partir del 01 de mayo de 2014 en la cantidad que en él se indica. (Bs. 4.251,40). *G.O.* N° 40.401 de 29-04-2014.

3. *Régimen del Turismo*

Aviso Oficial de la Vicepresidencia de la República, mediante el cual se corrige por error material el Decreto N° 373 publicado en la *Gaceta Oficial de la República Bolivariana de Venezuela* N° 40.246 de 09-09-2013, mediante la cual se declara Zona de Interés Turístico Nacional el Casco Central de la ciudad de Maracaibo, Estado Zulia. *G.O.* N° 40.386 de 02-04-2014.

Resolución Conjunta N° 158, 073 y N° 026 de los Ministerios del Poder Popular para Relaciones Interiores, Justicia y Paz, para Relaciones Exteriores y para el Turismo, mediante la cual se dictan las normas para la expedición de visado colectivo, admisión y permanencia en el territorio nacional de los grupos organizados de turistas de nacionalidad china. *G.O.* N° 40.411 de 14-05-2014.

Resolución N° 019 del Ministerio del Poder Popular para el Turismo, mediante la cual se establecen los requisitos técnicos y legales para la tramitación de la Factibilidad Socio Técnica y conformidad Turística en todo el territorio nacional. *G.O.* N° 40.413 de 16-05-2014.

Decreto N° 989 de la Presidencia de la República, mediante el cual se dicta el Plan de Ordenamiento y Reglamento de Uso de la Zona de Interés Turístico Punta Cabo Blanco-Punta Cazonero, municipio Antolín del Campo, estado Nueva Esparta. *G.O.* N° 40.422 de 29-05-2014.

Decreto N° 990 de la Presidencia de la República, mediante el cual se dicta el Plan de Ordenamiento y Reglamento de Uso de la Zona de Utilidad Pública y de Interés Turístico Recreacional de la Península de Paraguaná, Municipio Carirubana, estado Falcón, Los Taques y las porciones de territorio de las Parroquias Santa Ana y San Gabriel del Municipio Miranda; y la Vela de Coro del Municipio Colina del Estado Falcón. N° 40.422 de 29-05-2014.

Resolución N° 029 del Ministerio del Poder Popular para el Turismo, mediante la cual se establecen los requisitos para la obtención y renovación de la Licencia de Turismo de los Prestadores de Servicios Turísticos. *G.O.* N° 40.423 de 30-05-2014.

Resolución N° 030 del Ministerio del Poder Popular para el Turismo, mediante la cual se dictan las normas que deben cumplir los prestadores de servicios turísticos de establecimientos de alojamiento turístico y agencias de viajes y turismo, en materia de turismo receptivo. *G.O.* N° 40.435 de 17-06-2014.

V. RÉGIMEN DEL DESARROLLO FÍSICO Y ORDENACIÓN DEL TERRITORIO

1. *Régimen del transporte y tránsito: Transporte y Tráfico Aéreo*

Providencia N° PRE-CJU-GDA-082-14 del Instituto Nacional de Aeronáutica Civil (INAC), mediante la cual se dicta la Regulación Aeronáutica Venezolana 80 (RAV 80), para la Inspección, Certificación, Vigilancia Continua y Supervisión Permanente de los Servicios de Navegación Aérea e Investigación de Incidentes ATS y de Cualquier Otra Situación que Afecte la Seguridad Operacional. *G.O.* N° 40.393 de 14-04-2014.

Resolución N° 134 del Ministerio del Poder Popular para Transporte Acuático y Aéreo, mediante la cual se establece y regula las tarifas a las cuales estarán sujetos los servicios portuarios, proporcionados a personas naturales y jurídicas, en el puerto público de uso público Puerto de la Ceiba, en el estado Trujillo. *G.O.* N° 40.340 de 10-06-2014.

Providencia N° PRE-CJU-GDA-285-14 del Instituto Nacional de Aeronáutica Civil (INAC), mediante la cual se dictan las Condiciones Generales para el Sistema Tarifario de Venta de los Boletos, relativas al Servicio Público de Transporte por Vía Aérea de Pasajeros, Carga y Correo separadamente o en combinación, realizado por Transportistas Aéreos Extranjeros que operen desde y hacia el territorio de la República Bolivariana de Venezuela. *G.O.* N° 40.432 de 12-06-2014.

JURISPRUDENCIA

Jurisprudencia Administrativa y Constitucional Tribunal Supremo de Justicia y Cortes de lo Contencioso Administrativo): Segundo Trimestre de 2014

Selección, recopilación y notas
por Mary Ramos Fernández
Abogado
Secretaria de Redacción de la Revista

I.   ORDENAMIENTO CONSTITUCIONAL Y FUNCIONAL DEL ESTADO

1.   *Ordenamiento Jurídico*

A.   *Aplicación del Derecho Comunitario Andino*

TSJ-SPA (865)   **11-6-2014**

Magistrado Ponente: Emiro García Rosas

Caso: CDS TELECOM, C.A vs. Compañía Anónima Nacional Teléfonos de Venezuela (CANTV).

La Sala establece que aun cuando el Estado venezolano no es miembro de la Comunidad Andina de Naciones, se hace necesario resolver el caso considerando el régimen jurídico contenido en el Acuerdo de Integración Subregional Andino "Acuerdo de Cartagena", así como de las normas derivadas de dicho Acuerdo, siempre y cuando le sean aplicables al caso, por haber sido interpuesta la demanda para el momento en que la República Bolivariana de Venezuela formaba parte de la Comunidad Andina de Naciones (1 de marzo de 2006).

...Pasa la Sala a decidir sobre el mérito de la controversia, para lo cual debe determinar si procede la indemnización que reclama tanto el ciudadano Edgar JIMÉNEZ PÉREZ, como la sociedad mercantil CDS TELECOM, C.A., ya identificados, a la empresa Compañía Anónima Nacional Teléfonos de Venezuela (CANTV), por los daños y perjuicios derivados - según los demandantes- del presunto *"hecho ilícito"* cometido como consecuencia de la "INFRACCIÓN DE DERECHOS DE PROPIEDAD INDUSTRIAL DE LA EMPRESA 'CDS TELECOM, C.A.' SOBRE LA MARCA *'Listo®'* EN CLASES 16 Y 38 DEL CLASIFICADOR INTERNACIONAL NIZA...", por haber usado el signo distintivo "Listo" dentro de la denominación *"CANTV Listo"* para identificar en el mercado su servicio de telefonía inalámbrica, los embalajes y envoltorios para la venta de los equipos telefónicos con tecnología inalámbrica afectados al servicio, y todo el material publicitario asociado a la campaña publicitaria *"CANTV Listo"*.

En este sentido, se observa que lo primero que solicitó el apoderado judicial de los demandantes, es que esta Sala declare que *"el uso de la denominación 'CANTV Listo' por parte de la empresa 'CANTV', constituye un hecho ilícito y una infracción directa a los derechos de uso exclusivo de la empresa 'CDS TELECOM, C.A.' sobre sus registros de marca 'Listo®' en clases 16 y 38 del Clasificador Internacional NIZA, establecidos y desarrollados en los artículos 154 y 155 literales a), c) y d)"* de la Decisión 486 de la Comunidad Andina de Naciones.

Pero antes de resolver dicha petición, debe esta Sala precisar que la República Bolivariana de Venezuela ya no forma parte de la Comunidad Andina de Naciones, en virtud de haber denunciado el Acuerdo de Integración Subregional Andino *"Acuerdo de Cartagena"* el 22 de abril de 2006, lo cual significa que nuestro país ya no es sujeto de los derechos y obligaciones que había adquirido con dicha comunidad, salvo el derecho de importar y exportar libre de todo gravamen y restricciones los productos originarios de los países miembros por espacio de cinco (5) años, todo de conformidad a lo establecido en el artículo 135 del referido Acuerdo, que dispone:

"*El país miembro que desee denunciar este Acuerdo deberá comunicarlo a la Comisión. Desde ese momento cesarán para él los derechos y obligaciones derivados de su condición de Miembro, con excepción de las ventajas recibidas y otorgadas de conformidad con el Programa de Liberación de la Subregión, las cuales permanecerán en vigencia por un plazo de cinco años a partir de la denuncia*".

Los efectos que se producen en virtud del retiro de la República Bolivariana de Venezuela como país miembro de la Comunidad Andina de Naciones, referidos en el artículo antes transcrito, ya han sido incluso reconocidos por el Tribunal de Justicia de la Comunidad Andina en varias decisiones, al inhibirse de seguir conociendo de las acciones de incumplimiento interpuestas por la Secretaría General de la Comunidad Andina contra la República Bolivariana de Venezuela, entre las que se encuentra la de fecha 13 de julio de 2006 (Proceso 25-Al-1999), cuya decisión reza:

"*...La República Bolivariana de Venezuela denunció el Acuerdo de Cartagena, finalizando de pleno derecho para ese País Miembro, desde el momento de la presentación de la denuncia, los derechos y obligaciones originados de su condición de País Miembro. Lo anterior significa que desde el momento de presentación de la denuncia del Tratado, cesaron los derechos y obligaciones que había adquirido, en el marco de la integración andina, con excepción de lo previsto en el artículo 135 transcrito, es decir, el derecho de importar y exportar libre de todo gravamen y restricción los productos originarios del territorio de cualquiera de los Países Miembros que hayan sido debidamente acordados en la ejecución de dicho programa por espacio de cinco años, contados a partir de la fecha de la denuncia de Tratado.*

...desde ese momento, todas las disposiciones de dicho Ordenamiento Jurídico constituyen para la República Bolivariana de Venezuela un res interalios acta, con la sola excepción de aquellas previsiones que se refieren al Programa de Liberación que tengan relación directa con el ejercicio de los derechos y el cumplimiento de las obligaciones emanadas de dicho Programa, cuya validez debe ser garantizada a fin de que tanto la República Bolivariana de Venezuela, como los Países Miembros que conforman la Comunidad Andina puedan cumplirlos durante el lapso antes indicado (...)".

No obstante, estima la Sala que aun cuando el Estado venezolano no es miembro de la Comunidad Andina de Naciones, se hace necesario resolver el caso de autos considerando el régimen jurídico contenido en el Acuerdo de Integración Subregional Andino "*Acuerdo de Cartagena*", así como de las normas derivadas de dicho acuerdo, siempre y cuando le sean aplicables al caso, por haber sido interpuesta la demanda para el momento en que la República Bolivariana de Venezuela formaba parte de la Comunidad Andina de Naciones (1 de marzo de 2006) (Véase en *Revista de Derecho Público* N° 113 de 2008 en pp. 119) y. (*Vid.* 773/ 2009).

Véase: página 78 de esta *Revista*

II. DERECHOS Y GARANTÍAS CONSTITUCIONALES

1. *Derechos Individuales*

A. *Libertad de expresión*

TSJ-SPA (945)   **18-6-2014**

Magistrado Ponente: Emiro García Rosas

Caso : Raiza Istruriz y otros vs. Ministerio del Poder Popular para las Obras Públicas y Vivienda.

El derecho a la libertad de expresión no es un derecho absoluto, sino sujeto a las limitaciones que establezcan la Constitución y las leyes.

.... El precitado derecho está consagrado en el artículo 57 de la Constitución de la República Bolivariana de Venezuela en los siguientes términos:

Artículo 57. *"Toda persona tiene derecho a expresar libremente sus pensamientos, sus ideas u opiniones de viva voz, por escrito o mediante cualquier otra forma de expresión, y de hacer uso para ello de cualquier medio de comunicación y difusión, sin que pueda establecerse censura. Quien haga uso de este derecho asume plena responsabilidad por todo lo expresado. No se permite el anonimato, ni la propaganda de guerra, ni los mensajes discriminatorios, ni los que promuevan la intolerancia religiosa.*

Se prohíbe la censura a los funcionarios públicos o funcionarias públicas para dar cuenta de los asuntos bajo sus responsabilidades." (Resaltado de la Sala).

Con relación al mencionado derecho esta Sala ha establecido que:

"(…) Ahora bien, tal como lo ha afirmado la Sala Constitucional de este Supremo Tribunal (Vid. entre otras, sentencia N° 1.381 de fecha 11 de julio de 2006), la libertad de pensamiento y expresión es una situación jurídica activa o de poder que faculta a los sujetos de derecho a manifestarse libremente, en tanto y en cuanto no se incurra en las circunstancias excepcionales que la propia Constitución establece como límites a su ejercicio.

En este sentido, este derecho no tiene carácter absoluto pues su desarrollo tiene como límites el respeto de ciertos valores y principios constitucionales.

Aunado a lo anterior, aunque el artículo 57 Constitucional reconoce el signo individual del derecho a la libertad de expresión, la mencionada norma incorpora un aspecto social con el cual lo individual debe conjugarse y formar un todo armónico, que no admite fractura entre el individuo y su posición frente al conglomerado social, pues ciertos derechos individuales requieren de un marco social o económico para su desarrollo, como bien lo indicó la Sala Constitucional en la sentencia N° 1.381 de fecha 11 de julio de 2006, antes aludida.(...)". (Sentencia N° 0633 del 12 de mayo de 2011) (Resaltado de la decisión).

Del fallo parcialmente transcrito se deriva que el derecho a la libertad de expresión no es un derecho absoluto, sino sujeto a las limitaciones que establezcan la Constitución y las leyes.

En el presente caso los actores adujeron que el acto impugnado *"se traduce en un mecanismo de censura"* por *"resultarle incomoda su programación al gobierno nacional"*, que vulnera el derecho a la libertad de expresión de sus representados y de la colectividad en general.

En este sentido afirman que el acto recurrido implica la imposibilidad para sus mandantes de seguir operando la estación de radio, vulnerando además el derecho a la libertad de expresión de quienes, a través de esa emisora, ejercían su derecho de difundir mensajes, así como de todos sus usuarios y de la colectividad en general que perdería una de las opciones que tenía dentro del abanico de programación que ofrecen los distintos medios de comunicación, cercenando su posibilidad de elegir y recibir la programación que trasmitía la CNB 100.1 Valenciana Radioemisora, C.A.

Se advierte que como fue expuesto en las líneas que anteceden, el derecho a la libertad de expresión no es un derecho absoluto sino que está sujeto a las limitaciones previstas en la Constitución y en las leyes.

En este sentido, tal como ha sido expresado antes, el uso del espectro radioeléctrico está sujeto a la obtención previa de una concesión, de conformidad con lo dispuesto en nuestro ordenamiento jurídico (artículos 113 de la Constitución de 1999, 5, 7, 73 y 76 de la Ley Orgánica de Telecomunicaciones publicada en la *Gaceta Oficial de la República Bolivariana de Venezuela* N° 36.970 del 12 de junio de 2000 aplicable *ratione temporis*).

En este caso de los recaudos que cursan en autos (consignados por los recurrentes y los que forman parte del expediente administrativo) se deriva que la concesión otorgada al ciudadano Nelson Enrique BELFORT YIBIRÍN (para operar la frecuencia 100.1 MHz, canal 61, Clase "B" en la ciudad de Valencia, Estado Carabobo), decayó por el fallecimiento de aquel, sin que los actores obtuvieran una nueva concesión para operar la estación de radiodifusión CNB 100.1 Valenciana Radioemisora, C.A.

Considera la Sala que en el caso de autos, no puede hablarse de violación a la libertad de expresión de los actores, sino de la falta de autorización administrativa para realizar una actividad sujeta a tal requisito, lo cual lejos de considerarse violatorio del mencionado derecho, obedece a una de las limitaciones a que alude la Constitución de 1999 al consagrarlo en su artículo 57. Así se decide.

Asimismo se advierte que el hecho de que los accionantes no puedan usar el espectro radioeléctrico a través de la mencionada emisora no implica que no puedan seguir ejerciendo su derecho a la libertad de expresión, manifestando sus ideas, opiniones, informaciones y demás contenidos, mediante otros medios de comunicación (sentencia de esta Sala N° 0763 del 23 de mayo de 2007). Así se determina.

Por otra parte, en cuanto a lo argumentado por los recurrentes relativo a que el acto impugnado vulnera el derecho a la libertad de expresión de quienes, a través de esa emisora, ejercían su derecho de difundir mensajes, de sus usuarios y de la colectividad en general, se observa que –como ha sido expuesto antes- no consta en autos poder otorgado por quienes ejercían su derecho de difundir mensajes a través de la citada emisora, motivo por el que mal podrían los actores esgrimir violación a los derechos de tales ciudadanos.

No obstante lo expuesto, estima la Sala que quienes difundían mensajes a través de la referida emisora, podrán seguirlo haciendo a través de otros medios de comunicación, motivo por el que no puede considerarse lesionado su derecho a la libertad de expresión. Así se decide.

Igualmente en cuanto a la supuesta afectación de los derechos de la colectividad a elegir y recibir la programación que trasmitía la emisora CNB 100.1 Valenciana Radioemisora, C.A., se observa que en el caso de autos los actores no representan los intereses de la colectividad por lo que mal podrían alegar violación de los derechos e intereses colectivos (ver, entre otras, sentencias de esta Sala números 01553 y 01626 de fechas 04 y 11 de noviembre de 2009, respectivamente).

Sin embargo, este Alto Tribunal advierte que en todo caso el acto impugnado, no impide a la ciudad de Valencia del Estado Carabobo recibir a través de otras emisoras de radio o de otros medios de comunicación social debidamente autorizados *"ideas, opiniones, informaciones, contenidos de entretenimiento, publicidad y propaganda, habida cuenta de la existencia de muchos otros canales (...) y medios de comunicación social de propiedad privada (...) a través de los cuales se transmiten tales contenidos, dentro del contexto de un Estado democrático y social de derecho y de justicia, razón por la cual debe desestimarse la presunta violación alegada sobre este particular.(...)"* (sentencia de esta Sala N° 0763 del 23 de mayo de 2007). Así se determina.

De conformidad con las consideraciones expuestas, se desestima la denunciada violación al derecho a la libertad de expresión. Así se declara.

B. *Derecho a la defensa y debido proceso*

TSJ-SPA (945)   18-6-2014

Magistrado Ponente: Emiro García Rosas

Caso: Raiza Istruriz y otros vs. Ministerio del Poder Popular para las Obras.

Con relación a los mencionados derechos, [enumerados en el artículo 49 de la Constitución] esta Sala ha establecido en ocasiones anteriores que estos "(…) *comprenden: el derecho a ser oído, puesto que no podría hablarse de defensa alguna, si el administrado no cuenta con esta posibilidad; el derecho a ser notificado de la decisión administrativa, a los efectos de que le sea posible al particular presentar los alegatos que en su defensa pueda aportar al procedimiento, más aún si se trata de un procedimiento que ha sido iniciado de oficio; el derecho a tener acceso al expediente, con el propósito de examinar en cualquier estado del procedimiento las actas que lo componen; el derecho que tiene el administrado a presentar pruebas que permitan desvirtuar los alegatos ofrecidos en su contra por la Administración; el derecho que tiene toda persona a ser informada de los recursos y medios de defensa y, finalmente, el derecho a recibir oportuna respuesta a sus solicitudes* (…)*"* (Sentencia N° 01739 del 08 de diciembre de 2011).

En el presente caso los recurrentes adujeron que debió ventilarse un procedimiento distinto para la extinción de la concesión y uno para la transformación de títulos, en los que participaran los interesados e hicieran valer sus derechos, que la decisión impugnada fue dictada en ausencia total y absoluta de procedimiento, que no tuvieron la oportunidad de esgrimir sus defensas y alegatos ante la Administración, que el procedimiento de transformación de títulos estaba destinado solo a adecuar los títulos obtenidos bajo el régimen derogado.

En primer término observa este Alto Tribunal que el acto recurrido se refiere tanto al decaimiento de la autorización en virtud del fallecimiento del causante de los recurrentes como a la transformación del título requerida por los accionantes (declarándola improcedente). Decisiones que por estar referidas a la explotación de la frecuencia 100.1 Mhz., canal 61, clase "B" en la ciudad de Valencia, Estado Carabobo, estaban ligadas de tal modo que bien podían resolverse mediante la emisión de un solo acto administrativo, como en efecto se hizo.

Con relación al decaimiento de la autorización en virtud del fallecimiento del causante de los recurrentes, estima la Sala que no era necesario abrir un procedimiento para declararlo, dado que la muerte del ciudadano Nelson Enrique BELFORT YIBIRÍN es un hecho objetivo constatable solo con la partida de defunción, que producía como uno de sus efectos jurídicos el decaimiento de la concesión por muerte de su titular, efecto que no podía ser enervado con alegato ni defensa alguna de los recurrentes.

Por otra parte se observa que los accionantes mediante escrito de fecha 03 de junio de 2002 solicitaron al Director General de la Comisión Nacional de Telecomunicaciones (CONATEL) la transformación del título administrativo otorgado a su causante de conformidad con lo dispuesto en el artículo 210 de la Ley Orgánica de Telecomunicaciones (*Gaceta Oficial de la República Bolivariana de Venezuela* N° 36.970 del 12 de junio de 2000) y Resolución N° 93 del 04 de diciembre de 2001 (folios 84 al 86 del expediente administrativo).

Tal solicitud fue estudiada y tramitada conforme a lo previsto en la Ley Orgánica de Telecomunicaciones y la Administración luego de hacer el estudio del caso y de lo alegado por

los recurrentes, dictó la decisión administrativa impugnada en la que declaró la improcedencia de la transformación del título administrativo otorgado al causante de los actores, notifi-
cando de ello a los accionantes (folio 114 del expediente judicial).

La mencionada decisión también deviene del decaimiento de la concesión otorgada al
causante de los recurrentes por muerte de su titular, dado que no se podía transformar un
título que había fenecido, situación que al igual que la descrita antes, tampoco podía ser
enervada con alegato ni defensa alguna de los recurrentes.

Como puede observarse en el presente caso no se trata de la ausencia absoluta de procedimiento denunciada, puede afirmarse más bien que sí se verificó el procedimiento previsto
para la transformación del título administrativo otorgado antes de la entrada en vigencia de la
Ley Orgánica de Telecomunicaciones, solo que las particularidades del caso que se examina
determinaron que la transformación no era posible debido al decaimiento del título que pre-
tendía transformarse.

Con fundamento en lo expuesto se desestima la denuncia de violación al derecho a la
defensa y al debido proceso por ausencia de procedimiento.

2.   *Derechos Económicos: Libertad económica*

TSJ-SPA (945)   **18-6-2014**

Magistrado Ponente: Emiro García Rosas

Caso: Raiza Istruriz y otros vs. Ministerio del Poder Popular para las
Obras Públicas y Vivienda.

**Derecho de toda persona a dedicarse a las actividades económicas
de su preferencia; no obstante este derecho podrá ser restringido por
la propia Constitución o las leyes, por razones de desarrollo humano,
seguridad, sanidad, protección al ambiente o interés social. Es decir,
el mencionado derecho económico no se encuentra establecido en
forma absoluta e ilimitada.**

La libertad económica está prevista en el artículo 112 de la Constitución de la República
Bolivariana de Venezuela en los siguientes términos:

Artículo 112.- *"Todas las personas pueden dedicarse libremente a la actividad económica
de su preferencia, sin más limitaciones que las previstas en esta Constitución y las que establezcan las leyes, por razones de desarrollo humano, seguridad, sanidad, protección del
ambiente u otras de interés social.* El Estado promoverá la iniciativa privada, garantizando
la creación y justa distribución de la riqueza, así como la producción de bienes y servicios
que satisfagan las necesidades de la población, la libertad de trabajo, empresa, comercio,
industria, sin perjuicio de su facultad para dictar medidas para planificar, racionalizar y regular la economía e impulsar el desarrollo integral del país". (Resaltado de la Sala).

Al respecto esta Sala ha establecido lo siguiente:

"(…) 'se impone señalar que el derecho a la libertad económica previsto en el artículo 112
de la Constitución de la República Bolivariana de Venezuela, constituye una manifestación
específica de la libertad general de los ciudadanos, proyectada en su ámbito o aspecto
económico, y consiste en la posibilidad legítima de emprender y mantener en libertad la actividad empresarial, esto es, de entrar, permanecer y retirarse del mercado de su preferencia.

El indicado precepto consagra en los siguientes términos el derecho en referencia: (…)

Conforme se aprecia de la citada disposición, el Texto Constitucional no sólo consagra el derecho de los particulares a dedicarse a la actividad económica de su predilección, sino que garantiza que ese derecho podrá ser restringido únicamente por otras disposiciones de la misma Constitución o de la Ley; de manera que el derecho económico in commento no se encuentra establecido en forma absoluta e ilimitada en su contenido o en la posibilidad de su disfrute, sino que, por el contrario, está expresamente condicionado por razones de desarrollo humano, seguridad, sanidad, protección al ambiente o interés social, en los términos que se establezcan en la propia Constitución o en las leyes.

***Lo que interesa destacar con esto es que los órganos del Poder Público están habilitados, dentro del ámbito de sus respectivas competencias, para regular el ejercicio de la libertad económica, con el fin primordial y último de alcanzar determinados propósitos de 'interés social'. De esa manera, y así lo ha expresado este Máximo Tribunal en reiteradas oportunidades, el reconocimiento del derecho en referencia debe concertarse con otras normas elementales que justifican la intervención del Estado en la economía,** por cuanto la Constitución de nuestro país reconoce el carácter mixto de la economía venezolana, esto es, la existencia de un sistema socioeconómico intermedio entre la economía de libre mercado (en la que el Estado funge como simple programador de aquélla, dependiendo ésta de la oferta y la demanda de bienes y servicios) y la economía interventora (en la que el Estado interviene activamente como una suerte de "empresario superior").*

*En armonía con lo anterior, debe destacarse que **no toda medida que incida en la libertad de empresa es, per se, contraria al derecho en referencia, salvo que persiga -por un mero voluntarismo- obstaculizar el ejercicio de tal derecho o dé lugar a rémoras que no guarden relación alguna con el fin constitucionalmente perseguido...'.** (negritas de esta decisión) (Sent. SPA N° 00286 de fecha 5 de marzo de 2008, caso: IMOSA TUBOACERO FABRICACIÓN, C.A. Vs. MINISTRO DE LA PRODUCCIÓN Y EL COMERCIO) (...)" (Sentencia N° 0633 del 12 de mayo de 2011).*

Como puede observarse, el artículo 112 de la Constitución de 1999 consagra el derecho de toda persona a dedicarse a las actividades económicas de su preferencia; no obstante este derecho podrá ser restringido por la propia Constitución o las leyes, por razones de desarrollo humano, seguridad, sanidad, protección al ambiente o interés social. Es decir, el mencionado derecho económico no se encuentra establecido en forma absoluta e ilimitada.

En el presente caso los accionantes alegaron que la actividad económica de sus representados es la realización de acciones relacionadas con el uso y explotación de una porción del espectro radioeléctrico mediante la actividad de radiodifusión sonora a través de la empresa CNB 100.1 Valenciana Radioemisora, C.A. a los fines de la transmisión al público de una determinada programación previamente estructurada así como la compra, venta y contratación de toda clase de publicidad y propaganda.

Afirman que el acto recurrido al implicar el cese del negocio de sus representados limita su derecho a dedicarse a la actividad económica de su preferencia que en este caso era la operación de una estación de radio, lo cual genera para estos graves daños en su patrimonio. Aseguran que sus mandantes percibían ingresos por la publicidad y propaganda que realizaba la emisora, y al estar fuera del aire no podrán seguir haciéndolo, perderán sus espacios publicitarios, sus clientes, a los conductores de programas y periodistas, quedando además imposibilitados de captar clientes nuevos.

Al respecto la Sala observa que la Constitución de 1999 prevé lo siguiente:

Artículo 113.- "(...) ***Cuando se trate de explotación de recursos naturales propiedad de la Nación o de la prestación de servicios de naturaleza pública con exclusividad o sin ella, el Estado podrá otorgar concesiones por tiempo determinado,*** *asegurando siempre la existencia de contraprestaciones o contrapartidas adecuadas al interés público."* (Resaltado de la Sala).

La norma transcrita establece la necesidad de obtener una concesión para explotar los recursos naturales o prestar servicios de naturaleza pública.

En el caso que se examina, como ha sido explicado antes, el asunto debatido se relaciona con el uso del espectro radioeléctrico toda vez que se recurre contra el acto que declaró la extinción por decaimiento y la cesación de los efectos del título administrativo definitivo contenido en el oficio N° 7003 del 08 de julio de 1994 emanado de la Comisión Nacional de Telecomunicaciones (CONATEL) otorgado al ciudadano Nelson Enrique BELFORT YI-BIRÍN que autorizó el inicio regular de las trasmisiones para explotar y operar la frecuencia 100.1 Mhz., canal 61, clase "B", en la ciudad de Valencia, Estado Carabobo, ello debido al fallecimiento del mencionado ciudadano, y la improcedencia de la transformación del referido título solicitada por los actores.

Respecto a las concesiones para el uso del espectro radioeléctrico los artículos 5, 7, 73 y 76 de la Ley Orgánica de Telecomunicaciones (publicada en la *Gaceta Oficial de la República Bolivariana de Venezuela* N° 36.970 del 12 de junio de 2000 aplicable *ratione temporis*) disponen:

*Artículo 5.- "El establecimiento o explotación de redes de telecomunicaciones, así como la prestación de servicios de telecomunicaciones se consideran actividades de interés general, **para cuyo ejercicio se requerirá la obtención previa de la correspondiente habilitación administrativa y concesión de ser necesaria, en los casos y condiciones que establece la ley, los reglamentos y las Condiciones Generales que al efecto establezca la Comisión Nacional de Telecomunicaciones (...)".***

*Artículo 7.- "**El espectro radioeléctrico es un bien del dominio público de la República Bolivariana de Venezuela, para cuyo uso y explotación deberá contarse con la respectiva concesión,** de conformidad con la ley."*

*Artículo 73.- "**La concesión de uso del espectro radioeléctrico es un acto administrativo unilateral mediante el cual la Comisión Nacional de Telecomunicaciones (CONATEL), otorga o renueva, por tiempo limitado, a una persona natural o jurídica la condición de concesionario para el uso y explotación de una determinada porción del espectro radioeléctrico, previo cumplimiento de los requisitos establecidos en esta Ley.** Sin perjuicio de las disposiciones legales y reglamentarias aplicables, las relaciones derivadas de una concesión se regularán en el respectivo contrato de concesión.*

***Los derechos sobre el uso y explotación del espectro radioeléctrico derivados de una concesión no podrán cederse o enajenarse,** sin embargo, el concesionario podrá solicitar a la Comisión Nacional de Telecomunicaciones su sustitución en la titularidad de la concesión por la persona que indique al efecto, siempre que ésta cumpla con las condiciones y principios establecidos en esta Ley."*

*"Artículo 76.- Para realizar actividades de telecomunicaciones que impliquen el uso del espectro radioeléctrico **los operadores deberán obtener previamente la concesión de uso correspondiente, otorgada por la Comisión Nacional de Telecomunicaciones**, a través del procedimiento de oferta pública o por adjudicación directa, en la forma y condiciones reguladas por esta ley y su reglamento."* (Resaltado de la Sala).

De las normas transcritas se deriva que la Ley Orgánica de Telecomunicaciones aplicable *ratione temporis* dispone que el espectro radioeléctrico es un bien del dominio público de la República y que la prestación de servicios de telecomunicaciones es una actividad de interés general para cuyo ejercicio se requiere habilitación administrativa y concesión de ser necesaria. Se establecía además que esos derechos de uso y explotación una vez otorgados, no eran susceptibles de ser enajenados o cedidos.

Actualmente, la Ley Orgánica de Telecomunicaciones (publicada en la *Gaceta Oficial de la República Bolivariana de Venezuela* N° 6.015 Extraordinario de fecha 28 de diciembre de 2010, reimpresa en *Gaceta Oficial* N° 39.610 del 07 de febrero de 2011) declara como servicio de interés público el establecimiento o explotación de redes de telecomunicaciones y la prestación de servicios de telecomunicaciones, para cuyo ejercicio se requerirá la obtención previa de una habilitación administrativa, concesión o permiso (artículo 5 *eiusdem*). Asimismo se establece expresamente que los derechos sobre el uso y explotación del espectro radioeléctrico derivados de una concesión tienen carácter personalísimo y que en consecuencia, no podrán cederse, enajenarse, ni se adquieren o trasmiten por sucesión, por efecto de los contratos, por la fusión de compañías o por prescripción. Igualmente se establece que el titular podrá solicitar la sustitución de esa titularidad sin que tal requerimiento implique un derecho subjetivo a su obtención.

En el mismo sentido se ha pronunciado esta Sala en los fallos que se citan a continuación (ambos reiterados en sentencia N° 01634 de fecha 11 de noviembre de 2009):

> "(…) *De las anteriores disposiciones resulta claro que* **la operación de estaciones de radiodifusión sonora por los particulares se encontraba supeditada a la obtención previa de un permiso, de manera que el derecho a explotar una frecuencia no podía (ni puede) devenir sino de un acto expreso, denominado título administrativo de concesión por la legislación vigente entonces** (*habilitación administrativa en los términos de la LOT), emanado de la autoridad competente, que para el caso es la Comisión Nacional de Telecomunicaciones; título éste que no fue obtenido por la sociedad mercantil La Guaiquerí 96.7 F.M., C.A., tal y como es reconocido por sus apoderados.*

> *Ello así, mal puede la recurrente desprender el derecho a operar y explotar una estación de radiodifusión sonora, de circunstancias distintas de las previstas expresamente en la ley, esto es, del hecho de haber cancelado impuestos a CONATEL o de considerarse en capacidad de operar la aludida frecuencia, pues en definitiva este último es un elemento cuyo análisis corresponde efectuar* al organismo competente *a los fines de decidir, justamente, sobre el otorgamiento o no del título previa solicitud del particular interesado. (...)" (Sentencia N° 01398 de fecha 23 de septiembre de 2003). (Subrayado de la sentencia).*

> "(...) *de acuerdo a la regulación actual, la explotación de una porción del espectro radioeléctrico exige la obtención de una 'concesión de uso y explotación de espectro radioeléctrico' y de una 'habilitación administrativa',* todo ello de conformidad con las normas contenidas en la Ley Orgánica de Telecomunicaciones y en el Reglamento sobre Habilitaciones Administrativas y Concesiones de Uso y Explotación del Espectro Radioeléctrico, *de manera que el derecho a explotar determinada frecuencia sólo puede, bajo la normativa anterior y la actual, devenir de un acto expreso de la Administración competente. (...)" (Sentencia N° 00397 del 02 de abril de 2008) (Resaltado de la Sala).*

Aplicando los fallos parcialmente transcritos al caso que se examina se observa, que para poder operar una emisora de radiodifusión y en consecuencia usar el espectro radioeléctrico, los actores debían estar previamente habilitados por la Comisión Nacional de Telecomunicaciones (CONATEL).

Observa este Alto Tribunal que el derecho de los recurrentes a ejercer la actividad económica de su preferencia (en este caso la radiodifusión) se encuentra limitado por las normas constitucionales y legales citadas que establecen la necesidad de una habilitación administrativa previa para poder hacer uso del espectro radioeléctrico.

No consta en autos que los accionantes sean titulares de algún título administrativo que les permita operar o seguir operando la frecuencia 100.1 MHz., canal 61, clase "B" en la ciudad de Valencia, Estado Carabobo, dado que la concesión para operar la frecuencia 100.1 MHz. canal 61, clase "B" en la ciudad de Valencia, Estado Carabobo, fue otorgada en al año 1994 al causante de los recurrentes y no a estos.

Los actores por una parte, solicitaron que les fuese otorgada la citada concesión en virtud del derecho de preferencia que consideran les asiste, y por la otra, pidieron la transformación del título administrativo otorgado a su causante a los efectos de cumplir con lo dispuesto en el artículo 210 de la Ley Orgánica de Telecomunicaciones.

Ante estos planteamientos la Administración, mediante actos administrativos separados, primero, informó a los accionantes que debían solicitar una nueva concesión y consignar los recaudos que en el acto administrativo se detallan (oficio N° 1161 del 02 de abril de 2001, acto que no fue impugnado), y segundo, declaró el decaimiento de la concesión por muerte de su titular y la improcedencia de la transformación del título solicitada por los actores [Resolución N° 148 del 31 de julio de 2009 (acto recurrido)].

Estima la Sala que lo establecido en el acto impugnado no impide que los actores sigan realizando otras actividades lucrativas y obteniendo una retribución económica por su ejercicio.

Con fundamento en las consideraciones que anteceden, la Sala concluye que no existió la violación al derecho a la libertad económica de los accionantes. Así se decide.

Por otra parte los actores arguyeron que el acto impugnado representa la pérdida del empleo para todas las personas que trabajaban en la emisora de radio CNB 100.1 Valenciana Radioemisora, C.A.. Como prueba de sus asertos consignaron una lista de los trabajadores de la citada radioemisora, mencionando sus nombres, números de cédula de identidad, cargos ocupados y sueldo mensual de cada uno (folio 240 de la primera pieza del expediente).

Al respecto se observa que no consta en autos que los trabajadores de la referida lista hubiesen otorgado poder a los recurrentes para representar sus derechos e intereses, por lo que mal podrían estos denunciar la violación al derecho al trabajo de aquellos, motivo por el que debe ser desestimada dicha denuncia. Así se determina.

3. *Derechos Políticos*

A. *Derecho a Manifestar*

TSJ-SC (276)   **24-4-2014**

Magistrado Ponente: Arcadio Delgado Rosales

Caso: Gerardo Sánchez Chacón (Alcalde Municipio del Estado Carabobo (contenido y alcance del artículo 68 de la Constitución, así como las dudas generadas con ocasión de la aplicación de los artículos 41, 43, 44, 46 y 50 de la Ley de Partidos Políticos, Reuniones Públicas y Manifestaciones, publicada en la *G.O.* N° 6.013 Ext. del 23-12-2010).

Sala Constitucional delimita el derecho a la manifestación y el rol de las policías municipales en el control del orden público.

El presente recurso de interpretación tiene por finalidad que esta Sala Constitucional, como máxima y última intérprete del Texto Fundamental, determine el alcance y el contenido del artículo 68 de la Constitución de la República Bolivariana de Venezuela, con relación a los planteamientos formulados en la presente solicitud, […] específicamente lo relacionado con la actuación de los Alcaldes como primeras autoridades político territoriales frente al requerimiento de manifestaciones públicas dentro de sus referidos Municipios

En tal sentido, la norma constitucional *in commento* establece que:

"Artículo 68.- Los ciudadanos y ciudadanas tienen derecho a manifestar, pacíficamente y sin armas, sin otros requisitos que los que establezca la ley. Se prohíbe el uso de las armas de fuego y sustancias tóxicas en el control de manifestaciones pacíficas. La ley regulará la actuación de los cuerpos policiales y de seguridad en el control del orden público...". (Subrayado de esta Sala)

La disposición constitucional transcrita *supra* en su primera parte hace referencia al derecho a la manifestación pacífica, como uno de los derechos políticos que detentan los ciudadanos, el cual, junto con el derecho a la reunión pública previsto en el artículo 53 de la Carta Magna constituyen una manifestación del derecho a la libertad de conciencia de los ciudadanos (artículo 61). Ahora bien, el derecho a la manifestación en el ordenamiento jurídico venezolano no es un derecho absoluto, entendiendo por tal, aquella clase o tipo de derecho que no admite restricción de ningún tipo, como es el caso del derecho a la vida, a la salud, entre otros, cuyos ejercicios se encuentran garantizados de forma amplia sin limitación de ningún tipo.

En tal sentido, el derecho a la manifestación admite válidamente restricciones para su ejercicio, y así expresamente lo reconoció el Constituyente de 1999 en el artículo 68, -tal como lo estableció la Constitución de 1961 en su artículo 115- al limitar su ejercicio a las previsiones que establezca la Ley. En tal sentido, la Asamblea Nacional en atención al contenido del artículo 68 de la Carta Magna, dictó el 21 de diciembre de 2010 la Ley de Reforma Parcial de la Ley de Partidos Políticos, Reuniones Públicas y Manifestaciones, publicada en la *Gaceta Oficial* N° 6.013 Extraordinario del 23 de diciembre de 2010, en la cual en el Título II normó el aspecto relacionado con el derecho constitucional a la manifestación, bajo el Capítulo I denominado "De las reuniones públicas y manifestaciones", estableciendo así una serie de disposiciones de cumplimiento obligatorio no solo para los partidos políticos, sino también para todos los ciudadanos, cuando estos decidan efectuar reuniones públicas o manifestaciones.

En este mismo orden de ideas, se aprecia que en la segunda parte del artículo 68 de la Constitución, también se prevé un acatamiento irrestricto a la ley por parte de los cuerpos policiales y de seguridad encargados del control del orden público, quienes en su actuación no solo estarán en la obligación garantizar el derecho de los ciudadanos y ciudadanas a manifestar pacíficamente, sino también a impedir que éstos, en el curso de la protesta, incurran en excesos que se puedan traducir en lesiones o amenazas de violación de derechos fundamentales del resto de la ciudadanía, como sería el caso del derecho al libre tránsito o al trabajo; sino también a los que estando en ellas no se excedan en dichas concentraciones, velando siempre y en todo momento para que en el control de ese tipo de situaciones exista un respeto absoluto de los derechos humanos, evitando el uso de armas de fuego y sustancias tóxicas.

Determinado como se encuentra el alcance del artículo 68 de la Constitución de la República Bolivariana de Venezuela, esta Sala advierte que la interpretación de autos se planteó en virtud de la necesidad que tiene el accionante (ciudadano Gerardo Sánchez Chacón), como primera autoridad civil del Municipio Guacara del Estado Carabobo, de tener una absoluta claridad en cuanto a su actuar frente al requerimiento de manifestaciones públicas dentro del referido Municipio.

Ahora bien, el planteamiento de fondo que subyace a la acción de interpretación incoada, solo puede ser abordado por esta Sala, como en efecto se ha hecho, para exigir la conexión de la solicitud de interpretación con un caso concreto y de esta manera determinar, por un lado, la legitimidad del recurrente y, por el otro, verificar la existencia de una duda razonable que justifique el movimiento del aparato jurisdiccional en la resolución del mismo (ver fallos de esta Sala (Véase en *Revista de Derecho Público* N° 83 de 2000 en pp. 247 y ss. entre otros.

Pero la Sala Constitucional ha sido siempre muy cuidadosa de no usurpar con su interpretación competencias de otras Salas (por ejemplo, el recurso de interpretación de textos legales); y de evitar que se pretenda con esta acción sustituir recursos procesales preexistentes; o se intente subrepticiamente obtener resultados cuasi jurisdiccionales que desbordan el fin esclarecedor de este tipo de acciones, es decir, que lo planteado persiga más bien la solución de un conflicto concreto entre particulares o entre estos y órganos públicos, o entre estos últimos entre sí; o que exista una velada intención de lograr una opinión previa sobre la inconstitucionalidad de una ley.

Por ello, sobre el caso concreto que subyace a la presente acción de interpretación, la Sala solo se limitará a efectuar dos precisiones:

1.- La verificación del contenido de los artículos 41, 43, 44, 46 y 50 de la Ley de Partidos Políticos, Reuniones Públicas y Manifestaciones, publicada en la *Gaceta Oficial* N° 6.013 Extraordinario del 23 de diciembre de 2010 a la luz de lo dispuesto en el artículo 68 de la Constitución de la República Bolivariana de Venezuela, y de los planteamientos del solicitante de autos.

En tal sentido los artículos en referencia establecen lo siguiente:

"Artículo 41. Todos los habitantes de la República tienen el derecho de reunirse en lugares públicos o de manifestar, sin más limitaciones que las que establezcan las leyes".

"Artículo 43. Los organizadores de reuniones públicas o manifestaciones, deberán participarlo con veinticuatro horas de anticipación cuando menos, por escritos duplicado, en horas hábiles, a la primera autoridad civil de la jurisdicción con indicación del lugar o itinerario escogido, día, hora y objeto general que se persiga.

Las autoridades en el mismo acto del recibo de la participación deberán estampar en el ejemplar que entregan a los organizadores, la aceptación del sitio o itinerario y hora."

"Artículo 44. Cuando hubieren razones fundadas para temer que la celebración simultánea de reuniones públicas o manifestaciones en la misma localidad pueda provocar trastornos del orden público, la autoridad ante quien deba hacerse la participación que establece el artículo anterior podrá disponer, de acuerdo con los organizadores, que aquellos actos se celebren en sitios suficientemente distantes o en horas distantes. En este caso tendrán preferencia para la elección del sitio y la hora quienes hayan hecho la participación con anterioridad."

"Artículo 46. Los gobernadores o gobernadoras de estado, alcaldes o alcaldesas de municipios, o de distritos metropolitanos y jefe o jefa de gobierno de distrito, fijaran periódicamente mediante resoluciones publicadas en las respectivas Gacetas, los sitios donde no podrán realizarse reuniones públicas o manifestaciones, oyendo previamente la opinión de los partidos.

A solicitud de las asociaciones políticas, la autoridad civil podrá autorizar reuniones públicas o manifestaciones en aquellos sitios prohibidos, cuando no afecten el orden público, el libre tránsito u otros derechos ciudadanos.

Parágrafo Único: Durante los procesos electorales se aplicarán con preferencia las disposiciones de la Ley Orgánica de Procesos Electorales."

"Artículo 50. De cualquier determinación tomada por la primera autoridad civil de la jurisdicción que fuere considerada como injustificada por los organizadores de reuniones públicas o manifestaciones, podrá recurrirse por ante el Gobernador o Gobernadora del estado, Alcalde o Alcaldesa de Municipio o Distrito Metropolitano, así como ante el Jefe o Jefa de Gobierno de Distrito, el cual estará obligado a decidir durante las cuarenta y ocho horas siguientes. De esta decisión se podrá apelar por ante el Tribunal Supremo de Justicia, quien decidirá con preferencia."

El contenido de las disposiciones legales transcritas supra denota el cumplimiento efectivo por parte del legislador del postulado constitucional previsto en el artículo 68 de la Carta Magna, regulando el ejercicio del derecho a la protesta pacífica de una manera pormenorizada, precisando en tal sentido: (i) el lapso del cual disponen los organizadores para solicitar autorización para realizar la reunión pública o manifestación (veinticuatro horas de anticipación a la actividad); (ii) la forma en que debe ser presentada la solicitud (por escrito duplicado); (iii) el contenido del escrito (indicación del lugar o itinerario escogido, día, hora y objeto general que se persiga); (iv) la autoridad encargada de recibir dicha solicitud (primera autoridad civil de la jurisdicción, Gobernadores de Estados, Alcaldes de Municipios o de Distritos Metropolitanos y el Jefe del Gobierno de Distrito) y (v) la obligación de las autoridades de estampar en el ejemplar que entregan a los organizadores, la aceptación del sitio o itinerario y hora.

En este orden de ideas, también se advierte el derecho a recurrir de los solicitantes ante cualquier decisión tomada por la primera autoridad civil de la respectiva jurisdicción cuando la misma sea catalogada como injustificada, bien porque niegue el permiso o porque introduzca algún cambio en cuanto a la indicación del lugar o itinerario escogido, día, hora y objeto general que se persiga, teniendo la posibilidad de apelar por ante el Gobernador del Estado, Alcalde de Municipio o Distrito Metropolitano, así como ante el Jefe de Gobierno de Distrito, quien estará obligado a decidir durante las cuarenta y ocho horas siguientes. De esta decisión el o los solicitantes podrán interponer recurso de nulidad ante la Sala Político Administrativa de este alto Tribunal de acuerdo a lo establecido en el artículo 26 cardinal 13 de la Ley Orgánica del Tribunal Supremo de Justicia, quien decidirá con preferencia.

Por último, se aprecia la facultad de la primera autoridad civil de fijar periódicamente mediante resoluciones publicadas en las respectivas Gacetas, los sitios donde no podrán realizarse reuniones públicas o manifestaciones, oyendo previamente la opinión de los partidos, aplicando con preferencia las disposiciones de la Ley Orgánica de Procesos Electorales, durante los procesos comiciales.

De acuerdo a las consideraciones expuestas, esta Sala Constitucional concluye que la normativa prevista en la Ley de Partidos Políticos, Reuniones Públicas y Manifestaciones, publicada en la *Gaceta Oficial de la República Bolivariana de Venezuela* N° 6.013 Extraordinario del 23 de diciembre de 2010, prevé las pautadas adecuadas para el ejercicio cabal y efectivo del derecho a la manifestación pacífica sin que ello implique en modo alguna una limitación total y absoluta de su ejercicio; y así se declara.

2.- Aclarar las dudas que tiene el accionante sobre el procedimiento pautado en la Ley de Partidos Políticos, Reuniones Públicas y Manifestaciones, publicada en la *Gaceta Oficial de la República Bolivariana de Venezuela* N° 6.013 Extraordinario del 23 de diciembre de 2010.

En lo que atañe a la primera duda, referida al hecho de si ¿para ejercer el derecho a manifestar, en los términos previstos en el artículo 68 de la Constitución de la República Bolivariana de Venezuela, debe el o los manifestantes solicitar autorización?.

Esta Sala Constitucional estima que, en acatamiento al contenido regulatorio previsto en la Ley de Partidos Políticos, Reuniones Públicas y Manifestaciones, publicada en la *Gaceta Oficial* N° 6.013 Extraordinario del 23 de diciembre de 2010, resulta obligatorio para los partidos y/o organizaciones políticas así como para todos los ciudadanos, -cuando estos decidan efectuar reuniones públicas o manifestaciones- agotar el procedimiento administrativo de autorización ante la primera autoridad civil de la jurisdicción correspondiente, para de esta manera poder ejercer cabalmente su derecho constitucional a la manifestación pacífica.

En lo que respecta a la segunda pregunta formulada referida a si ¿constituye la autorización -de ser necesaria- un requisito legal o limitación legal al derecho a manifestar al que hace referencia tanto el artículo 68 de la Constitución de la República Bolivariana de Venezuela como el artículo 41 de la Ley de Partidos Políticos, Reuniones Públicas y Manifestaciones, respectivamente?

La autorización emanada de la primera autoridad civil de la jurisdicción de acuerdo a los términos de la Ley de Partidos Políticos, Reuniones Públicas y Manifestaciones, constituye un requisito de carácter legal, cuyo incumplimiento limita de forma absoluta el derecho a la manifestación pacífica, impidiendo así la realización de cualquier tipo de reunión o manifestación.

Por lo tanto, cualquier concentración, manifestación o reunión pública que no cuente con el aval previo de la autorización por parte de la respectiva autoridad competente para ello, podrá dar lugar a que los cuerpos policiales y de seguridad en el control del orden público a los fines de asegurar el derecho al libre tránsito y otros derechos constitucionales (como por ejemplo, el derecho al acceso a un instituto de salud, derecho a la vida e integridad física), actúen dispersando dichas concentraciones con el uso de los mecanismos más adecuados para ello, en el marco de los dispuesto en la Constitución y el orden jurídico.

En lo concerniente a la tercera duda, referida al hecho de que ¿el órgano administrativo que actúe en el marco de la Ley de Partidos Políticos, Reuniones Públicas y Manifestaciones, específicamente con base en los artículos 43, 44, 46 y 50 de esa ley, puede denegar, modificar o aprobar esa autorización mediante acto administrativo expreso?.

De acuerdo a las previsiones de la Ley de Partidos Políticos, Reuniones Públicas y Manifestaciones, la primera autoridad civil de la jurisdicción -donde se desee realizar la concentración, manifestación o reunión pública- no se encuentra limitada a los términos en que se efectúe la solicitud, pudiendo no solo negar la autorización, sino también modificarla en caso de acordarla o autorizarla en cuanto a la indicación del lugar y el itinerario escogido (el día y hora). Dicho pronunciamiento, deberá ser emitido mediante acto administrativo expreso, en el cual se haga alusión a las razones o fundamentos de su decisión, aspectos estos que deberán ser tomados en consideración por el o los solicitantes al momento de recurrir de la decisión *in commento*.

En cuarto lugar, adujo la siguiente incertidumbre, ¿esta autorización tiene como finalidad autorizar o no la manifestación pública o versa solamente acerca de la posibilidad que tiene la autoridad de señalar el sitio donde deba realizarse la reunión o manifestación pública?.

La autorización prevista en la Ley de Partidos Políticos, Reuniones Públicas y Manifestaciones, comprende dos aspectos importantes, el primero, relacionado con la habilitación propiamente dicha para permitir la concentración, reunión pública o manifestación y el segundo, vinculado con las condiciones de modo, tiempo y lugar en que se podrá llevar a cabo dicha actividad.

En quinto lugar, expresó la siguiente duda, ¿qué facultades en materia de orden público posee el órgano competente si fuesen desobedecidas las limitaciones o condiciones al derecho de manifestar?.

La Constitución de la República Bolivariana de Venezuela, establece en su artículo 178, cardinal 7 como una de las atribuciones del Municipio, la *"...justicia de paz, prevención y protección vecinal y servicios de policía municipal, conforme a la legislación nacional aplicable..."*.

En este orden de ideas, la Ley Orgánica del Servicio de Policía y del Cuerpo de Policía Nacional Bolivariana, publicada el 7 de diciembre de 2009 en la *Gaceta Oficial de la República Bolivariana de Venezuela* N° 5.940 Extraordinario, estableció en sus artículos 34, cardinal 4, 44 y 46, lo siguiente:

> *"Artículo 34. Son atribuciones comunes de los cuerpos de policía:*
>
> *(...)*
>
> *4. Ejecutar las políticas emanadas del Órgano Rector en materia de seguridad ciudadana, incluyendo tránsito, sustancias estupefacientes y psicotrópicas, anticorrupción, antisecuestros, acaparamiento y especulación alimentaria, adulteración de medicinas y otros bienes de consumo esenciales para la vida, delincuencia organizada, turismo, ambiente y __orden público__...." (destacado de la Sala).*

> *"Artículo 44. __Los cuerpos de policía municipal son órganos o entes de seguridad ciudadana encargados de ejercer el Servicio de Policía en su espacio territorial y ámbito de competencia__, primordialmente orientados hacia actividades preventivas y control del delito, con estricta sujeción a los principios y lineamientos establecidos en esta Ley, sus reglamentos y los lineamientos y directrices dictados por el Órgano Rector."*

> *"Artículo 46. __Los cuerpos de policía municipal tendrán, además de las atribuciones comunes de los cuerpos de policía previstas en esta Ley__, competencia exclusiva en materia administrativa propia del municipio y protección vecinal."*

Del contenido de las disposiciones transcritas *supra*, se aprecia que los cuerpos de las policías municipales como entes de seguridad ciudadana además de tener sus competencias naturales como policías administrativas, tendrán además atribuciones comunes con el Cuerpo de Policía Nacional Bolivariana, dentro de las cuales destaca, el mantenimiento del orden público de acuerdo a las políticas emanadas del Órgano Rector en materia de seguridad ciudadana.

Por lo tanto siendo ello así y visto que las policías municipales detentan una competencia compartida en materia del control del orden público, estos organismos de seguridad tiene la obligación de coadyuvar con el resto de los cuerpos de seguridad (policías estadales, Policía Nacional Bolivariana y Guardia Nacional Bolivariana) en el control del orden público que resulte alterado con ocasión del ejercicio ilegal del derecho a la manifestación.

Finalmente, expresó como última inquietud, ¿qué facultades sancionatorias posee el órgano competente si fuesen desobedecidas las limitaciones o condiciones al derecho a manifestar?.

Ante la desobediencia de la decisión tomada por la primera autoridad civil de la jurisdicción, bien por el hecho de haberse efectuado la manifestación o reunión pública a pesar de haber sido negada expresamente o por haber modificado las condiciones de tiempo, modo y lugar que fueron autorizadas previamente, la referida autoridad deberá remitir al Ministerio Público, a la mayor brevedad posible toda la información atinente a las personas que presentaron la solicitud de manifestación pacífica, ello a los fines de que determine su responsabilidad penal por la comisión del delito de desobediencia a la autoridad previsto en el artículo 483 del Código Penal, además de la responsabilidad penal y jurídica que pudiera tener por las conductas al margen del Derecho, desplegadas durante o con relación a esas manifestaciones o reuniones públicas.

Precisado el contenido y alcance del artículo 68 de la Constitución de la República Bolivariana de Venezuela, así como las dudas generadas con ocasión de la aplicación de los artículos 41, 43, 44, 46 y 50 de la Ley de Partidos Políticos, Reuniones Públicas y Manifestaciones, publicada en la *Gaceta Oficial de la República Bolivariana de Venezuela* N° 6.013 Extraordinario del 23 de diciembre de 2010, esta Sala declara resuelto el presente recurso de interpretación, en los términos expuestos en el presente fallo. Así se decide.

Véase: página 99 de esta *Revista*

III. EL ORDENAMIENTO ORGÁNICO DEL ESTADO

1. *El Poder Legislativo Nacional*

    A. *Régimen de los diputados a la Asamblea Nacional. Pérdida de Investidura*

    TSJ-SC (366)   **9-5-3014**

    Magistrado Ponente: Ponencia conjunta

    Caso: María Corina Machado vs. Diosdado Cabello (Presidente de la Asamblea Nacional de la República Bolivariana de Venezuela).

III
CONSIDERACIONES PARA DECIDIR

Determinada la competencia, pasa la Sala a pronunciarse sobre la admisibilidad del asunto sometido a su conocimiento y, en tal sentido, aprecia que la demanda de tutela constitucional, en principio, ha cumplido los requisitos previstos en el artículo 18 de la Ley Orgánica de Amparo sobre Derechos y Garantías Constitucionales y no se encuentra incursa en ninguna de las causales de inadmisibilidad establecidas en el artículo 6 *eiusdem* y en el artículo 133 de la Ley Orgánica del Tribunal Supremo de Justicia, por lo que la misma resulta admisible; y así se declara.

Señala la accionante que "*...el Diputado Diosdado Cabello, Presidente de la Asamblea Nacional, pretende, con prescindencia absoluta y total de competencia y de procedimiento, 'destituirme' en mi función parlamentaria, la cual ejerzo, por mandato popular otorgado el 26 de septiembre de 2010...*".

Que "*tal proceder viola sus derechos a la defensa, al debido proceso y a la igualdad, así como los derechos contenidos en los 62 y 63 del Texto Fundamental y en el artículo 25, literal (sic) b, y 26 del Pacto Internacional de Derechos Civiles y Políticos de 1966*".

Que en razón de ello, la demandante de autos solicita "*que repare la situación jurídica infringida y ordene el restablecimiento del derecho a la participación política mediante [su] reincorporación plena al cargo de Diputada a la Asamblea Nacional, a fin de respetar el orden democrático y la voluntad popular...*".

Al respecto, con ocasión de una acción previamente ejercida y estrechamente vinculada a la presente, pues también fue interpuesta contra el mismo hecho que se delata en el libelo de autos y a favor de la solicitante de autos, en sentencia N° 207 del 31 de marzo de 2014, esta Sala estableció lo siguiente:

[*...omissis...*]

(Véase el texto en *Revista de Derecho Público* N° 137, en pp. 131 a 133

Así pues, esta Sala estableció que la ahora accionante de autos, al aceptar una representación alterna de otro país (que, adicionalmente, para ese momento se encontraba en una especialmente delicada situación diplomática con la República Bolivariana de Venezuela – ruptura de relaciones diplomáticas-), indistintamente a su tiempo de duración, ante un órgano internacional, pretendiendo obrar en su otrora condición de diputada a la Asamblea Nacional de la República Bolivariana de Venezuela, sin solicitar autorización al Presidente de la Asamblea Nacional y sin éste habérsela concedido, perdió, de pleno derecho o ipso iure, la investidura parlamentaria que le correspondía.

De ello se infiere que el supuesto de hecho en el que incurrió la otrora parlamentaria no exige acto jurídico alguno posterior respecto de su persona, que no sea la acción del Estado venezolano en defensa del Texto Fundamental y del cumplimiento de las normas contenidas en el mismo, tal como lo hizo el Presidente de la Asamblea Nacional, cuando advirtió la referida situación fáctica, junto a su evidente resultado jurídico, y como lo señaló esta Sala en la precitada sentencia N° 207 del 31 de marzo de 2014.

Respecto de la alegada violación del derecho a la igualdad, esta Sala debe advertir que la ilicitud en la que incurrió la ciudadana María Corina Machado, en las circunstancias ya detalladas, no se extingue por señalar que otra persona supuestamente pudo haber incurrido en el mismo comportamiento que ella desplegó, mucho menos si no demuestra que aquella realizó la misma conducta, es decir, aceptar una representación alterna de otro país sin haber solicitado la autorización correspondiente y sin que la misma le hubiere sido concedida, entre otros tantos aspectos que especifican el hecho mencionado, por lo que se desecha ese argumento.

Con relación a los antecedentes de las alegadas acreditaciones en la Organización de Estados Americanos, debe indicarse que ninguno de ellos ocurrió respecto de un diputado o diputada venezolana en ejercicio, ni, en fin, rodeado de todas las demás circunstancias que concurren en este caso y que fueron descritas en la mencionada decisión N° 207/2014 y en esta sentencia, por lo que ello carece de valor jurídico.

En razón de lo señalado, en el presente caso no ocurrieron las violaciones constitucionales atribuidas al Presidente de la Asamblea Nacional, pues al señalar la pérdida de la investidura y el cese de las funciones legislativas de la aquí demandante, junto a la consiguiente pérdida de la inmunidad parlamentaria, no vulneró en modo alguno los derechos a la defensa, al debido proceso, a la igualdad, ni en fin, ningún otro derecho consagrado en el bloque de la constitucionalidad.

Con fundamento en las razones de hecho y de derecho antes expuestas, esta Sala declara improcedente *in limine litis* la acción de amparo interpuesta y ordena remitir copia certificada de este fallo al Ministerio Público para que, de así estimarlo procedente, impulse la investigación penal respectiva. Así se decide.

2.   *El Poder Público Nacional*

A. *Régimen de la Fuerza Armada Nacional: Proselitismo político militar*

TSJ-SC (651)   **11-6-2014**

Magistrado Ponente: Juan José Mendoza Jover

Caso: Rafael Huizi Clavier y otros.

La participación de los integrantes de la Fuerza Armada Nacional Bolivariana en actos con fines políticos no constituye un menoscabo a su profesionalidad, sino un baluarte de participación democrática y protagónica que, para los efectos de la República Bolivariana de Venezuela, sin discriminación alguna, representa el derecho que tiene todo ciudadano, en el cual un miembro militar en situación de actividad no está excluido de ello por concentrar su ciu-

dadanía, de participar libremente en los asuntos políticos y en la formación, ejecución y control de la gestión pública –siguiendo lo consagrado en el artículo 62 de la Constitución de la República de Venezuela-, así como también, el ejercicio de este derecho se erige como un acto progresivo de consolidación de la unión cívico-militar, máxime cuando su participación se encuentra debidamente autorizada por la superioridad orgánica de la institución que de ellos se apresta.

La acción de amparo se fundamentó en la supuesta violación de los derechos constitucionales establecidos en los artículos 25, 137, 138, 139, 328, 330, 334 y 336, numeral 4, de la Constitución de la República Bolivariana de Venezuela, específicamente, por la: *"VIOLACIÓN DE LOS DERECHOS QUE TIENEN TODOS LOS MILITARES EN SERVICIO ACTIVO DE MANTENERSE AL MARGEN DE "PARTICIPAR EN ACTOS DE PROPAGANDA, MILITANCIA O PROSELITISMO POLÍTICO"* (Mayúsculas y subrayado del escrito).

Asimismo, los accionantes solicitaron a esta Sala Constitucional, *"ordene al Ministro de la Defensa y a todos los actores y mandos militares, LA SUSPENSIÓN INMEDIATA Y DEFINITIVA DE LOS ACTOS DE PARTICIPACIÓN EN PROPAGANDA, MILITANCIA Y/O PROSELITISMO POLÍTICO, que ha sido y es práctica permanente, tanto en forma activa como pasiva".*

Así, dichos preceptos señalan, lo siguiente:

Artículo 25. Todo acto dictado en ejercicio del Poder Público que viole o menoscabe los derechos garantizados por esta Constitución y la ley es nulo, y los funcionarios públicos y funcionarias públicas que lo ordenen o ejecuten incurren en responsabilidad penal, civil y administrativa, según los casos, sin que les sirvan de excusa órdenes superiores.

Artículo 137. La Constitución y la ley definen las atribuciones de los órganos que ejercen el Poder Público, a las cuales deben sujetarse las actividades que realicen.

Artículo 138. Toda autoridad usurpada es ineficaz y sus actos son nulos.

Artículo 139. El ejercicio del Poder Público acarrea responsabilidad individual por abuso o desviación de poder o por violación de esta Constitución o de la ley.

Artículo 328. La Fuerza Armada Nacional constituye una institución esencialmente profesional, sin militancia política, organizada por el Estado para garantizar la independencia y soberanía de la Nación y asegurar la integridad del espacio geográfico, mediante la defensa militar, la cooperación en el mantenimiento del orden interno y la participación activa en el desarrollo nacional, de acuerdo con esta Constitución y con la ley. En el cumplimiento de sus funciones, está al servicio exclusivo de la Nación y en ningún caso al de persona o parcialidad política alguna. Sus pilares fundamentales son la disciplina, la obediencia y la subordinación. La Fuerza Armada Nacional está integrada por el Ejército, la Armada, la Aviación y la Guardia Nacional, que funcionan de manera integral dentro del marco de su competencia para el cumplimiento de su misión, con un régimen de seguridad social integral propio, según lo establezca su respectiva ley orgánica.

Artículo 330. Los o las integrantes de la Fuerza Armada Nacional en situación de actividad tienen derecho al sufragio de conformidad con la ley, sin que les esté permitido optar a cargo de elección popular, ni participar en actos de propaganda, militancia o proselitismo político.

Artículo 334. Todos los jueces o juezas de la República, en el ámbito de sus competencias y conforme a lo previsto en esta Constitución y en la ley, están en la obligación de asegurar la integridad de esta Constitución.

Artículo 336. Son atribuciones de la Sala Constitucional del Tribunal Supremo de Justicia: (…) Declarar la nulidad total o parcial de los actos en ejecución directa e inmediata de esta Constitución, dictados por cualquier otro órgano estatal en ejercicio del Poder Público, cuando colidan con ésta.

Al respecto, cabe indicar que los accionantes señalaron, específicamente, que la acción de amparo la interponían contra el *"Ministro de la Defensa"*, quien, a su decir, obliga a los miembros activos de la *"Fuerza Armada Nacional"* a participar uniformados en marchas partidistas (15 de marzo de 2014), confeccionar pancartas con mensajes políticos y ordenarles mediante comunicación escrita hacerse acompañar con sus familiares a tales actos; a proferir como mensajes institucionales, expresiones tales como *"patria, socialismo o muerte"*, *"Chávez vive"*, *"la lucha sigue"*, *"hasta la victoria siempre"*, y *"plagar"* las instalaciones operacionales, administrativas y sociales militares, con innumerables expresiones escritas y gráficas de proselitismo del partido político *"PSUV"* y de quien fuera Presidente de la República y presidente fundador del mencionado partido político; así como, de igual forma, que ordenen a los subalternos izar en cuarteles y dependencias militares la bandera de la República de Cuba y difundir, publicar y exhibir en cuarteles y otras instalaciones fotografías del *"dictador cubano Fidel Castro y del reconocido asesino internacional el 'che' Guevara, lo que configura una burla al honor del militar venezolano y la una (sic) violación a la nacionalidad, que podría calificarse como traición a la patria"*.

En el caso de autos, los accionantes consideran inconstitucional una actuación que se alega como repetida por los miembros activos de la *"Fuerza Armada Nacional"* y que, en su criterio, violenta expresas disposiciones del Texto Fundamental, es decir, la de hacer propio de los miembros de la *"Fuerza Armada Nacional"* un lema, que los accionantes sostienen que la pone al servicio de una parcialidad política.

Al respecto, esta Sala estima conveniente señalar que en todos los ejércitos del mundo existe el saludo militar, cuya manifestación responde a la idiosincrasia o cultura del país o al momento histórico, social y político por las que hayan atravesado, toda vez que el saludo militar indica una muestra simbólica, profesional e institucional, de respeto, disciplina, obediencia y subordinación ante la superioridad jerárquica y a la comandancia en jefe a la cual responde, y, al mismo tiempo, representa una expresión, gestual u oral, del sentimiento patriótico que involucra, para el caso de la República Bolivariana de Venezuela, el cumplimiento del deber fundamental *"de honrar y defender a la patria, sus símbolos y, valores culturales, resguardar y proteger la soberanía, la nacionalidad, la integridad territorial, la autodeterminación y los intereses de la Nación"*, tal y como lo consagra el artículo 130 de nuestro Texto Fundamental.

Asimismo, sobre este particular resulta propicio indicar que la Ley Orgánica de la Fuerza Armada Nacional Bolivariana, en su artículo 4, numeral 12, expresamente señala que: *"Son funciones de la Fuerza Armada Nacional Bolivariana, las siguientes: (...) 12. Formular y ejecutar el Plan Estratégico de Desarrollo de la Fuerza Armada Nacional Bolivariana de acuerdo con las líneas generales del Plan de Desarrollo Económico y Social de la Nación"*.

En este sentido, el artículo 236 de la Constitución de la República Bolivariana de Venezuela, en su numeral quinto, consagra como una atribución y una obligación del Presidente de la República la de *"Dirigir la Fuerza Armada Nacional en su carácter de Comandante en Jefe, ejercer la suprema autoridad jerárquica de ella y fijar su contingente"*, con fundamento en lo cual, para aquellos asuntos como los planteados en la presente acción de amparo, también resulta válido atender a las líneas generales que por el Ejecutivo Nacional hayan sido establecidas en el Plan de Desarrollo Económico y Social de la Nación (hoy en día reconocido como el Plan de la Patria 2013-2019), y que, además, se encuentra debidamente aprobado por el órgano del Poder Legislativo Nacional para su implementación en toda la República durante el ejercicio del mandato por el cual fue electo, y dentro del cual, de alguna manera, expresa o tácitamente, desarrolle algún contenido que involucre la materia de Seguridad de la Nación, o las instituciones y demás organismos que ella involucra. Así, se puede observar que, dentro de los objetivos estratégicos y generales del mencionado Plan, se puede observar la línea prevista, específicamente, en el objetivo 1.6.1.3, que se señala el de: *"Efectuar los procesos de creación, reestructuración, reequipamiento y reubicación de las unidades militares, atendiendo a las necesidades de la Defensa Integral de la Patria y su soberanía";* mientras que el objetivo 1.6.1.4, expresa: *"Preparar al país para la Defensa Integral que cubra todas las instancias del Poder Público del Estado junto al Pueblo y a la Fuerza Armada Nacional Bolivariana".* Y, en particular, el 1.6.1.5., destaca el objetivo de: *"Incrementar la participación activa del pueblo para consolidar la unión cívico-militar".*

Por su parte, resulta pertinente hacer mención a que, de conformidad con la normativa legal que regula el orden jurídico de la institución profesional de la Fuerza Armada Nacional Bolivariana, el Ministerio del Poder Popular para la Defensa es el órgano administrativo encargado de adoptar las políticas que, por la especialidad de la materia de la Seguridad de la Nación, resultan necesarias aplicar dentro del sector defensa, tal y como se desprende del contenido normativo establecido en el artículo 11 de la vigente Ley Orgánica de la Fuerza Armada Nacional Bolivariana, cuyos actos serán emitidos a través de las formas ordinarias de manifestación –por ejemplo: resoluciones u órdenes-, e informados por los medios de empleo común dentro del órgano para su ejecución –regularmente dentro de la institución militar: los radiogramas-, y por su significación, el lema fijado para uniformar el saludo militar correspondiente no queda excluido, siempre y cuando así lo decida la superioridad a la cual corresponda consultar, definir y autorizar su implementación.

También, el artículo 7, en sus numerales 1, 3, 5, 8, 16 y 19, del Reglamento Orgánico del Ministerio del Poder Popular para la Defensa, señalan en su letra lo siguiente:

(…) Además de las funciones señaladas en el Decreto con Rango, Valor y Fuerza de Ley Orgánica de la Administración Pública, el Ministro del Poder Popular para la Defensa, tendrá las siguientes:

1. Asegurar el máximo grado de eficiencia, eficacia y transparencia de la gestión del Ministerio del Poder Popular para la Defensa y de la Fuerza Armada Nacional Bolivariana;

2. Garantizar el funcionamiento, organización, equipamiento y adiestramiento de la Fuerza Armada Nacional Bolivariana;

5. Efectuar los nombramientos mediante resolución, del personal militar y civil a los empleos y cargos que le sean de su competencia;

8. Promover, coordinar y difundir el Pensamiento Militar Venezolano;

16. Formular y ordenar la ejecución del Plan Estratégico de Desarrollo del Sector Defensa, de acuerdo con los lineamientos generales contemplados en el Plan de Desarrollo Económico y Social de la Nación;

19. Las demás que le señalen las leyes, reglamentos y otros actos normativos.

De esta manera, con fundamento en la normativa antes señalada, se puede afirmar que los mensajes que pueden ser difundidos por la Fuerza Armada Nacional Bolivariana a través del empleo de un saludo o una consigna militar en nada trastoca el orden jurídico que rige para las instituciones y demás autoridades de las cuales depende esta institución militar.

Aunado a lo que ha sido señalado, esta Sala debe destacar que, en lo relatado por los accionantes, e incluso en las actas que componen el presente expediente, no se encuentra reproducido ningún mérito que sea capaz de demostrar que la actuación, presuntamente violatoria, según el decir de los accionantes, de los integrantes de la Fuerza Armada Nacional Bolivariana, y de la superioridad jerárquica de la cual depende, implique un fin de propaganda o de proselitismo político. Simplemente, se aprecia un comentario u opinión que a título particular emite la presidencia y los miembros que se encuentran identificados como seguidores o integrantes de la asociación que se presenta como parte accionante.

No obstante, sobre el tema planteado bien cabe acotar, o aclarar para este caso en particular, que la participación de los integrantes de la Fuerza Armada Nacional Bolivariana en actos con fines políticos no constituye un menoscabo a su profesionalidad, sino un baluarte de participación democrática y protagónica que, para los efectos de la República Bolivariana de Venezuela, sin discriminación alguna, representa el derecho que tiene todo ciudadano, en el cual un miembro militar en situación de actividad no está excluido de ello por concentrar su ciudadanía, de participar libremente en los asuntos políticos y en la formación, ejecución y control de la gestión pública –siguiendo lo consagrado en el artículo 62 de la Constitución de la República de Venezuela-, así como también, el ejercicio de este derecho se erige como un acto progresivo de consolidación de la unión cívico-militar, máxime cuando su participación se encuentra debidamente autorizada por la superioridad orgánica de la institución que de ellos se apresta.

Por lo tanto, al compararse los razonamientos que fueron expuestos con las denuncias que fueron delatadas en la acción presentada, esta Sala considera que no existe lesión constitucional alguna, razón por la cual se declara **improcedente, *in limine litis,*** la acción de amparo interpuesta por el *"FRENTE INSTITUCIONAL MILITAR 'FIM', asociación civil integrada por oficiales de la Fuerza Armada Nacional, (...), representada en este acto por su Presidente Vicealmirante JOSÉ RAFAEL HUIZI CLAVIER (...); y en forma personal los ciudadanos militares venezolanos mayores de edad"*, antes identificados, contra *"EL ACTO INCONSTITUCIONAL CONTINUADO Y ARBITRARIO EMANADO DEL MINISTRO DE LA DEFENSA Y LOS MANDOS MILITARES"* (Subrayado del escrito)". Así se decide.

IV. EL ORDENAMIENTO ECONÓMICO

1. *Propiedad Industrial: Marcas comerciales*

TSJ-SPA (865)   **11-6-2014**

Magistrado Ponente: Emiro García Rosas

Caso: CDS TELECOM, C.A vs. Compañía Anónima Nacional Teléfonos de Venezuela (CANTV).

De lo expuesto se observa que el hecho cuestionado en el presente juicio es la utilización de la palabra *"Listo"* por parte de la demandada, en la promoción de su producto *"CANTV Listo"*, considerada por la accionante como una marca de su propiedad. Sin embargo, se constata que en su libelo esta última empleó indistintamente el vocablo *"listo"*, *"Listo"*, *"LISTO"* y a veces acompañado de un elemento adicional como lo fue *"Listo®"*, para referirse a su marca. De allí que, a fin de precisar y distinguir los rasgos característicos de los emblemas que representan a cada una de las partes en conflicto, esta Sala reproduce en el fallo las imágenes que aparecen en los ya referidos Boletines de la Propiedad Industrial en los que se publicó la marca *"Listo"* Clase 16 y 38, propiedad de la accionante (N° 1), para luego compararla con la utilizada por la demandada en su campaña publicitaria (N° 2): ....

....La imagen N° 1 representa la marca registrada por la parte demandante en el Servicio Autónomo de la Propiedad Industrial, y que -a su decir- corresponde al signo distintivo *"Lis-*

to" en Clase 16 y 38, ya descrito suficientemente en este fallo. Sin embargo, de dicha marca se destaca el hecho de estar integrada por cuatro letras "*List*", acompañadas al final por un círculo de tamaño superior a las letras, en cuyo interior contiene o parece contener lo que comúnmente se conoce como una señal de visto bueno, y que en el idioma inglés lo refieren como "*Checkmark*" o "*Check (tick)*". Estas características distinguen evidentemente a la marca registrada por la parte demandante de autos de la palabra o adjetivo de uso genérico "*listo*", que según el diccionario de la Real Academia Española define a la persona que comprende y asimila las cosas con rapidez o ingenio; diligente, hábil para hacer o llevar a cabo una cosa, entre otras acepciones.

Comprueba así la Sala que los signos distintivos en Clase 16 y 38 registrados por la demandante ante el Servicio Autónomo de la Propiedad Industrial no se corresponden con la palabra o adjetivo "*listo*", y que tampoco esta tiene similitud visual, ortográfica y fonética con las marcas de los demandantes, como bien lo sostuvo la accionada; ello pese a lo alegado por el apoderado judicial de la parte actora, quien insiste en afirmar que el citado adjetivo es una marca registrada a favor de sus representados y que, por lo tanto, estos son los únicos que tienen el derecho de usar de manera exclusiva el referido adjetivo, protegido supuestamente tanto por las leyes de la República como por la normativa andina.

Además, la Sala estima tan errada la afirmación del apoderado judicial de los demandantes que de ser cierta supondría en sí misma una negación de la validez de los registros de las marcas de sus representados por estar afectados de nulidad, pues no cumplirían con los requisitos necesarios para su registro, en cuyo caso se exige que sea de un signo perceptible, suficientemente distintivo y susceptible de representación gráfica, es decir, capaz de distinguir en el mercado los productos o servicios comercializados, conforme se desprende de los artículos 134 y 135 literales a), b) y g) de la Decisión 486 del Régimen Común de la Propiedad Industrial de la Comisión de la Comunidad Andina de Naciones, aplicables *ratione temporis*, que disponen:

"*Artículo 134. A efectos de este régimen constituirá marca cualquier signo que sea apto para distinguir productos o servicios en el mercado. Podrán registrarse como marcas los signos susceptibles de representación gráfica (...)*".

"*Artículo 135. No podrán registrarse como marcas los signos que:*

a) no puedan constituir marca conforme al primer párrafo del artículo anterior;

b) carezcan de distintividad;

(...)

g) consistan exclusivamente o se hubieran convertido en una designación común o usual del producto o servicio de que se trate en el lenguaje corriente o en la usanza del país".

Por su parte, nuestra legislación establece lo que se entiende por marca en el artículo 27 de la Ley de Propiedad Industrial, y las prohibiciones para registrar una marca en el artículo 33 *eiusdem*, en estos términos:

"*Artículo 27. Bajo la denominación de marca comercial se comprende todo signo, figura, dibujo, palabra o combinación de palabras, leyenda y cualquiera otra señal que revista novedad, usados por una persona natural o jurídica para distinguir los artículos que produce, aquellos con los cuales comercia o su propia empresa*".

"*Artículo 33. No podrán adoptarse ni registrarse como marcas:*

(...)

9° Los términos y locuciones que hayan pasado al uso general, y las expresiones comúnmente empleadas para indicar el género, la especie, naturaleza, origen, cualidad o forma de los productos".

De análisis realizado a las normas antes descritas, concluye la Sala que el adjetivo "listo" comporta un término que no puede ser registrado, por ser de uso común en nuestro idioma castellano, incapaz de ser empleado para distinguir productos o servicios en el mercado; por lo tanto, mal puede alegar la parte demandante que sus representados son los propietarios de los derechos sobre una marca registrada bajo la palabra o adjetivo *"listo"*, y que este puede ser opuesto a terceros.

En consecuencia, para la Sala no existen elementos de convicción que permitan sostener que el empleo por parte de la demandada de la palabra *"listo"* en su campaña promocional *"CANTV Listo"*, constituya una infracción al derecho de uso exclusivo de los demandantes sobre sus marcas registradas, o que haya cometido el *"hecho ilícito"* denunciado. Finalmente, por cuanto quedó demostrado que la marca perteneciente a los demandantes no corresponde con el adjetivo *"listo"* utilizado por la accionada, resulta igualmente improcedente la indemnización de daños y perjuicios solicitada en el libelo por los actores, los cuales tampoco fueron probados en autos, como en efecto lo afirmó la demandada.

En virtud de todo lo expuesto esta Sala declara sin lugar la demanda interpuesta por la sociedad mercantil CDS TELECOM, C.A. y el ciudadano Edgar JIMÉNEZ PÉREZ, en contra de la empresa Compañía Anónima Nacional Teléfonos de Venezuela (CANTV). Así se declara.

V.   LA ACTIVIDAD ADMINISTRATIVA

1.   *Procedimiento Administrativo*

A. *Principio de la confianza Legitima (buena fe)*

TSJ-SPA (945)   **18-6-2014**

Magistrado Ponente: Emiro García Rosas

Caso: Raiza Istruriz y otros vs. Ministerio del Poder Popular para las Obras Públicas y Vivienda

La Sala Político Administrativa ratifica aplicación del principio de confianza legítima en la actividad administrativa.

...... Respecto a los citados principios esta Sala ha establecido lo siguiente:

"(...) Esta Sala ha expresado que el principio de confianza legítima, que rige la actividad administrativa, está referido a la concreta manifestación del principio de buena fe en el ámbito de la actividad administrativa y cuya finalidad es el otorgamiento a los particulares de garantía de certidumbre en sus relaciones jurídico-administrativas (ver sentencia N° 1.171 del 4 de julio de 2007).

Asimismo, se ha manifestado que el principio de la confianza legítima (sentencia de esta Sala N° 213 del 18 de febrero de 2009) constituye la base de los vínculos que existe entre el Poder Público y los ciudadanos, cuando a través de su conducta, revelada en sus declaraciones, actos y doctrina consolidada, se pone de manifiesto una línea de actuación que la comunidad o sujetos específicos de ella esperan se mantenga. Este principio alude así a la situación de un sujeto dotado de una expectativa justificada de obtener una decisión que esté en consonancia con lo que se ha venido resolviendo. (...)" (sentencia N° 01181 de fecha 28 de septiembre de 2011).

De acuerdo a los fallos citados el principio de la confianza legítima está referido a la expectativa plausible que tienen los particulares de que la Administración siga decidiendo tal como lo ha venido haciendo en una materia en base a sus actuaciones reiteradas.

Al respecto debe atenderse también a lo dispuesto en el artículo 11 de la Ley Orgánica de Procedimientos Administrativos, norma que dispone:

Artículo 11.- *"Los criterios establecidos por los distintos órganos de la Administración Pública podrán ser modificados*, pero la nueva interpretación no podrá aplicarse a situaciones anteriores, salvo que fuere más favorable a los administrados. En todo caso, la modificación de los criterios no dará derecho a la revisión de los actos definitivamente firmes."* (Resaltado de la Sala).

Conforme al precepto transcrito los criterios de la Administración no son inmutables, pueden cambiar, la única limitante es que la nueva interpretación no se aplique a situaciones anteriores, salvo que fuese más favorable al administrado.

Con relación a esta disposición la Sala ha establecido que:

"(...) al igual que ocurre con los criterios jurisprudenciales, los que provienen de la actividad administrativa pueden ser revisados, ya que tal posibilidad está inmersa dentro de la diversa naturaleza de las situaciones sometidas al conocimiento y revisión a través del ejercicio de las funciones jurisdiccional y administrativa, sólo que ese examen no debe ser aplicado de forma indiscriminada o con efectos retroactivos perniciosos.*

Hechas las consideraciones que anteceden, se impone analizar si en el supuesto de autos la Administración recurrida modificó de tal manera un criterio precedente cuya aplicación al caso concreto de la actora podía ésta presumir legítimamente, y si ello devino en un menoscabo de los invocados principios de seguridad jurídica y confianza legítima". (...)" (Sentencia N° 01022 del 27 de julio de 2011) (Resaltado de la Sala).

En el presente caso, argumentó la representación judicial de los recurrentes que el Ministro del Poder Popular para las Obras Públicas y Vivienda sorprendió a sus representados en su buena fe al emitir, después de más de ocho (8) años de espera, una decisión que implica el cese definitivo de su actividad, cuando en realidad lo que era de esperarse y constituía una expectativa de derecho para ellos, era una providencia que aprobara la transformación del título y garantizara la continuación de las operaciones de la radioemisora, a través de la empresa creada por estos a tales fines.

Al respecto se observa que -como ha sido mencionado antes- consta en autos comunicación N° 1161 del 02 de abril de 2001 mediante la cual el Director General de la Comisión Nacional de Telecomunicaciones (CONATEL) informó a los recurrentes, entre otras cosas, que debido al carácter personalísimo de los derechos otorgados mediante las concesiones para el servicio de radiodifusión sonora, el fallecimiento del titular producía el decaimiento del título administrativo (folios 78 al 80 del expediente administrativo).

Se advierte que la consecuencia lógica del decaimiento de la concesión otorgada al causante de los recurrentes era que no podía proceder la transformación de dicho título solicitada por los accionantes conforme a lo dispuesto en el artículo 210 de la Ley Orgánica de Telecomunicaciones de 2000.

El citado oficio N° 1161 del 02 de abril de 2001 que no fue impugnado por los recurrentes, demuestra que es falso que la Administración les hubiese creado expectativas de un pronunciamiento favorable a sus pretensiones.

Adicionalmente se observa que conforme al artículo 31 de la Ley Orgánica de Telecomunicaciones del 2000 aplicable *ratione temporis "Si la Comisión Nacional de Telecomuni-*

caciones no se pronuncia sobre la procedencia o no de la solicitud, dentro de los lapsos establecidos en este Capítulo (...) **dicho silencio se entenderá como una negativa respecto de la solicitud formulada**" (Resaltado de la Sala). Con base en la citada norma, se concluye que no existía en este caso, algún silencio administrativo positivo como parecieran querer hacer valer los actores.

Igualmente ni el tiempo que tardó la Administración para dictar su decisión, ni el hecho de que esta presuntamente le hubiese dado a la empresa CNB 100.1 Valenciana Radioemisora, C.A. el trato de operadora de una estación de radiodifusión en la mencionada frecuencia, durante ese tiempo transcurrido implican la obtención de un derecho subjetivo por parte de los recurrentes. Así lo ha establecido la Sala en decisiones números 01001 y 01211 de fechas 20 de octubre y 25 de noviembre de 2010, respectivamente.

Con fundamento en las consideraciones expuestas, este Alto Tribunal estima que, el transcurso del tiempo mencionado por los recurrentes no constituye una razón fundada capaz de generar una expectativa de pronunciamiento favorable a las peticiones de aquellos, motivo por el que concluye que no existió la violación a los principios de buena fe y confianza legítima denunciada. Así se decide.

2.   *Actos Administrativos*

A.   *Vicios de fondo*

a.   *Falso supuesto de hecho y de derecho*

TSJ-SPA (945)   **18-6-2014**

Magistrado Ponente: Emiro García Rosas

Caso: Raiza Istruriz y otros vs. Ministerio del Poder Popular para las Obras Públicas y Vivienda.

Respecto al mencionado vicio [**Falso supuesto de hecho y de derecho**] esta Sala ha establecido lo siguiente:

"(...) *el concepto de falso supuesto de hecho y de derecho. (...) ha sido entendido por la doctrina de esta Sala, como un vicio que tiene lugar cuando la Administración se fundamenta en hechos inexistentes o que ocurrieron de manera distinta a la apreciación efectuada por el órgano administrativo. El falso supuesto de derecho, en cambio, tiene lugar cuando la Administración se fundamenta en una norma que no es aplicable al caso concreto o cuando se le da a la norma un sentido que ésta no tiene. En ambos casos, se trata de un vicio que al afectar la causa del acto administrativo acarrea su nulidad, por lo cual es necesario examinar si la configuración del acto administrativo se adecuó a las circunstancias de hecho probadas en el expediente administrativo y, además, si se dictó de manera que guardara la debida correspondencia con el supuesto previsto en la norma legal. (vid. sentencias de esta Sala números 1949 del 11 de diciembre de 2003, 423 del 11 de mayo de 2004, 6507 del 13 de diciembre del 2005 y 2189 del 5 de octubre de 2006). (...)*" (Sentencia N° 0755 de fecha 02 de junio de 2011).

7.1. Falso supuesto de hecho

Se observa que los actores alegaron que el Ministerio del Poder Popular para las Obras Públicas y Vivienda incurrió en el citado vicio: primero, al declarar la extinción por decaimiento de la concesión dado que no se dieron en el presente caso, los supuestos necesarios para que se declarara extinguido el título; segundo, cuando consideró que los recurrentes no cumplieron con todos los requisitos exigidos para el otorgamiento del derecho de preferencia.

Sobre el primer particular se observa que bajo la vigencia de la Ley de Telecomunicaciones publicada en la *Gaceta Oficial de los Estados Unidos de Venezuela* N° 20.248 del 01 de agosto de 1940 los permisos y concesiones no podían ser traspasados sin la aprobación del Ejecutivo Federal (artículo 4 *eiusdem*). Es de destacar, que este instrumento legal estaba vigente para el 08 de julio de 1994 fecha en que le otorgaron la concesión al ciudadano Nelson Enrique BELFORT YIBIRÍN.

Para el momento en que fallece el titular de la concesión (21 de septiembre de 2000) no eran cedibles o enajenables las concesiones, solo podía su titular solicitar ante la Comisión Nacional de Telecomunicaciones (CONATEL) la sustitución en la titularidad de la concesión por la persona que indicara al efecto, para lo cual esta debía cumplir con los requisitos y condiciones establecidos en la ley (artículo 73 de la Ley Orgánica de Telecomunicaciones publicada en la *Gaceta Oficial de la República Bolivariana de Venezuela* N° 36.970 del 12 de junio de 2000).

De las normas mencionadas se deriva que el otorgamiento de la concesión era realizado en atención a las particulares condiciones del solicitante, por lo que en criterio de esta Sala, la muerte, si se trataba de una persona natural, la quiebra o la liquidación, para el caso de las personas jurídicas implicaba la extinción de la concesión otorgada.

Al respecto el acto impugnado declaró "*la extinción por decaimiento del Título Administrativo Definitivo contenido en el Oficio N° 7003, de fecha 08 de julio de 1994, emitido por la Comisión Nacional de Telecomunicaciones, mediante la cual se autorizó el inicio regular de las trasmisiones de una estación de radiodifusión sonora a través de la Frecuencia 100,1 MHz, Canal 61, Clase 'B', en la ciudad de Valencia, Estado Carabobo; en virtud de la muerte del ciudadano NELSON ENRIQUE BELFORT YIBIRÍN (…)*" y "*la cesación de los efectos jurídicos*" del mencionado Título Administrativo Definitivo (resaltado de la Sala).

Con relación a este punto, la Sala reitera lo expuesto en las páginas anteriores en el sentido de que el fallecimiento del ciudadano Nelson Enrique BELFORT YIBIRÍN es un hecho objetivo constatable solo con la partida de defunción, circunstancia que fue verificada en el caso que se examina cuando los propios recurrentes consignaron ante la Administración el Acta de defunción N° 14 de fecha 14 de noviembre de 2000 en la cual la Prefectura de la Parroquia Manuel Felipe Rugeles, Municipio Libertad, Estado Táchira dejó constancia de la muerte del citado ciudadano el día 21 de septiembre de 2000 (folio 42 expediente administrativo). Constatado el fallecimiento del titular de la concesión, esta se extinguió.

Se advierte que si bien el término utilizado por la Administración fue "*la extinción por decaimiento del Título Administrativo Definitivo*" y no la extinción de la concesión, lo cierto es que a juicio de la Sala ello no afecta en nada el sustrato de la decisión, ni su conformidad con el hecho ocurrido (muerte) y el derecho aplicable.

Con fundamento en lo expuesto este Alto Tribunal considera que con el referido fallecimiento sí se verificaron los supuestos necesarios para que se declarara extinguido el Título Administrativo Definitivo otorgado al causante de los recurrentes, por lo que no incurrió la Administración en falso supuesto de hecho por así haberlo declarado. Así se decide.

En segundo término, en cuanto al falso supuesto de hecho en que habría incurrido la Administración al considerar que los recurrentes no cumplieron con todos los requisitos exigidos para el otorgamiento del derecho de preferencia previsto en el artículo 17 del Reglamento sobre Radiodifusión Sonora en Frecuencia Modulada, se reitera lo expuesto en el punto 4 de la motiva de este fallo en el sentido de que el referido derecho de preferencia quedó derogado el 12 de junio de 2000 cuando entró en vigencia la Ley Orgánica de Telecomunicaciones. Así se determina.

7.2.- Falso supuesto de derecho

En el presente caso lo aducido por los actores como falso supuesto de derecho se circunscribe a la presunta interpretación errónea del numeral 7 del artículo 210 de la Ley Orgánica de Telecomunicaciones y artículos 22 y 23 de la Ley Orgánica de Procedimientos Administrativos.

Consideran los actores que se encontraban legitimados para solicitar la transformación del título de concesión, que ellos ostentan un interés personal, legítimo y directo como el que exige la Ley Orgánica de Procedimientos Administrativos y que en todo caso, la Administración debió desaplicar la Resolución N° 93 de fecha 04 de diciembre de 2001 dictada por la Comisión Nacional de Telecomunicaciones (CONATEL) (publicada en la *Gaceta Oficial de la República Bolivariana de Venezuela* N° 37.342 del 10 de diciembre de 2001) o interpretarla en el sentido de entender que además del titular podían participar en el procedimiento los interesados en los términos previstos en la mencionada ley orgánica.

A fin de resolver la citada denuncia, pasa la Sala a examinar el concepto de interesado previsto en las leyes y providencia referida. Así se observa que la Ley Orgánica de Procedimientos Administrativos establece:

*"Artículo 22.- Se considerarán interesados, **a los efectos de esta Ley**, a las personas naturales o jurídicas a que se refieren los artículos 112 y 121 de la Ley Orgánica de la Corte Suprema de Justicia.*

Artículo 23.- La condición de interesados la tendrán, también quienes ostenten las condiciones de titularidad señaladas en el artículo anterior aunque no hubieran intervenido en la iniciación del procedimiento, pudiendo, en tal caso, apersonarse en el mismo en cualquier estado en que se encuentre la tramitación." (Resaltado de la Sala).

Las referidas normas establecen que *"interesado"* a los efectos de esa ley general será aquella persona natural o jurídica afectada en sus derechos o intereses por algún acto administrativo de efectos generales y aquella persona que tuviere un interés personal, legítimo y directo en impugnar el acto de efectos particulares de que se trate (dicho concepto estaba basado en lo que sobre el asunto disponía la Ley Orgánica de la Corte Suprema de Justicia).

Se observa que el concepto de *"interesado"* a que aluden los actores está referido a su presunta legitimación para solicitar ante la Administración la transformación de un título jurídico (del cual no son titulares) para el uso del espectro radioeléctrico.

Al respecto se advierte que el 03 de junio de 2002 los actores solicitaron la transformación del título jurídico otorgado a su causante. Para el momento de aquella solicitud estaba vigente la Ley Orgánica de Telecomunicaciones del 2000, que establecía:

Artículo 210.- *"La Comisión Nacional de Telecomunicaciones establecerá mediante resolución, cronogramas especiales de **transformación de las actuales concesiones y permisos** otorgados de conformidad con la legislación anterior, en las habilitaciones administrativas, concesiones u obligaciones de notificación o registros establecidos en esta ley. Mientras ocurre la señalada adecuación, todos los derechos y obligaciones adquiridos al amparo de la anterior legislación, permanecerán en pleno vigor, en los mismos términos y condiciones establecidas en las respectivas concesiones y permisos.*

La transformación de los títulos jurídicos deberá efectuarse dentro de los dos años siguientes a la publicación de la presente Ley en la Gaceta Oficial, tendrá carácter obligatorio y se hará atendiendo a los principios siguientes: (...)

*7.- **La transformación del título jurídico a que se refiere este título deberá solicitarla el interesado** dentro del plazo que al efecto establezca la Comisión Nacional de Telecomunicaciones, el cual no podrá ser inferior a sesenta (60) días hábiles. Vencido el plazo a que se re-*

*fiere el presente numeral, la Comisión Nacional de Telecomunicaciones publicará en por lo menos un diario de circulación nacional, **el listado de los concesionarios que no hubiesen respondido** el llamado de transformación de los títulos, otorgándoles un plazo adicional de cinco (5) días hábiles a tales efectos, bajo el apercibimiento de que, de no hacer la solicitud respectiva, se entenderá como renuncia a las concesiones o permisos que hayan obtenido con anterioridad a la publicación de esta ley en la Gaceta Oficial. (...)"* (Resaltado de la Sala).

Como puede observarse la norma citada coloca a cargo de la Comisión Nacional de Telecomunicaciones (CONATEL) la obligación de establecer mediante resolución los cronogramas especiales para la transformación de las concesiones y permisos otorgados conforme a la legislación anterior en las habilitaciones administrativas y concesiones previstas en la Ley Orgánica de Telecomunicaciones.

El numeral 7 del referido artículo establece que la citada transformación deberá ser solicitada por el *interesado* dentro del plazo establecido en la norma transcrita. Vencido ese plazo la mencionada Comisión publicará en un diario de circulación nacional el listado de los *concesionarios* que no respondieron al llamado de transformación de títulos otorgándoles un plazo adicional de cinco (5) días hábiles para hacerlo, de no presentar la solicitud respectiva ello será entendido como una *renuncia* a las concesiones o permisos.

No define el citado artículo a qué clase de interesado se refiere. Sin embargo se observa que el citado artículo por una parte indica que la solicitud de transformación deberá ser realizada por el interesado y unas líneas después prevé que se publicará en la prensa nacional el listado de los concesionarios que no atendieron ese llamado para transformar sus títulos.

Asimismo se advierte que se considerará como una renuncia a la concesión o permiso la falta de presentación de la solicitud de transformación y tomando en cuenta que solo puede renunciar a algo aquel que es titular de ese permiso o concesión, se colige que esa ley utilizó los términos interesados y concesionarios como sinónimos. Esto resulta lógico porque para el caso de la transformación de títulos, por ejemplo, solo a su titular incumbe e interesa que este se adecue a la nueva legislación sobre la materia. De todo lo expuesto se deriva que las solicitudes en esta materia deben ser requeridas por aquel que es titular de la concesión.

Ahora bien, en cumplimiento de lo dispuesto en el referido artículo 210 *eiusdem* la Comisión Nacional de Telecomunicaciones (CONATEL) dictó la Providencia N° 93 de fecha 04 de diciembre de 2001 (publicada en la *Gaceta Oficial de la República Bolivariana de Venezuela* N° 37.342 del 10 de diciembre de 2001) en la que estableció lo siguiente:

ARTÍCULO 1: OBJETO

La presente resolución tiene por objeto establecer el cronograma de conformidad con el cual quienes sean titulares de concesiones o permisos otorgados con anterioridad a la entrada en vigencia de la Ley Orgánica de Telecomunicaciones, deberán solicitar la transformación de tales títulos en las habilitaciones administrativas, concesiones u obligaciones de notificación o registro establecidas en la referida Ley.

ARTÍCULO 2: SOLICITUD DE TRANSFORMACIÓN

Las personas que detenten títulos para la prestación de servicios o la realización de cualquier actividad de telecomunicaciones deberán consignar, en el plazo establecido en el cronograma previsto en la presente Resolución, solicitud de transformación con arreglo a lo siguiente:

A) Personas naturales:

1.- Solicitud de transformación suscrita por la persona natural titular o su representante debidamente acreditado mediante poder autenticado (...)" (Resaltado del texto, subrayado de la Sala).

De la normativa transcrita se deriva que la transformación tiene que ser solicitada por aquel que es titular de la concesión porque -se reitera- se entiende que solo este tiene el derecho de pedir que dicho título jurídico se adecue a la nueva legislación sobre la materia, ello en aplicación de lo previsto en el artículo 210 de la Ley Orgánica de Telecomunicaciones.

Precisado lo anterior se observa que en el acto impugnado la Administración luego de analizar lo dispuesto en la Ley Orgánica de Procedimientos Administrativos, Ley Orgánica de Telecomunicaciones aplicable *ratione temporis* y la Providencia N° 93 del 04 de diciembre de 2001 dictada por la Comisión Nacional de Telecomunicaciones (CONATEL), consideró que la referida transformación de títulos debía ser solicitada por el interesado y que este no era otro más que el titular de la concesión.

Asimismo, la Comisión Nacional de Telecomunicaciones (CONATEL) observó que en el presente caso el titular de la concesión era el ciudadano Nelson Enrique BELFORT YIBIRÍN (fallecido) y que la solicitud de transformación fue presentada por los actores, sin que existiera evidencia de autorización o traspaso alguno a favor de los recurrentes, y que en todo caso, dicho título administrativo decayó con aquel fallecimiento, circunstancias estas que determinaron que se declarara improcedente la precitada solicitud de transformación.

Considera este Alto Tribunal que en el caso de autos, la fundamentación jurídica del acto impugnado (artículos 4 de la Ley de Telecomunicaciones de 1940, 210 numeral 7 de la Ley Orgánica de Telecomunicaciones de 2000 y 2 de la Resolución N° 93 del 04 de diciembre de 2001 dictada por CONATEL), además de ser la normativa aplicable fue interpretada correctamente, por lo que se desestima el falso supuesto de derecho denunciado. Así se decide.

> b.   *Desviación de Poder*

TSJ-SPA (945)   **18-6-2014**

Magistrado Ponente: Emiro García Rosas

Caso: Raiza Istruriz y otros vs. Ministerio del Poder Popular para las Obras Públicas y Vivienda.

Respecto al mencionado vicio esta Sala ha establecido lo siguiente:

"(...) Ahora bien, la Sala reiteradamente ha establecido sobre el vicio de desviación de poder, que es una ilegalidad teleológica, es decir, que se presenta cuando el funcionario, actuando dentro de su competencia dicta un acto para un fin distinto al previsto por el legislador; de manera que es un vicio que debe ser alegado y probado por la parte, sin que pueda su inactividad ser subsanada por el juzgador.

Por lo tanto, se entiende que la Administración incurre en el vicio de desviación de poder, cuando actúa dentro de su competencia, pero dicta un acto que no esté conforme con el fin establecido por la Ley, correspondiendo al accionante probar que el acto recurrido, como ya ha sido señalado, persigue una finalidad diferente a la prevista en la Ley.

Lo anterior implica, que deben darse dos supuestos para que se configure el vicio de desviación de poder, a saber: que el funcionario que dicta el acto administrativo tenga atribución legal de competencia y que el acto haya sido dictado con un fin distinto al previsto por el legislador; además, estos supuestos deben ser concurrentes. (Vid. sentencias de esta Sala Nos 1722, del 20 de julio de 2000 y 00623 del 25 de abril de 2007, entre otras)." (Resaltado de la sentencia) (Decisión N° 0425 de fecha 06 de abril de 2011).

Del fallo parcialmente transcrito se deriva que no basta con que se alegue la desviación de poder sino que debe probarse su existencia, y que tal determinación requerirá de "una investigación profunda basada en hechos concretos, reveladores de las verdaderas intenciones que dieron lugar al acto administrativo dictado por el funcionario competente" (ver, entre otras, sentencia de esta Sala N° 01001 del 20 de octubre de 2010).

En el presente caso, los actores adujeron que el acto impugnado se separó de la finalidad perseguida por la norma, que fue dictado como retaliación política contra sus representados por considerar sus mensajes inconvenientes y contrarios a la ideología y al proyecto político del Presidente de la República, que ello se evidencia del Punto de Información presentado por el Ministro de Obras Públicas en la sesión ordinaria de la Asamblea Nacional del 09 de julio de 2009 (al referirse a la situación de los servicios de radiodifusión sonora, televisión abierta y difusión por suscripción), así como de lo expuesto por el citado funcionario en la rueda de prensa realizada el 31 de julio de 2009 cuando hizo públicas las notificaciones de "*los actos emanados contra 34 emisoras de radio*", y en sus declaraciones de fecha 02 de agosto de 2009. Al respecto se observa que no consta en autos prueba de lo expresado por el Ministro del Poder Popular para las Obras Públicas y Vivienda en fechas 31 de julio y 02 de agosto de 2009.

Solo consta el mencionado punto de información presentado por el referido ciudadano ante la Asamblea Nacional el 09 de julio de 2009, documento en el que el prenombrado funcionario expresó, entre otros planteamientos, los siguientes:

"(...) Abrimos nosotros el espacio para la actualización de datos. Yo quiero aclarar, y eso no lo está inventando Diosdado Cabello, las concesiones de radio y televisión, y en materia de espectro radioeléctrico, son personalísimas, eso no se hereda. No se hereda, no hay posibilidad, me corrige allá el compañero Carlos Escarrá Malavé y los abogados, pero eso es personalísimo. No se hereda. De tal manera que si a una persona le entregaron una concesión de radio en el año 1989 y falleció en el 2000, lo que debió haber ocurrido es que Conatel recobrara esa concesión. Eso es lo que debió haber ocurrido. Pero no ocurrió, salieron unos supuestos herederos o socios y se apoderaron de la concesión. (...)

Bueno, nosotros simplemente vamos a aplicar la ley, no es heredable la concesión de radio y televisión, no es transferible la concesión de radio y televisión (...)

Fuimos, hicimos la actualización, (...) pusimos las condiciones, sacamos propagandas y publicamos en televisión y en periódicos las condiciones, se dijo que sólo podía asistir quien era concesionario (...)

Los resultados que dio esa actualización de datos fueron los siguientes: (...)

Quien no fue, quien no está al día, quien no está interesado, será revocada su concesión y tendremos 154 nuevos espacios para el pueblo, para que la gente pueda tener acceso a la información. (...)"

Como puede observarse el discurso no está dirigido a los recurrentes y solo pretende informar a la Asamblea Nacional lo que se estaba realizando en ese momento para actualizar y sincerar la situación de las emisoras de radio y televisión en el país.

Del aludido discurso se deriva que lejos de una desviación de la finalidad prevista en la norma lo que se propone es aplicar la ley de la materia que prevé que las concesiones no se heredan.

En el presente caso de los elementos que constan en autos lo que se deriva es que el Ministro del Poder Popular para las Obras Públicas y Vivienda de ese momento, en ejercicio de la potestad que le atribuye la ley, declaró el decaimiento de la concesión otorgada al ciudadano Nelson Enrique BELFORT YIBIRÍN por el fallecimiento de este, así como la improcedencia de la transformación del mencionado título solicitada por los actores, sin que pueda constatarse que dicha decisión hubiese obedecido a fines distintos al ejercicio de dicha potestad legal.

No habiendo sido probado por los recurrentes que el acto impugnado fue dictado con un fin distinto al legalmente previsto debe desecharse el alegato de desviación de poder por tales conceptos. Así se decide.

Por otra parte, en cuanto al escrito de fecha 09 de febrero de 2010 presentado por las apoderadas judiciales de los recurrentes en el que aducen, como prueba de la desviación de poder denunciada, que la Administración dio a sus representados un trato discriminatorio dado que en casos similares ha permitido el funcionamiento de otras operadoras de telecomunicaciones mientras regularizan su situación legal.

Mencionan, el caso de la estación de televisión abierta por el canal 32 de la banda UHF, en la ciudad de Maracay, Estado Aragua, conocida comercialmente como TVS Maracay, en el que aun cuando fue declarado el decaimiento del acto que autorizó el inicio de las transmisiones del mencionado canal de televisión, este siguió operando mientras su Directiva realizó los trámites necesarios para regularizar su situación jurídica.

En apoyo de lo expuesto consignaron varios elementos de los que afirman se derivaría la desviación de poder denunciada (copias fotostáticas de la *Gaceta Oficial de la República Bolivariana de Venezuela* N° 39.351 del 21 de enero de 2010, en la que fue publicada la Resolución N° 11 del 15 de enero de 2010 dictada por el Ministerio del Poder Popular para las Obras Públicas y Vivienda que declaró la extinción por decaimiento del acto administrativo que autorizó al ciudadano Filippo SINDONI GIARDINA para iniciar las trasmisiones regulares de una estación de televisión abierta a través del canal 32 de la banda UHF, en la ciudad de Maracay, Estado Aragua, notas de prensa extraídas del Diario "El Nacional" y de algunas páginas web).

Advierte este Alto Tribunal que el mencionado alegato más que estar dirigido a demostrar la presunta desviación de poder en que habría incurrido la Administración, se encamina a denotar la presunta violación al derecho a la igualdad y no discriminación, el cual no fue argüido por esa representación judicial cuando interpuso el presente recurso contencioso administrativo, motivo por el que no puede formar parte del *thema decidendum* de esta causa.

Impedida como está la Sala de analizar un vicio que no fue alegado en la oportunidad procesal correspondiente, debe desecharlo, como en efecto lo hace. Así se decide.

Desestimados como han sido todos los vicios alegados este Alto Tribunal declara sin lugar el recurso de nulidad interpuesto y firme el acto impugnado. Así se determina.

VI. LA JURISDICCIÓN CONTENCIOSO ADMINISTRATIVA

1. *Recurso Especial de Juridicidad*

TSJ-SC (281)   **30-4-2014**

Magistrada Ponente: Carmen Zuleta de Merchán

Caso: Hotel Tamanaco C.A.

La Sala Constitucional del Tribunal Supremo de Justicia declara la nulidad de los artículos 23.18, 95, 96, 97, 98, 99, 100, 101 y 102 de la Ley Orgánica de la Jurisdicción Contencioso Administrativa y el artículo 26.18 de la Ley Orgánica del Tribunal Supremo de Justicia en materia del Recurso Especial de Juridicidad.

.....Acordada la competencia de esta Sala en el fallo (Véase en *Revista de Derecho Público* N° 1149 de 2010 en pp. 207 y ss.) se procede a emitir la siguiente decisión

Se impetra la presente demanda de nulidad contra los artículos 23.18, 95, 96, 97, 98, 99, 100, 101 y 102 de la Ley Orgánica de la Jurisdicción Contencioso Administrativa (*G.O.* núm. 39.451 del 22 de junio de 2010), y el artículo 26.18 de la Ley Orgánica del Tribunal Supremo de Justicia (*G.O.* núm. 39.483 del 9 de agosto de 2010), las cuales prevén:

a. **Ley Orgánica de la Jurisdicción Contencioso Administrativa**

"Artículo 23: La Sala Político Administrativa del Tribunal Supremo de Justicia es competente para conocer de:

[...]

18. Del Recurso especial de juridicidad, de conformidad con lo establecido en esta Ley.

[...]

Recurso especial de juridicidad

Artículo 95. La Sala Político-Administrativa del Tribunal Supremo de Justicia podrá, a solicitud de parte, revisar las sentencias definitivas dictadas en segunda instancia que trasgredan el ordenamiento jurídico.

El recurso de juridicidad podrá intentarse contra las decisiones judiciales de segunda instancia que se pronuncien sobre destitución de jueces o juezas.

Este recurso no constituye una tercera instancia de conocimiento de causa.

Oportunidad para interponer el recurso

Artículo 96. El recurso especial de juridicidad deberá interponerse dentro de los diez días de despacho siguientes a la publicación de la sentencia, ante el tribunal que la haya dictado. El escrito del recurso especial de juridicidad deberá hacer mención expresa a las normas trasgredidas.

Remisión del expediente

Artículo 97. El tribunal que dictó la sentencia deberá remitir inmediatamente el expediente con el recurso a la Sala Político-Administrativa, dejando constancia en el auto que ordena la remisión de los días de despacho transcurridos para su interposición.

Admisión del Recurso

Artículo 98. La Sala Político-Administrativa se pronunciará sobre la admisión del recurso dentro de los diez días de despacho siguientes a su recibo.

Escrito de contestación

Artículo 99. Admitido el recurso, la contraparte dispondrá de diez días de despacho para que consigne por escrito que no exceda de diez páginas su contestación.

Lapso para dictar sentencia

Artículo 100. Transcurrido el lapso establecido en el artículo anterior, la Sala Político Administrativa dictará la decisión dentro de los treinta días de despacho siguientes.

Contenido de la sentencia

Artículo 101. En la decisión del recurso especial de juridicidad, la Sala Político-Administrativa podrá declarar la nulidad de la sentencia recurrida, ordenando la reposición del procedimiento o resolver el mérito de la causa para restablecer el orden jurídico infringido.

Multas

Artículo 102. El recurrente, el abogado o abogada asistente o el apoderado o apoderada que interponga el recurso temerariamente podrá ser multado por un monto entre cincuenta unidades tributaria (50 U.T) y ciento cincuenta unidades tributarias (150 U.T). La decisión que imponga la multa deberá motivarse".

b. **Ley Orgánica del Tribunal Supremo de Justicia:**

"Artículo 26. Son competencia de la Sala Político Administrativa del Tribunal Supremo de Justicia:

[...]

18. Del recurso especial de juridicidad, de conformidad con lo establecido en la ley que regula la jurisdicción contencioso administrativa".

Los fundamentos por las cuales se plantea la nulidad de los dispositivos antes mencionados, son:

- Las normas transcritas incordian disposiciones constitucionales al subvertir la estructura constitucional del Poder Judicial, por violentar la garantía de la doble instancia para juzgar la actividad administrativa del Estado.

- Que se transgrede la inmutabilidad de la cosa juzgada como garantía a la seguridad jurídica y a la tutela judicial efectiva y se establece la implementación de un sistema que representa una invasión de las funciones de la Sala Constitucional previstas en el Texto Fundamental.

Las disposiciones denunciadas implementan la conformación del denominado *recurso especial de juridicidad.* El artículo 95 de la Ley Orgánica de la Jurisdicción Contencioso Administrativa delimita, dentro del régimen de competencias de la Sala Político Administrativa, la potestad para revisar las sentencias definitivas dictadas en segunda instancia que contraríen el ordenamiento jurídico.

En criterio de la parte demandante, la mencionada institución jurisdiccional representa un quebrantamiento del principio de la doble instancia que debe regir en los procedimientos judiciales. Señala que el mencionado recurso de juridicidad pueden intentarse contra decisiones de alzada, y si bien advierte que la Ley hace mención en su parte in fine del artículo 95 que *"Este recurso no constituye una tercera instancia de conocimiento de la causa"*, denuncia que de manera contradictoria el artículo 101 *eiusdem* prevé que la Sala Político Administrativa puede declarar la nulidad de la sentencia recurrida y resolver el mérito de la causa, comprendiendo una tercera instancia no permitida constitucionalmente.

La representación judicial de la Asamblea Nacional alega que el recurso especial de juridicidad es, apoyándose en la opinión de la doctrina: *"...una especie de 'recurso de casación que procede ante vicios de forma y fondo..."*, a su vez que *"...no tipifica los motivos, sino que los amplía, lo cual, para esta representación judicial no es inconstitucional"*.

Exponen que la intención del legislador no fue instaurar una tercera instancia sino un medio de impugnación porque la finalidad que se procura es anular la sentencia de segunda instancia: *"...de esta manera el Recurso Especial de Juridicidad constituye un recurso extraordinario y supremo, circunscrito a resolver cuestiones de derecho..."*; argumento que emula la Procuraduría General de la República al señalar que dicho instrumento es *"...un medio extraordinario de impugnación contra las decisiones de segundo grado de jurisdicción, que a juicio del administrado recurrente transgreden el ordenamiento jurídico, lo que se busca es subsanar la posible disparidad entre el juzgamiento y una norma legal que resulta violada, todo ello en pro de salvaguardar los derechos subjetivos de los administrados..."*.

Los argumentos de nulidad y las defensas de fondo opuestas por las representaciones judiciales intervinientes ameritan que esta Sala proceda a estimar correlativamente y de forma conjunta la aludida prohibición constitucional de implementar modos recursivos que impongan el establecimiento de una tercera instancia; o si se está en presencia de una garantía judicial extraordinaria de impugnación cuya naturaleza determinaría la ausencia de la tercera instancia por guardar características similares a la casación.

Simultáneamente, esta Sala debe analizar si la implementación en los términos expresos de la norma del recurso especial de juridicidad implican en sentido alguno una invasión de las competencias previstas en el Texto Fundamental en materia de revisión, adjudicada a esta Sala Constitucional.

En primer orden, mediante decisión dictada por esta Sala en sentencia núm. 95 del 14 de marzo de 2000 (caso: *ELECENTRO y CADELA*), determinó el cese de la primera y única instancia para los procedimientos llevados ante la entonces única Corte Primera de lo Contencioso Administrativo.

La consideración que en su momento fue expuesta estuvo en prevalecer el sentido y alcance de los principios procesales determinados en instrumentos internacionales suscritos por la República, eliminando por razones de incompatibilidad, los efectos del artículo 185, último aparte, de la derogada Ley Orgánica de la Corte Suprema de Justicia. Sobre este particular, se estableció:

[…omissis…]

(Véase la sentencia en *Revista de Derecho Público*, N° 81, 2000, pp. 157 y siguientes)

La anterior decisión implicó un desarrollo proveniente de la jurisprudencia constitucional que modificó la noción de única instancia en el contencioso administrativo –salvo lo conducente a la Sala Político Administrativa- reconociendo el alcance del principio de la doble instancia dentro del ámbito de la función jurisdiccional que controla a la Administración. En tal sentido se pronunció

[…omissis…]

(Véase la sentencia en *Revista de Derecho Público* N° 116 de 2008 en pp. 116):

El anterior criterio, reiterativo de la decisión previa 10/ 2002 (caso: *Thaís Gloria Molina Casanova*), asienta el esquema procedimental instaurado, al determinar dentro de su enfoque que no pueden haber procedimientos de primera y única instancia en el contencioso administrativo. Tal conclusión comprende la extensión del derecho al debido proceso entendido como uno de los distintos principios e instituciones que integran y dan sustancia a la noción de orden público constitucional, por cuanto aquél es el que permite articular válidamente conforme a la Constitución, las etapas, formas, actos y fines que componen e informan a todos y cada uno de los diferentes procedimientos judiciales que habrán de ser empleados por los justiciables cuando requieran de los órganos jurisdiccionales la tutela de sus derechos e intereses (*vid.* núm. 2807/2002.)

El sentido de lo expuesto comprende la operatividad del principio previsto en el artículo 257 de la Constitución de la República Bolivariana de Venezuela, en cuyo contexto se exige el cumplimiento pleno del mandato de optimización, con plena vigencia frente a cada asunto en concreto donde se aplique, en su sentido lógico, todas las garantías que estructuren la correcta idoneidad de los modelos procedimentales cuyo objeto sea la de integrar, racionalmente, la correcta aplicabilidad de las instituciones relativas a la Teoría General del Proceso, tanto en su modo, como en su adecuación.

Este ejercicio de cada uno de estos esquemas deben estar siempre referidos a la exigencia de la disposición del artículo 257 constitucional *"El proceso constituye un instrumento fundamental para la realización de la justicia. Las leyes procesales establecerán la simplificación, uniformidad y eficacia de los trámites y adoptarán un procedimiento breve, oral y público. No se sacrificará la justicia por la omisión de formalidades no esenciales"*; por lo que toda causa judicial debe estar debidamente estatuida por razones de seguridad jurídica, y los preceptos que aseguran la preexistencia de las formas procesales deben cumplir con una adecuación lógica y proporcional que tutelen integral y eficazmente los derechos de los individuos. En palabras de esta Sala (s.S.C. 2807/2002, del 14 de noviembre, reiterada en decisión 429 del 5 de abril de 2011), se indicó:

"Esta disposición constitucional, además de insistir en la naturaleza instrumental simple, uniforme y eficaz que debe observar todo proceso judicial llevado ante los Tribunales de la República, establece de manera clara y precisa que el fin primordial de éste, es garantizar a las partes y todos los interesados en una determinada contención, que las decisiones que se dicten a los efectos de resolverlo no sólo estén fundadas en Derecho, en atención a lo alegado y probado en autos, sino también en criterios de justicia y razonabilidad que aseguren la tutela efectiva de quien haya demostrado su legítima pretensión en el asunto a resolver".

Como se indicó, en aplicación del Texto Constitucional, la Sala ha establecido la preeminencia de la doble instancia en el contencioso administrativo, eliminando el conocimiento de juicios en único grado de la causa con la expresa salvedad de aquellas materias adjudicadas directamente a la Sala Político Administrativa. Sin embargo, este asunto no es equiparable al caso de autos, a todo evento de que el planteamiento efectuado es acerca de si una tercera instancia puede ser considerada inconstitucional; o si en verdad se está ante la presencia de un verdadero medio de impugnación, tal como lo aseveraron las representaciones judiciales de la Asamblea Nacional y de la Procuraduría General de la República.

En el Derecho Procesal la doctrina se ha debatido entre inclinar y asumir posiciones relacionadas con la distensión que se plantea entre quienes defienden la concentración de los procedimientos en defensa de la tutela judicial efectiva, ejemplificando las ventajas de una instancia única que resuelva con rapidez los asuntos sometidos ante la jurisdicción; pensamiento que se encuentra en contraposición con quienes sostienen una identificación garantista (amparados en una doble instancia), reflejada en el ejercicio de recursos que permitan una mejor manifestación del debido proceso y también de la tutela judicial efectiva, pero entendida en términos de mejor certeza sobre el asunto juzgado, procurando, en la medida de lo posible, una correcta subsunción del fallo en relación con la situación jurídico sustantiva.

Esta Sala debe proceder al estudio de todas las previsiones normativas que preceptúan el recurso especial de juridicidad, para los cual, debe analizar la primera disposición contenida en el artículo 95 de la Ley Orgánica de la Jurisdicción Contencioso Administrativa, el cual estimó la creación del referido medio adjetivo: *"La Sala Político Administrativa del Tribunal Supremo de Justicia podrá, a solicitud de parte, revisar las sentencias definitivas..."*; el empleo del verbo que opera como núcleo rector del tipo normativo tiene una connotación en nuestro país propia e inherente en el ámbito del derecho procesal constitucional, por ser la revisión una garantía adjetiva que el Constituyente creó y confirió, con carácter de exclusividad, en el régimen de potestades de esta Sala Constitucional, en atención a lo dispuesto en el artículo 330, cardinal 6: *"Son atribuciones de la Sala Constitucional del Tribunal Supremo de Justicia: 10. Revisar las sentencias definitivamente firmes de amparo constitucional y de control de constitucionalidad de leyes o normas jurídicas dictadas por los tribunales de la República, en los términos establecidos por la ley orgánica respectiva".*

La representación judicial de la Asamblea Nacional especificó, con mayor detalle, un potencial carácter casacional de forma y fondo que sería el verdadero sentido del recurso especial de juridicidad. Al respecto, atendiendo bien al sentido invocado por los apoderados judiciales, lo aseverado en el escrito de informes no puede equipararse a una voluntad del marco normativo requerido por el Legislador. Si esa hubiese sido la intención, se habría previsto la implementación de un auténtico recurso de casación, con los presupuestos de procedencia que le corresponden, sea en la propia Ley Orgánica de la Jurisdicción Contencioso Administrativa, o mediante una remisión expresa al Código de Procedimiento Civil.

Asimismo, esta Sala observa un vacío en el Capítulo IV del Título IV de la Ley, al no prever taxativamente las causales que darían lugar a la interposición y consecuente análisis del recurso especial de juridicidad. En su contexto, no se establece de modo alguno los límites de control que deberían regir a este medio adjetivo, específicamente, sobre qué vicios, deficiencias y violaciones daría lugar a la impugnación y consecuencia anulación de la sentencia; indeterminación que, a su vez, hace imposible estimar si efectivamente se trata de una tercera instancia. Tal inobservancia genera un problema desde la perspectiva de la validez y eficacia de las normas que conforman esta incipiente institución; su ambigüedad e indeterminación en su alcance da lugar a entender que su amplitud es sumamente vasta, con una aplicabilidad que no solo podría adoptar la función nomofiláctica de la casación; abarca también la potestad de revisión constitucional, al no preceptuarse las causales que darían lugar a la nulidad de los fallos.

La falta de previsión normativa de los supuestos de procedencia establece una contravención al principio de legalidad sobre las formas procesales (art. 156.32 CRBV), al pretenderse, por falta de regulación y delimitación, un medio impugnativo o de gravamen, cuya auténtica naturaleza tampoco puede precisarse debido a su indeterminación, dado que, en sus efectos, contraviene tanto el régimen de competencias de esta Sala Constitucional, en materia de revisión, como otros principios fundamentales de índole procesal constitucional.

El conferimiento de una potestad dentro de los parámetros de la revisión, como lo menciona el artículo 95 de la Ley Orgánica de la Jurisdicción Contencioso Administrativa, dan a entender que el recurso especial de juridicidad invade la función de control de esta Sala Constitucional y estaría generando una doble revisión a través de distintas Salas, infringiendo las potestades exclusivas determinadas en el artículo 336 constitucional.

Claro señalamiento de esto se manifiesta en el criterio expuesto (Véase en *Revista de Derecho Público* N° 124 de 2010 en pp. 205 y sig.) por la Sala Político Administrativa, cuando determinó que el recurso especial de juridicidad debe ser entendido de la siguiente manera:

"De lo antes expuesto, se observa que para proceder a verificar la admisión del recurso especial de juridicidad, esta Sala deberá examinar la concurrencia de requisitos objetivos contenidos en la normativa transcrita, los cuales constituyen las causales generales de admisibilidad, además de las previstas en el artículo 35 de la referida ley, en cuanto sean aplicables. Por lo tanto, para su admisión se requiere que el recurso: 1) sea ejercido mediante solicitud de la parte interesada, 2) verse sobre "sentencias definitivas dictadas en segunda instancia que transgredan el ordenamiento jurídico" o se pronuncie sobre la destitución de jueces y juezas, 3) que se incoe ante el tribunal que dictó la sentencia, dentro de los diez días de despacho siguientes a su publicación, y 4) que con ocasión a su anuncio se haga mención expresa de las normas violadas en la sentencia.

No obstante lo anterior, se advierte que dada la amplitud de los supuestos en que dicho recurso podría interponerse y por cuanto no constituye una tercera instancia, debe atenderse a la potestad discrecional otorgada por el artículo 95 de la Ley Orgánica de la Jurisdicción Contencioso Administrativa cuando dispone "podrá". Por lo tanto, la Sala considerará de manera restrictiva su admisibilidad, en los casos de cuyo análisis preliminar se evidencie la presunción grave de trasgresión del ordenamiento jurídico, que pueda alterar el orden público y afectar de nulidad la sentencia recurrida.

Ello obedece a que este recurso no constituye una tercera instancia de conocimiento de la causa, a través de la cual la parte interesada pretenda la modificación de una decisión desfavorable a su pretensión. Es una facultad excepcional que permite a la Sala revisar las posibles violaciones legales que vicien la validez de la decisión objeto del recurso de juridicidad, con el fin primordial de mantener la uniformidad de los criterios que emitan los órganos judiciales con competencia en materia contencioso-administrativa y así garantizar sus principios".

El sentido considerado por la Sala Político Administrativa en función de "*...la amplitud de los supuestos en que dicho recurso podría interponerse...*" y aquel referente a "*...debe atenderse a la potestad discrecional otorgada por el artículo 95 de la Ley Orgánica de la Jurisdicción Contencioso Administrativa cuando dispone 'podrá' *"; así como el señalamiento relacionado con "*Es una facultad excepcional que permite a la Sala revisar las posibles violaciones legales que vicien la validez de la decisión objeto del recurso...*"; sumados a la ausencia de lapsos para la interposición, permiten entender que existe una completa identidad entre la potestad de revisión constitucional y el recurso especial de juridicidad que atentaría contra la estructura procesal, y la correlación que debe existir entre el control constitucional y los medios impugnativos inherentes a los jueces de la legalidad, todo lo cual atenta contra el principio constitucional de celeridad previsto en el artículo 26 constitucional.

A diferencia de lo que puede ocurrir en casación, huelga decir que esta institución histórica, suficientemente enraizada y estructurada en nuestro país, tiene su correcta delimitación en las normas adjetivas que la determinan; aspecto que se repite en lo referente a una correcta demarcación de los supuestos en materia de la denominada revisión penal (art. 462 COPP), que si bien, tiene la misma denominación de la revisión constitucional, es un medio impugnación estrictamente condicionado por los supuestos previstos el referido artículo, sin que proceda otra causal más allá que aquellas expuestas imperativamente.

Los medios impugnativos antes mencionadas entendidos como garantías y remedios preliminares destinados a solventar anomalías tutelables dentro del ámbito de la Teoría General de los Recursos, por su carácter legal y su efectividad no permiten entender que los mismos sean equiparados ni elevados al rango de los mecanismos directos propiamente dichos de la protección de derechos y principios fundamentales, como ocurre en el caso de la revisión constitucional, potestad única de control de esta Sala cuya finalidad persigue la incoluminidad del Texto Fundamental.

La naturaleza del poder discrecional de supervisión en protección de la Constitución constituye un elemento que diferencia sustancialmente a esta institución de las demás garantías procesales, tanto ordinarias como extraordinarias.

Incluso, en lo que a este punto se refiere, esta Sala rebajó el poder de control de la Casación en materia laboral, al dejar sin efecto el supuesto de hecho del artículo 177 de la Ley Orgánica Procesal del Trabajo, respecto a "*Los Jueces de instancia deberán acoger la doctrina de casación establecida en casos análogos, para defender la integridad de la legislación y la uniformidad de la jurisprudencia*" (s.S.C. 1264 del 1 de octubre de 2013; caso: *Henry Pereira Gorrín*). En esa decisión se acordó la nulidad del citado texto por considerarse invasivo en lo que a ese punto se refiere, por haberse extendido el poder de la Casación hacía el ámbito competencial de esta Sala Constitucional, contrario al artículo 335 constitucional; nulidad que, inclusive, se basó en otro precedente de esta Sala (s.S.C. 1380 del 29 de octubre de 2009; caso: *José Martín Medina López*), cuando se especificó que el artículo 177 de la LOPT "*...es contrario a lo dispuesto en el artículo 335 de la Carta Magna al pretender obligar o vincular a los sujetos de instancia a que sigan la doctrina de Casación, siendo que las únicas decisiones que tienen tal carácter vinculante son las dictadas por esta Sala...*".

La posición que ha mantenido la jurisprudencia constitucional es que exista una correcta delimitación de los recursos dentro de los supuestos precisos de procedencia, sin que exista invasión de competencias –lo que no debe confundirse con el control incidental constitucional que ejercen los recursos- sea por disposición expresa –como ocurrió en el supuesto del artículo 177 de la LOPT- sea por falta de establecimiento de supuestos expresos de procedencia, cuya imprecisión genera una aplicación indeterminada capaz de vulnerar potencialmente las competencias de esta Sala Constitucional, tal como se ha señalado en este fallo, y que podría especificarse también en la posición asumida por la doctrina (VESCOVI, 1988): "*Así, como hemos dicho, se puede partir de la base de que el medio impugnativo extraordinario es aquel que, por salirse de la normalidad, sólo se concede en casos extremos, se rodea de formalidades especiales, se refiere a causales taxativamente numeradas y determina, en el órgano decisor, facultades excepcionales, lo que significa que, a la vez de ser restrictivas, son, por otro lado, muy profundas*".

La ausencia de supuestos de procedencia y la presencia de un ámbito de control tan amplio como lo expone el artículo 95 de la Ley Orgánica de la Jurisdicción Contencioso Administrativa: "*La Sala Político Administrativa del Tribunal Supremo de Justicia podrá, a solicitud de parte, revisar las sentencias definitivas dictadas en segunda instancia que transgredan el ordenamiento jurídico*"; aunado a la connotación de revisión dado al recurso especial de juridicidad y sumado al carácter de "*potestad discrecional*" y "*facultad excepcional*" (s.SPA 997/2010, referida anteriormente), permiten determinar que existe una completa identidad entre el recurso especial de juridicidad y la potestad de revisión constitucional inherente a esta Sala Constitucional, siendo elementos que, en su conjunto, traen como consecuencia la invasión de las competencias establecidas en los artículos 335 y 336 de la Constitución de la República Bolivariana de Venezuela.

Como consecuencia de lo anterior, esta Sala observa que los términos en que se pretende establecer el recurso especial de juridicidad también atentan contra el principio de singularidad de los recursos, en el sentido señalado por la jurisprudencia de la Sala de Casación Civil: "*...el principio de la singularidad del recurso indica que en cada caso corresponde un recurso y no puede ser impuesto sino uno por vez. Es una consecuencia del sistema de legalidad de los recursos, en el sentido de que los medios impugnativos deben estar determinados por la Ley, y cuando corresponda uno, normalmente no se admitirá el otro...*" (s.S.C. núm. 143 del 22 de mayo de 2001; caso: *Félix Simón Torres Blanco*).

El establecimiento del recurso especial de juridicidad mimetiza en su objeto y alcance a la revisión constitucional, subrogando las potestades de control de esta Sala Constitucional, y generando un desequilibrio, no solo por la invasión de competencia antes señalada, sino por interponer como carga para los justiciables, el ejercicio de otro medio recursivo que se confunde con la potestad de control de esta Sala prevista en el artículo 336.10 constitucional. Establecer un medio procesal de idéntica función contraviene el derecho al debido proceso y a la tutela judicial efectiva, al pretender un desvío del juez natural constitucional y atentando contra la celeridad procesal. Desde este ámbito, no solo vulnera la estructura constitucional de la función jurisdiccional, también influye negativamente en los derechos y garantías de los ciudadanos. Desde ambas perspectivas, la implementación del recurso especial de juridicidad, en los términos en que se propone, debe ser considerado inconstitucional.

Dentro de este contexto también debe tenerse en cuenta la posición de la Sala de Casación Social. La Ley Orgánica de la Jurisdicción Contencioso Administrativa no estima la aplicabilidad del recurso especial de juridicidad con respecto a las competencias contencioso administrativas eventuales que ejerce esa Sala, sino que limita su ejercicio a nombre de la Sala Político Administrativa (*vid.* art. 95), y no considera las atribuciones contencioso especiales en materia agraria y laboral, tal como puede observarse que la decisión 311/2013 dictada por la referida Sala, quien en la actualidad se encuentra pendiente de resolver varios de estos recursos y ha manifestado su improponibilidad por razones de temporalidad hasta tanto se dice decisión definitiva con respecto al presente recurso de nulidad por inconstitucionalidad ejercido. Para ello, esa Sala ha declarado sostenidamente lo siguiente:

"*Ahora bien, visto que la improponibilidad del recurso de juridicidad deviene de la suspensión acordada por la Sala Constitucional en sentencia número 1.1149 de 17 de noviembre del año 2010, y considerando que la presente causa fue intentada el 4 de agosto de 2011, esta Sala de Casación Social aplica el cambio de criterio a la causa bajo examen, con la finalidad de preservar la seguridad jurídica y evitar una grave alteración del conjunto de situaciones, derechos y expectativas nacidas del régimen en vigor para el momento en que se produjeron los hechos*".

Debe considerar la Sala que la amplitud que tiene la implementación de este recurso abarca más allá de las competencias y estructuras ordinarias del contencioso administrativo general, teniendo efectos incidentales en la Sala de Casación Social y en un universo de justiciables quienes no tienen certeza acerca de la factibilidad de interponer en esa instancia el recurso especial de juridicidad, o si simplemente están sometidos al ámbito de la casación que maneja esa instancia, esto último, si se atiende a la posición de los informes presentados por la Asamblea Nacional y la Procuraduría General de la República que sostienen que el recurso de juridicidad en realidad implementa la institución de la casación para el contencioso administrativo.

Así entonces, al violentar la normativa impugnada los principios y normas constitucionales relacionados con el ámbito competencial de esta Sala Constitucional, se declara la nulidad con efectos *ex tunc* los artículos 23.18, 95, 96, 97, 98, 99, 100, 101 y 102 de la Ley Orgánica de la Jurisdicción Contencioso Administrativa, por lo que pierden validez, tanto la norma que estipuló la conformación del referido recurso, como todas las disposiciones relativas a su procedimentalización.

En lo que respecta al artículo 26.18 de la Ley Orgánica del Tribunal Supremo de Justicia, la Sala estima que vistos los términos en que se plantea la nulidad de las normas precedentes, resulta pertinente declarar también la nulidad de la disposición atributiva de competencia del mencionado instrumento adjetivo debiendo entenderse también la pérdida de validez y eficacia, ambas entendidas con efectos *ex tunc* y sin que haya existido alcance alguno del aludido precepto en cuestión. Así se decide.

VII. LA JUSTICIA CONSTITUCIONAL

1.   *El control de la Constitucionalidad*

    A. *Control difuso de la constitucionalidad*

        TSJ-SC (474)   **21-5-2014**

        Magistrado Ponente: Francisco Antonio Carrasquero López

        Caso: Solicitud de convocatoria a elecciones, interpuesta por los ciudadanos Lucy.

        La Constitución atribuye a todos los jueces de la República la obligación de asegurar la integridad del Texto Fundamental, siempre dentro del ámbito de su competencia y conforme a lo previsto en el mismo. Dicho mandato se traduce en el deber de ejercer, aun de oficio, el control difuso de la constitucionalidad de las leyes o normas jurídicas, a fin de garantizar la supremacía constitucional y resolver, por esta vía, las disconformidades que puedan generarse en cual-

quier proceso, entre normas legales o sublegales y una o varias disposiciones del Texto Constitucional, debiéndose aplicar preferentemente, ante tal supuesto, las últimas.

Corresponde a la Sala pronunciarse acerca de la presente desaplicación de norma y, a tal fin, observa:

En primer lugar, se debe reiterar que, tal y como estableció esta Sala en sentencia N° 3067/2005, el artículo 334 de la Constitución atribuye a todos los jueces de la República la obligación de asegurar la integridad del Texto Fundamental, siempre dentro del ámbito de su competencia y conforme a lo previsto en el mismo. Dicho mandato se traduce en el deber de ejercer, aun de oficio, el control difuso de la constitucionalidad de las leyes o normas jurídicas, a fin de garantizar la supremacía constitucional y resolver, por esta vía, las disconformidades que puedan generarse en cualquier proceso, entre normas legales o sublegales y una o varias disposiciones del Texto Constitucional, debiéndose aplicar preferentemente, ante tal supuesto, las últimas.

En tal sentido, la revisión de las sentencias definitivamente firmes en las cuales se haya ejercido el control difuso de la constitucionalidad, conlleva a una mayor protección de la Constitución e impide la aplicación generalizada de normas inconstitucionales, o bien, la desaplicación de normas ajustadas al Texto Fundamental, en perjuicio de la seguridad jurídica y del orden público constitucional.

En el contexto expuesto, la sentencia N° 833, dictada por esta Sala el 25 de mayo de 2001, en el caso: *Instituto Autónomo Policía de Chacao*, estableció la que la desaplicación por control difuso sólo procede cuando la colisión entre el Texto Fundamental y la norma sobre la cual recae la desaplicación es clara y precisa. Es decir, cuando resulta patente la confrontación entre ambos dispositivos (el constitucional y el legal).

De este modo, la Sala señaló que el control difuso sólo puede tener fundamento en la violación expresa del Texto Constitucional, ya que su fundamento, no es otro que la facultad judicial de examinar la compatibilidad entre las normas jurídicas aplicables a un caso concreto y la Constitución.

En otras palabras, el control difuso es un efecto del principio de supremacía constitucional, que permite a los jueces valorar la constitucionalidad de la legislación conforme a la cual debe resolver un proceso determinado y de ser el caso, descartar las que pudieran comprometer la incolumidad de la Carta Magna. De allí, que su procedencia está necesariamente vinculada a la divergencia entre la Constitución y cualquier otra norma del ordenamiento jurídico.

De acuerdo a lo expuesto, toda desaplicación por control difuso amerita un análisis de contraste entre el Texto Fundamental y las disposiciones cuya aplicación se considera lesiva de la Carta Magna y, en tal sentido, del examen de la sentencia sobre la cual versan las presentes consideraciones se observa, que la Sala Electoral de este Alto Tribunal desaplicó el artículo 406 del Decreto con Rango, Valor y Fuerza de Ley Orgánica del Trabajo las Trabajadoras y los Trabajadores, por su colisión con los artículos 293.6 y 297 de la Constitución de la República Bolivariana de Venezuela, toda vez que, en su criterio, la "jurisdicción" electoral y dentro de ella, el "control de los asuntos electorales que se produzcan en el seno de las organizaciones sindicales" debe ser ejercido de forma exclusiva y excluyente por dicha Sala y, que en consecuencia, una norma legal que se lo atribuya a otro tribunal, resulta violatoria del derecho al juez natural y del derecho a la tutela judicial efectiva.

Ello así, el artículo 406 del Decreto con Rango, Valor y Fuerza de Ley Orgánica del Trabajo las Trabajadoras y los Trabajadores, dispone lo siguiente:

"Artículo 406. Transcurridos tres meses de vencido el período para el cual haya sido elegida la Junta Directiva de la organización sindical sin que se haya convocado a nuevas elecciones de un número no menor del diez por ciento de los afiliados y afiliadas a la organización, podrá solicitar al juez o Jueza con competencia en materia laboral de la jurisdicción correspondiente que disponga la convocatoria respectiva.

El Juez o Jueza de competencia en materia laboral ordenará la convocatoria a elecciones sindicales, estableciendo la fecha y hora de la asamblea de afiliados y afiliadas para la designación de la comisión electoral sindical, y adoptará las medidas necesarias para garantizar el normal desenvolvimiento del proceso electoral".

Por su parte, el artículo 293.6 del Texto Fundamental prevé lo que a continuación se transcribe:

"Artículo 293. El Poder Electoral tiene por funciones:

...omissis...

6.- Organizar las elecciones de sindicatos, gremios profesionales y organizaciones con fines políticos en los términos que señale la ley. Así mismo, podrán organizar procesos electorales de otras organizaciones de la sociedad civil a solicitud de éstas, o por orden de la Sala Electoral del Tribunal Supremo de Justicia. Las corporaciones, entidades y organizaciones aquí referidas cubrirán los costos de sus procesos eleccionarios".

La disposición transcrita es una norma compleja que, en primer lugar, atribuye competencias al Poder Electoral para organizar oficiosamente los procesos comiciales de los sindicatos, gremios profesionales y organizaciones políticas.

En segundo lugar, reconoce que el Poder Electoral podrá organizar los procesos comiciales de otras organizaciones de la sociedad civil, siempre que ellas así lo soliciten, con lo cual, se diferencia del supuesto anterior, tanto en el aspecto subjetivo como en el carácter oficioso de la actividad del Poder Electoral, ya que en este caso, debe mediar una solicitud.

Luego, la norma establece que la organización de los mencionados procesos electorales, no sólo puede ser oficiosa o a instancia de parte, según el caso, sino que también, puede ser consecuencia de una orden dictada por la Sala Electoral de este Alto Tribunal, con lo cual, se establece una tercera vía a través de la cual, el Poder Electoral puede proceder a organizar la elección de las referidas corporaciones, entidades y organizaciones, entre las cuales están los sindicatos.

En este contexto, la disposición es clara al señalar que (dentro de la estructura de los órganos contencioso electorales a que se refiere el artículo 297 de la Carta Magna), es la Sala Electoral la que puede ordenarle al Poder Electoral la organización de los procesos comiciales en los sindicatos, los gremios profesionales, las organizaciones con fines políticos y demás organizaciones de la sociedad civil, con lo cual, resulta patente que la aplicación del artículo 406 del Decreto con Rango, Valor y Fuerza de Ley Orgánica del Trabajo las Trabajadoras y los Trabajadores, que le atribuye a los tribunales laborales competencia para ordenar la convocatoria a elecciones sindicales, implicaría un menoscabo de lo prescrito en el artículo 293.6 de la Carta Política y, por tanto, la violación del derecho al juez natural a que se refiere el artículo 49.4 *eiusdem*.

Conforme a lo expuesto, esta Sala considera conforme a derecho la desaplicación del artículo 406 del Decreto con Rango, Valor y Fuerza de Ley Orgánica del Trabajo las Trabajadoras y los Trabajadores, realizada en la decisión N° 135, dictada por la Sala Electoral de este Alto Tribunal el 16 de octubre de 2013 y, así se decide. Atendiendo a lo establecido en el artículo 34 de la Ley que rige las funciones de este Alto Tribunal, según el cual, esta Sala puede abrir de oficio el procedimiento de control concentrado de la constitucionalidad en aquellos casos en que se declare la conformidad a derecho de la sentencia donde se desaplicó por control difuso una norma, se ordena el inicio del juicio anulatorio al artículo 406 del Decreto con Rango, Valor y Fuerza de Ley Orgánica del Trabajo las Trabajadoras y los Trabajadores y, como consecuencia de ello, de conformidad con el artículo 135 de la Ley Orgánica del Tribunal Supremo de Justicia, se acuerda citar al Presidente de la República. Asimismo, se ordena notificar a la ciudadana Fiscal General de la República, así como a la ciudadana Defensora del Pueblo y, por último, al Procurador General de la República. A tales fines, remítase a los mencionados funcionarios copia certificada del presente fallo.

De igual manera, remítase el expediente al Juzgado de Sustanciación para que realice las notificaciones ordenadas en el presente fallo, acuerde el emplazamiento de los interesados, conforme a lo dispuesto en el artículo 137 de la Ley que rige las funciones de este Alto Tribunal y, continúe el procedimiento de Ley.

Finalmente, el artículo 130 de la nueva Ley Orgánica del Tribunal Supremo de Justicia establece:

"Artículo 130.- En cualquier estado y grado del proceso las partes podrán solicitar, y la Sala Constitucional, podrá acordar, aun de oficio, las medidas cautelares que estime pertinentes. La Sala Constitucional contará con los más amplios poderes cautelares como garantía de la tutela judicial efectiva, para cuyo ejercicio tendrá en cuenta las circunstancias del caso y los intereses públicos en conflicto".

La norma transcrita, viene a positivizar la doctrina pacífica y reiterada de esta Sala (Véase en *Revista de Derecho Público* N° 82 de 2000 en pp. 281)

Según la cual, la tutela cautelar constituye un elemento esencial del derecho a la tutela judicial efectiva y, por tanto, un supuesto fundamental del proceso que persigue un fin preventivo de modo explícito y directo. De allí, su carácter instrumental, esto es, que no constituyen un fin en sí mismas, sino que se encuentran preordenadas a una decisión ulterior de carácter definitivo, por lo que en relación al derecho sustancial, fungen de tutela mediata y, por tanto, de salvaguardar la eficacia de la función jurisdiccional.

En el marco de las observaciones anteriores, el artículo 406 del Decreto con Rango, Valor y Fuerza de Ley Orgánica del Trabajo las Trabajadoras y los Trabajadores, podría resultar lesivo del derecho al juez natural, con lo cual, esta Sala no sólo verifica el *fumus boni iuris* necesario para acordar la tutela cautelar, sino que constata el *periculum in mora*, ya que implica el riesgo de que un juez incompetente (el juez laboral), decida un asunto que por disposición constitucional se encuentra fuera de su ámbito de competencias y, ello, podría ser una situación de difícil reparación. Por las razones expuestas, esta Sala, luego de ponderar los intereses en conflicto, considera imperativo el desarrollo de sus poderes cautelares y, en consecuencia, suspende *erga omnes* el artículo 406 del Decreto con Rango, Valor y Fuerza de Ley Orgánica del Trabajo las Trabajadoras y los Trabajadores, y así se decide.

2. *Recurso de Interpretación Constitucional*

TSJ-SC (276) **24-4-2014**

Magistrado Ponente: Arcadio Delgado Rosales

Caso: Gerardo Sánchez Chacón (Alcalde Municipio del Estado Carabobo (contenido y alcance del artículo 68 de la Constitución, así como las dudas generadas con ocasión de la aplicación de los artículos 41, 43, 44, 46 y 50 de la Ley de Partidos Políticos, Reuniones Públicas y Manifestaciones, publicada en la *G.O.* N° 6.013 Ext. del 23-12-2010).

Establecido lo anterior, pasa esta Sala a pronunciarse sobre la admisibilidad del recurso interpuesto y, al respecto, observa que en la sentencia N° 1029 del 13 de junio de 2001 (caso: *Asamblea Nacional*), este órgano jurisdiccional precisó los requisitos de admisibilidad del recurso de interpretación constitucional, en atención a su objeto y alcance. En este sentido, estableció lo siguiente:

"... *1.- Legitimación para recurrir. Debe subyacer a la consulta una duda que afecte de forma actual o futura al accionante.*

2.- Precisión en cuanto a la oscuridad, ambigüedad o contradicción de las disposiciones enlazadas a la acción.

3.- Novedad del objeto de la acción. Este motivo de inadmisibilidad no opera en razón de la precedencia de una decisión respecto al mismo asunto planteado, sino a la persistencia en el ánimo de la Sala del criterio a que estuvo sujeta la decisión previa.

4.- Inexistencia de otros medios judiciales o impugnatorios a través de los cuales deba ventilarse la controversia, ni que los procedimientos a que ellos den lugar estén en trámite.

5.- Cuando no se acumulen acciones que se excluyan mutuamente o cuyos procedimientos sean incompatibles;

6.- Cuando no se acompañen los documentos indispensables para verificar si la acción es admisible;

7.- Ausencia de conceptos ofensivos o irrespetuosos;

8.- Inteligibilidad del escrito;

9.- Representación del actor.

10.- En caso de que no sean corregidos los defectos de la solicitud, conforme a lo que se establece seguidamente...".

La solicitud deberá expresar:

1.- Los datos concernientes a la identificación del accionante y de su representante judicial;

2.- Dirección, teléfono y demás elementos de ubicación de los órganos involucrados;

3.- Descripción narrativa del acto material y demás circunstancias que motiven la acción.

En caso de instancia verbal, se exigirán, en lo posible, los mismos requisitos.

La Sala advierte que, en el caso de autos, el recurrente demostró el cumplimiento efectivo de cada uno de los requisitos señalados *supra*; en efecto, este órgano jurisdiccional reconoce la legitimidad de la parte actora, debido a la titularidad que ostenta como Alcalde del Municipio Guacara del Estado Carabobo así como "...*la necesidad que [tiene], como primera autoridad civil del municipio, en tener una absoluta claridad en cuanto a (su) actuar frente al requerimiento de manifestaciones públicas dentro del municipio Guacara...".*

En segundo lugar, la acción fue planteada por el referido Alcalde bajo la premisa de una ambigüedad sobre el contenido y alcance del artículo 68 de la Constitución de la República Bolivariana de Venezuela, desarrollado en los artículos 41, 43, 44, 46 y 50 de la Ley de Partidos Políticos, Reuniones Públicas y Manifestaciones, publicada en la *Gaceta Oficial* N° 6.013 Extraordinario del 23 de diciembre de 2010, específicamente, en lo atinente a su actuar como primera autoridad civil del Municipio Guacara del Estado Carabobo frente al requerimiento de manifestaciones públicas dentro de la referida entidad político territorial.

Asimismo, la presente solicitud de interpretación representa una novedad ya que este órgano jurisdiccional no ha establecido criterio sobre las normas objeto de las interrogantes planteadas en ella. No existen vías ordinarias a las cuales pudiese acudir para dilucidar su pretensión, ni acumulación con otra acción con la que pudiese excluirse mutuamente o cuyos procedimientos sean incompatibles. La acción fue presentada en términos claros, en ausencia de conceptos ofensivos y con los documentos indispensables para verificar su admisibilidad. En atención a las anteriores consideraciones, esta Sala admite la interpretación solicitada; y así se decide.

IV
DE LA DECLARATORIA DEL ASUNTO COMO URGENTE

En cuanto al procedimiento a seguir para sustanciar la acción de interpretación constitucional, la Sala, en sentencia del 22 de septiembre de 2000 (caso: *Servio Tulio León*), dejó abierta la posibilidad de que, una vez admitida la acción, **si lo creyere necesario**, en aras de la participación de la sociedad, pudiera emplazar por "Edicto" a cualquier interesado que quisiera coadyuvar en el sentido que ha de darse a la interpretación, para lo cual se señalaría un lapso de preclusión a fin de que aquéllos concurrieran y expusieran por escrito (dada la condición de mero derecho de este tipo de causas), lo que creyeren conveniente.

Además, a los mismos fines, se haría saber de la admisión del recurso, mediante notificación, a la Fiscalía General de la República y a la Defensoría del Pueblo, quedando a criterio del Juzgado de Sustanciación de la Sala el término señalado para observar, así como la necesidad de llamar a los interesados, ya que la urgencia de la interpretación puede conducir a que sólo sean los señalados miembros del Poder Ciudadano los convocados (*Vid.* Sentencia N° 226 del 20 de febrero del 2001, caso: *Germán Mundaraín Hernández y otros*).

En la presente causa, la Sala, en atención a la facultad discrecional que posee, considera pertinente entrar a emitir pronunciamiento sobre el fondo del asunto planteado, sin necesidad de abrir procedimiento alguno, por estimar que la presente causa constituye un asunto de mero derecho, que además debe resolverse con la menor dilación posible, por lo que pasará inmediatamente a pronunciarse sobre su procedencia; y así se decide.

Véase: página 67 de esta Revista

3. *Recurso de Revisión Constitucional*

TSJ-SC (377)   **28-4-2014**

Magistrado-Ponente: Francisco Antonio Carrasquero López

Caso: Richard Miguel Mardo Mardo vs. Revisión decisión Sala Plena Tribunal Supremo de Justicia.

La Sala reitera que la revisión constitucional no constituye una herramienta judicial para examinar cualquier juzgamiento, ni una vía ordinaria para que las partes obtengan una decisión que reexamine cualquier juzgamiento, sino únicamente los que se subsuman en los supuestos establecidos en la Ley Orgánica del Tribunal Supremo de justicia y señalados en la jurisprudencia de esta Sala.

....En la oportunidad de decidir, esta Sala observa, en síntesis, lo siguiente:

La parte actora solicitó la revisión constitucional de la sentencia N° 38, dictada, el 11 de julio de 2013, por la Sala Plena de este Tribunal Supremo de Justicia, en la que, entre otros pronunciamientos, declaró con lugar la solicitud de antejuicio de mérito ejercida en contra el ciudadano Richard Miguel Mardo Mardo.

Al respecto, el solicitante de autos sostiene que la señalada decisión *"violó [su] derecho constitucional al debido proceso, específicamente [su] derecho constitucional a ser juzgado por [sus] jueces naturales (...) por cuanto fue suscrita y firmada por los siete Magistrados que integran esta Sala Constitucional que, a su vez, se pronunciaron sobre una sentencia de amparo constitucional ejercida por mi persona en fecha 20 de junio de 2013, ante la Sala Plena, y resuelta por esa Sala Constitucional mediante fallo de fecha 3 de julio de 2013, decisión Nro. 832/2013, (...) a pesar de que fueron recusados oportunamente ante la Sala Plena de ese Tribunal Supremo de Justicia, como consta en los escritos de recusación presentados ante la Sala Plena del Tribunal Supremo de Justicia..."*.

Como puede apreciarse, en esa escueta delación que pretende ser utilizada como sustento de una solicitud de revisión constitucional, no se expresan ni las resultas de la aludida recusación (*posiblemente porque la misma fue declarada inadmisible por parte del órgano constitucional competente para ello, tal y como consta en la propia decisión aquí impugnada*), ni tampoco se expone basamento alguno de semejante sofisma, tal y como se demostrará a continuación, según el cual supuestamente se violó la garantía del juez natural (*sin que se explicase en cuál de sus múltiples dimensiones jurídicas resultó, pretendidamente, quebrantada*), por cuanto los Magistrados de esta Sala que declararon inadmisible la acción de amparo que ejerció el solicitante de autos en contra de la Fiscal General de la República (circunstancia que tampoco se explicita en el carente escrito de revisión sub examine), en tanto integrantes de la Sala Plena, también suscribieron la sentencia mediante la cual se declaró la existencia de mérito para el enjuiciamiento del ciudadano Richard Miguel Mardo Mardo.

En fin, ni siquiera se fundamenta y motiva de manera suficiente la denuncia de la pretendida violación al debido proceso en este caso.

En efecto, tal como se apreciará a continuación, en la presente solicitud de revisión no se indican los parámetros elementales para objetar la imparcialidad (*ya por segunda vez*) de los Magistrados de esta Sala que suscribieron la decisión objeto de la misma (*argumento señalado como sustento de la presente acción*), ni mucho menos se expresa en cuál o cuáles de las causales específicas y restringidas de la revisión constitucional, supuestamente, incurre el fallo denunciado.

Así pues, si bien no se está ante una recusación (*que además no procedería en materia de revisión constitucional –sentencia SCTSJ N° 31 del 15/2/11*), no menos cierto es que la esencia de la denuncia que subyace en esta solicitud de revisión, radica en la pretendida incompetencia subjetiva de los Magistrados de esta Sala (*los cuales fueron recusados por el requirente de autos en el proceso de antejuicio de mérito*) que suscribieron, como integrantes de la Sala Plena, el fallo que estimó la existencia de méritos para el enjuiciamiento penal del aquí peticionante, lo cual no fue sustentado conforme lo exigen las fuentes del derecho.

Al respecto, resulta pertinente traer a colación el criterio adoptado por la Sala Plena de este Tribunal Supremo de Justicia, mediante sentencia N° 23, del 15 de julio de 2002:

"La institución de la recusación obedece a un acto procesal a través del cual, con fundamento en causales legales taxativas, las partes, en defensa de su derecho a la tutela judicial efectiva, pueden separar al juez o al fiscal del conocimiento de la causa, pero para ello no es válida la afirmación de circunstancias genéricas, pues se iría en detrimento de la naturaleza de dicha institución, creada para demostrar hechos o circunstancias concretas en las cuales pudieran estar incurso los titulares de tales órganos.

Lo anterior evidencia tres conclusiones fundamentales que el recusante debe tener en cuenta para que prospere su pretensión, como son: a) debe alegar hechos concretos; b) tales hechos deben estar directamente relacionados con el objeto del proceso principal donde se generó la incidencia, de tal manera que afecte la capacidad del recusado de participar en dicho juicio; y c) debe señalar el nexo causal entre los hechos alegados y las causales señaladas, pues, en caso contrario, ello impediría en puridad de Derecho, la labor de subsunción del juez, ya que hacerlo bajo tales circunstancias implicaría escudriñar en lo que quiso alegar el recusante, lo cual constituye una suplencia en la defensa de éste que va en detrimento del derecho a la defensa de la otra." (Subrayado añadido).

Así pues, aun cuando se está ante una solicitud de revisión constitucional, no menos cierto es que a través de la misma se cuestiona, al menos indirectamente la imparcialidad de los Magistrados de esta Sala que suscribieron el fallo objeto de la misma, ello sin que fuere debidamente planteada tal circunstancia y, en fin, sin que el hecho señalado (*haber declarado inadmisible previamente una acción de amparo, por cuanto al efectuarse la audiencia de antejuicio, sin que se aportaran nuevos medios de prueba, ya había cesado el riesgo denunciado, y por cuanto esas y otras delaciones ya habían sido planteadas mediante la vía judicial preexistente y serían objeto de ulterior pronunciamiento por parte del tribunal competente, en este caso, la Sala Plena mediante el fallo aquí impugnado, la cual estaría conformada, además, por esos mismos Magistrados de la Sala Constitucional*) esté <u>directamente</u> relacionado con el objeto del proceso principal en el que se generó la incidencia, de tal manera que afectar la capacidad de los juzgadores de participar en dicho juicio; además que tampoco se expresó el nexo causal entre los hechos alegados y las causales de recusación previstas en la ley, lo cual obviamente impide en puridad de Derecho, las labores de subsunción y de verificación de la ausencia de capacidad subjetiva, *ya que hacerlo bajo tales circunstancias implicaría escudriñar en lo que quiso alegar el recusante, lo cual constituye una suplencia en la defensa de éste que va en detrimento del derecho a la defensa de la otra.*

Ahora bien, aun cuando resulta necesaria tal advertencia más referida al núcleo de la denuncia que aspira fundamentar la presente solicitud de revisión, es imprescindible evaluar el fallo aquí impugnado a la luz de las precisas causales de revisión constitucional que convoca a esta Sala en esta oportunidad, aun cuando el solicitante no lo hizo, al menos explícitamente, en el escrito sub examine.

En tal sentido, (Véase en *Revista de Derecho Público* N° 85-86/87-88 de 2001 en pp. 406 y sig) esta Sala señaló el criterio reiterado, pacífico y vigente según el cual la facultad de revisión es "(...) *una potestad estrictamente excepcional, extraordinaria y discrecional* (...)"; por ello, "(...) *en lo que respecta a la admisibilidad de tales solicitudes de revisión extraordinaria esta Sala posee una potestad discrecional de admitir o no admitir el recurso cuando así lo considere*" y, en tal sentido, que "(...) *la Sala puede en cualquier caso desestimar la revisión '(...) sin motivación alguna, cuando en su criterio, constate que la decisión que ha de revisarse, en nada contribuya a la uniformidad de la interpretación de normas y principios constitucionales'* (...)".

Al respecto, esta Sala ha sostenido de manera insistente que la revisión constitucional, no debe entenderse como un recurso ordinario ni como una nueva instancia, y que, por tanto, la solicitud en cuestión sólo tendrá lugar a los fines de preservar la uniformidad de la interpretación de normas y principios constitucionales o cuando exista una deliberada violación de preceptos de ese rango, así como cuando efectivamente se contraríen los criterios vinculantes de la Sala Constitucional del Máximo Tribunal, lo que será determinado por la Sala en cada caso, siendo siempre facultativo de ésta su procedencia.

Así pues, tal como debe saberlo el abogado que asistió al solicitante de autos, esta Sala ha señalado reiteradamente que "(...) *la revisión no constituye una tercera instancia, ni un instrumento ordinario que opere como un medio de defensa ante la configuración de pretendidas violaciones, sino una potestad extraordinaria y excepcional de esta Sala Constitucio-*

nal cuya finalidad no es la resolución de un caso concreto (…), sino el mantenimiento de la uniformidad de los criterios constitucionales en resguardo de la garantía de la supremacía y efectividad de las normas y principios constitucionales, lo cual reafirma la seguridad jurídica (…)" (Vid. Sentencia de esta Sala N° 2.943/2004, caso: *"Construcciones Pentaco JR, C.A.").*

Ahora bien, una vez analizadas la totalidad de las actas del expediente, estima que la decisión cuya revisión se demanda no desconoce algún precedente jurisprudencial dictado por esta Sala, no efectuó una indebida aplicación de una norma o principio constitucional, no incurrió en un error grave en la interpretación de alguno de ellos, no omitió aplicarlos, ni, en fin, violó principios jurídicos fundamentales o derechos constitucionales.

En razón de ello, debe sostenerse que la decisión cuyo examen se requiere no encuadra en alguno de los supuestos de la revisión constitucional y, por tanto, la situación planteada no se enmarca dentro de la finalidad que persigue esta especialísima institución jurídica, ya que en nada contribuiría al mantenimiento de la uniformidad de la jurisprudencia de esta Sala en materia de normas y principios constitucionales.

Asimismo, se estima, de acuerdo con los términos en que fue planteada la solicitud de revisión, que el solicitante pretende que, como la Sala Plena de este Tribunal Supremo de Justicia encontró méritos para su enjuiciamiento, sea anulada tal decisión que simplemente estima contraría a sus intereses manifiestos en la infundada solicitud de autos.

Al respecto, aun cuando fuere cierto que la decisión objeto de revisión, dictada por la Sala Plena el 11 de julio de 2013, mediante la cual se declaró la existencia de mérito para el enjuiciamiento del solicitante de autos, hubiere sido suscrita, además, por los Magistrados que integran la Sala Constitucional, y que, según manifiesta este último, se pronunciaron el 3 de julio de ese mismo año con relación a una acción de amparo que ejerciere contra la Fiscal General de la República Bolivariana de Venezuela, con ocasión a las actuaciones desplegadas en el marco del antejuicio de mérito en cuestión, no menos cierto es que ambas decisiones fueron pronunciadas en procedimientos judiciales distintos (*antejuicio de mérito y amparo constitucional*) y, sobre todo, que en la referida decisión, la Sala Constitucional no se pronunció sobre aspecto de fondo alguno, ni de lo planteado en la demanda de amparo constitucional (*pues la misma fue declarada inadmisible, en primer lugar, por cuanto para el momento de la decisión ya se había celebrado la audiencia de antejuicio, y, en segundo lugar, por cuanto en la misma audiencia, ante todos los Magistrados que conforman la Sala Plena, incluyendo los de esta Sala, el quejoso de autos planteó las mismas denuncias que sustentaron el amparo que ejerció*), ni mucho menos, en la referida sentencia de amparo constitucional, se emitió pronunciamiento sobre la sustancia del procedimiento de antejuicio de mérito que se le siguió al aludido ciudadano, por cuanto esta Sala no tiene la competencia para decidir sobre la existencia de mérito o no para ordenar el enjuiciamiento penal de altos funcionarios públicos, a diferencia de la Sala Plena, lo cual advierte en grado superlativo la temeridad manifiesta en el ejercicio de la presente solicitud de revisión constitucional (*que, a pesar de ser interpuesta ante esta misma Sala Constitucional, el solicitante no plantea observación alguna respecto de la capacidad subjetiva de ninguno los Magistrados que la resolverían, aun cuando, en su mayoría, la misma está conformada por los jurisdicentes que, según da a entender, supuestamente no debieron suscribir la sentencia que declaró la existencia de méritos para su enjuiciamiento penal*).

Con ocasión a lo expresado en el párrafo precedente, resulta pertinente reproducir aquí el contenido textual de la parte motiva de la decisión dictada el 3 de julio de 2013, por esta Sala Constitucional, mediante la cual se declaró "**INADMISIBLE** *la acción de amparo cons-*

*titucional interpuesta por el ciudadano RICHARD MIGUEL MARDO MARDO, contra la
ciudadana Luisa Ortega Díaz, en su condición de Fiscal General de la República Bolivariana de Venezuela"*:

"Establecida la competencia de la Sala para el conocimiento de la causa, le corresponde emitir el pronunciamiento respecto de la admisibilidad de la acción propuesta.

En tal sentido, es necesario recordar que la presente acción de amparo fue interpuesta contra actuaciones de la ciudadana Luisa Ortega Díaz, en su condición de Fiscal General de la República Bolivariana de Venezuela, en el marco del antejuicio de mérito que se sigue ante la Sala Plena de este Tribunal Supremo de Justicia contra el hoy accionante. De allí que pase esta Sala a analizar los alegatos esgrimidos por el ciudadano Richard Miguel Mardo Mardo en su escrito de amparo.

En primer término, el accionante insiste en su temor de '*...que la Dra. Luisa Marvelia Ortega Díaz continúe consignando nuevos supuestos elementos de convicción a los fines de retardar el proceso y evitar que se celebre la audiencia de Antejuicio de Mérito, colocándome en una situación de total inseguridad jurídica...*'.

Ahora bien, es un hecho notorio la realización, el día martes 25 de junio de 2013, en el Auditorio Principal del Edificio Sede de este Máximo Tribunal, de la audiencia pública con ocasión del antejuicio de mérito seguido contra el ciudadano Richard Miguel Mardo Mardo; razón por la cual, de haber existido la supuesta amenaza de violación de los derechos constitucionales denunciada por el hoy accionante, la misma cesó al haberse celebrado el mencionado acto procesal. Por lo que la acción de amparo resulta inadmisible conforme a lo establecido en el cardinal 1 del artículo 6 de la Ley Orgánica de Amparo sobre Derechos y Garantías Constitucionales. Así se decide.

En segundo lugar, el accionante efectúa una serie de denuncias relacionadas con el desarrollo de la investigación preliminar llevada a cabo por el Ministerio Público.

En tal sentido, debe acotarse que, a raíz de dicha denuncia, la Fiscal General de la República Bolivariana de Venezuela, ciudadana Luisa Ortega Díaz, presentó formalmente la solicitud de antejuicio de mérito en contra del ciudadano Richard Miguel Mardo Mardo ante la Sala Plena de este Tribunal Supremo de Justicia.

En efecto, como se expuso con anterioridad, ya la audiencia pública fue celebrada en dicha causa, oportunidad en la cual el accionante y sus defensores privados reprodujeron las mismas delaciones.

Así las cosas, esta Sala considera oportuno recordar lo establecido en la Ley Orgánica de Amparo sobre Derechos y Garantías Constitucionales:

'Artículo 6: No se admitirá la acción de amparo:

(*...omissis...*)

5) Cuando el agraviado haya optado por recurrir a las vías judiciales ordinarias o hecho uso de los medios judiciales preexistentes (*...omissis...*)'.

De lo anterior se desprende que el accionante realizó las mismas denuncias aquí contenidas, en el marco de la audiencia pública celebrada con ocasión de la solicitud de antejuicio de mérito efectuada en su contra.

Al respecto, cabe señalar que esta Sala ha interpretado la citada causal de inadmisibilidad de la acción de amparo, en el siguiente sentido:

'(...) la Sala estima pertinente señalar que la norma prevista en el artículo 6, numeral 5 de la Ley Orgánica de Amparo sobre Derechos y Garantías Constitucionales, consagra simultáneamente el supuesto de admisibilidad e inadmisibilidad de la acción de amparo.

Así, en primer término, se consagra claramente <u>la inadmisión de la acción cuando el agra-</u> <u>viado haya optado por recurrir a la vías ordinarias o a los medios judiciales preexistentes,</u> sobre el fundamento de que todo juez de la República es constitucional y, a través del ejercicio de los recursos que ofrece la jurisdicción ordinaria, se pueda alcanzar la tutela judicial efectiva de derechos o garantías constitucionales.

No obstante, la misma norma es inconsistente, cuando consagra que, en el caso de la opción por la vía ordinaria, si se alega violación o amenaza de violación de un derecho o garantía constitucionales, la acción de amparo será admisible, caso en el cual el juez deberá acogerse al procedimiento y a los lapsos previstos en los artículos 23, 24 y 26 de la Ley Orgánica de Amparo sobre Derechos y Garantías Constitucionales, y su decisión versará exclusivamente sobre la suspensión o no, de manera provisional, sobre el acto cuestionado de inconstitucionalidad.

En otras palabras, la acción de amparo <u>es inadmisible cuando el agraviado haya optado por</u> <u>recurrir a vías ordinarias o hecho uso de los medios judiciales preexistentes</u>; por argumento a contrario es admisible, entonces, si el agraviado alega injuria constitucional, en cuyo caso el juez debe acogerse al procedimiento y a los lapsos establecidos en los artículos 23, 24 y 26 de la Ley Orgánica de Amparo sobre Derechos y Garantías Constitucionales, a fin de ordenar la suspensión provisional de los efectos del acto cuestionado. Ahora bien, para que el artículo 6.5 no sea inconsistente es necesario, no sólo admitir el amparo en caso de injuria inconstitucional, aun en el supuesto de que el agraviado haya optado por la jurisdicción ordinaria, sino, también, inadmitirlo si éste pudo disponer de recursos ordinarios que no ejerció previamente.' (Sentencia N° 2369 de esta Sala, del 23 de noviembre de 2001, caso: Mario Téllez García y otro).

Asimismo, con relación a esa causal de inadmisibilidad, esta Sala reiteró recientemente lo siguiente:

'... estima esta Sala que no puede pretender el quejoso la sustitución, con el amparo, de los medios jurisdiccionales que preceptuó el ordenamiento procesal para la corrección del supuesto error que cometió el órgano jurisdiccional, pues ellos constituyen la vía idónea para la garantía de la tutela judicial eficaz. <u>La admisión de lo contrario llevaría a la desaparición</u> <u>de las vías judiciales que estableció el legislador para el aseguramiento de los derechos e</u> <u>intereses de las partes dentro de un determinado proceso</u>' (Vid. sentencia de esta Sala N° 478, del 25 de abril de 2012).

Ahora bien, debe analizarse brevemente la naturaleza del antejuicio de mérito. En tal sentido, el artículo 266 de la Constitución de la República Bolivariana de Venezuela establece:

'**Artículo 266**. Son atribuciones del Tribunal Supremo de Justicia:

(*...omissis...*)

3. <u>Declarar si hay o no mérito para el enjuiciamiento</u> del Vicepresidente Ejecutivo o Vicepresidenta Ejecutiva, <u>de los o las integrantes</u> de la Asamblea Nacional o del propio <u>Tribunal Supremo de Justicia</u>, de los Ministros o Ministras, del Procurador o Procuradora General, <u>del Fiscal o la Fiscal General</u>, del Contralor o Contralora General de la República, del Defensor o Defensora del Pueblo, los Gobernadores o Gobernadoras, oficiales, generales y almirantes de la Fuerza Armada Nacional y de los jefes o jefas de misiones diplomáticas de la República y, en caso afirmativo, remitir los autos al Fiscal o la Fiscal General de la República o a quien haga sus veces, si fuere el caso; y si el delito fuere común, continuará conociendo de la causa hasta la sentencia definitiva.

(*...omissis...*)' (Subrayado nuestro).

Así, las personas que se hallan investidas de las más elevadas funciones públicas, gozan de prerrogativas constitucionales para el ejercicio de sus funciones, siendo una de ellas el antejuicio de mérito, cuyo conocimiento le corresponde a la Sala Plena de este Máximo Tribunal.

En tal sentido, ha señalado este Tribunal Supremo de Justicia en reiteradas decisiones, que el régimen del antejuicio de mérito previsto en la Constitución de la República Bolivariana de Venezuela consiste en un privilegio para las altas autoridades del Estado, que tiene por objeto proteger la labor de los funcionarios públicos que ocupan y desempeñan cargos de alta relevancia, por lo que procura la continuidad en el desempeño de las tareas esenciales que presupone el ejercicio de la función pública.

En otras palabras, el antejuicio de mérito es una prerrogativa procesal de la que son acreedores los altos funcionarios del Estado, que garantiza ese ejercicio de la función pública y, por ende, evita la existencia de perturbaciones derivadas de posibles querellas injustificadas o maliciosas que se interpongan contra las personas que desempeñen una alta investidura.

De manera que cuando se considera que algún alto funcionario ha cometido algún hecho punible –conditio sine qua non para la solicitud del antejuicio de mérito que debe preceder al enjuiciamiento penal contra los altos funcionarios a los cuales hace referencia los numerales 2 y 3 del artículo 266 de la Constitución de la República Bolivariana de Venezuela– la ley otorga al titular de la acción penal, específicamente, al Fiscal General de la República, la facultad para proponer formalmente, ante la Sala Plena de este Tribunal Supremo de Justicia, solicitud de antejuicio de mérito mediante una querella, como lo señala el artículo 377 del Código Orgánico Procesal Penal.

De lo anterior se deduce que el antejuicio de mérito, si bien no constituye una vía judicial ordinaria, en el presente caso se plantea como un medio judicial preexistente. En efecto, el hecho de que las denuncias que soportan la presente demanda de amparo –indebidamente calificado como sobrevenido, según se expuso ut supra- hayan sido igualmente expuestas ante la Sala Plena de este Alto Tribunal, que es el juez natural que conoce de la causa de antejuicio en el marco de la cual el accionante denuncia que fueron violados sus derechos y garantías constitucionales, hace que se configure la causal de inadmisibilidad contenida en el cardinal 5 del artículo 6 de la Ley Orgánica de Amparo sobre Derechos y Garantías Constitucionales, pues sus alegatos serán objeto de pronunciamiento por parte de la referida Sala en la oportunidad de dictarse la decisión de fondo en dicha causa. Así también se decide.

Finalmente, debe recordar esta Sala que la naturaleza de la acción de amparo constitucional, en tanto considerada extraordinaria, fue revisada en sentencia N° 848, de fecha 28 de julio de 2000 (caso: *Luis Alberto Baca*), oportunidad en la cual señaló lo siguiente:

'...*el amparo previsto en el artículo 4 de la Ley Orgánica de Amparo sobre Derechos y Garantías Constitucionales, no obra en sus supuestos como una acción que puede ser utilizada en cualquier momento en que lo considere el actor. Es por ello, que la doctrina y muchas sentencias, la consideran una acción extraordinaria, aunque en realidad no lo sea, ya que ella es una acción común que la Constitución vigente (artículo 27) otorga a todo aquél a quien se le infrinjan derechos y garantías constitucionales, pero cuya admisibilidad varía, de acuerdo a las diversas fuentes de trasgresión constitucional que la Ley Orgánica de Amparo sobre Derechos y Garantías Constitucionales previene. Estas infracciones pueden provenir de vías de hecho, o estar contenidas en actos administrativos, normas jurídicas, actos u omisiones procesales, sentencias judiciales, etc.*

Por lo tanto, no es cierto que per se cualquier trasgresión de derechos y garantías constitucionales está sujeta de inmediato a la tutela del amparo, y menos las provenientes de la actividad procesal, ya que siendo todos los jueces de la República tutores de la integridad de la Constitución, ellos deben restablecer, al ser utilizadas las vías procesales ordinarias (recursos, etc.), la situación jurídica infringida, antes que ella se haga irreparable...'.

En virtud de las consideraciones antes expuestas y de los criterios jurisprudenciales parcialmente transcritos supra, esta Sala considera que lo ajustado a derecho es declarar inadmisible la presente acción de amparo constitucional interpuesta, de conformidad con lo establecido en los cardinales 1 y 5 del artículo 6 de la Ley Orgánica de Amparo sobre Derechos y Garantías Constitucionales. Así se decide".

Como puede observarse, esta Sala declaró inadmisible la acción de amparo y, en consecuencia, no valoró actuación alguna de la representación del Ministerio Público en el marco del procedimiento de antejuicio de mérito en cuestión, por cuanto para el momento de dictar esa decisión (3 de julio de 2013), ya se había celebrado la audiencia del antejuicio (realizada el 25 de junio de 2013), en la cual, el aquí solicitante expresó las mismas denuncias plasmadas en la acción de amparo que ejerció previa (el 20 de junio de 2013) y erróneamente ante la misma Sala Plena, la cual, el mismo día de la celebración de la audiencia de antejuicio, se declaró incompetente para conocer de la aludida acción de amparo y declinó en esta Sala la competencia para el conocimiento de la misma.

Como puede apreciarse, la inadmisión de la demanda de amparo por parte de esta Sala Constitucional, en ningún instante comprometió la capacidad subjetiva y, en fin, la imparcialidad de los Magistrados que la suscribieron y que en ningún momento emitieron juicio de valor alguno sobre la actuación de la representación fiscal ni, en general, sobre el mérito de la causa de antejuicio, pues razones jurídicas se lo impedían en ese momento, más no al momento de integrar la Sala Plena con ocasión al proceso de antejuicio de mérito, vía judicial preexistente al amparo, pues en ella (y antes de ella) ya se habían manifestado las delaciones expresadas en el amparo, más otras expuestas a lo largo del proceso, que fueron desechadas por la Sala Plena mediante la declaratoria *"no ha lugar"* a las solicitudes de nulidad interpuestas por los defensores del quejoso de autos, en la decisión objeto de la presente solicitud de revisión constitucional.

Tal circunstancia fue debidamente advertida por la Presidenta del Tribunal Supremo de Justicia, cuando el 11 de julio de 2013, declaró inadmisible, por ser extemporánea e infundada, ello de conformidad con el artículo 95 del Código Orgánico Procesal Penal, y la jurisprudencia de las Salas Plena y Constitucional del Tribunal Supremo de Justicia, la recusación que interpusiera el abogado José Domingo Campos, actuando en su carácter de defensor privado del ciudadano Richard Miguel Mardo Mardo, el 4 de julio de 2013, en su contra y en contra del resto de los Magistrados que integraban esta Sala Constitucional, sustentada en la afirmación según la cual los mismos habrían *"emitido una opinión sobre la causa referida al antejuicio de mérito solicitado en contra de [su] defendido por la Fiscal General de la República"*, lo cual es absolutamente falso como también ha sido demostrado en esta decisión, toda vez la declaratoria de inadmisibilidad del amparo ejercido contra la Fiscal General de la República no implicó adelanto de opinión alguno ni respecto del fondo de las denuncias planteadas por la defensa del aquí solicitante de revisión en el marco del proceso de antejuicio de mérito que se le siguió, ni mucho menos sobre el fundamento de esa solicitud de antejuicio de mérito, por lo que tales Magistrados no sólo estaban jurídicamente habilitados para suscribir la decisión resultante de la audiencia de antejuicio, sino que debían hacerlo, pues, como se sabe, todo Magistrado o Juez de la República debe resolver los asuntos sometidos a su consideración y que sean de su competencia, salvo que estén incursos en alguna causal de recusación (circunstancia que está absolutamente descartada en este caso).

Con relación al supuesto de emisión previa de opinión sobre la causa, resulta pertinente reproducir aquí lo dispuesto en los artículos 82.15 del Código de Procedimiento Civil (CPC), y 89.7 del Código Orgánico Procesal Penal (COPP):

Código de Procedimiento Civil

Artículo 82.- Los funcionarios judiciales, sean ordinarios, accidentales o especiales, incluso en asuntos de jurisdicción voluntaria, pueden ser recusados por alguna de las causas siguientes:

Omissis

15. Por haber el recusado manifestado su opinión sobre lo principal del pleito o sobre la incidencia pendiente, antes de la sentencia correspondiente, siempre que el recusado sea el Juez de la causa.

Código Orgánico Procesal Penal

Artículo 89. Causales de Inhibición y Recusación.

Los jueces y juezas, los o las fiscales del Ministerio Público, secretarios o secretarias, expertos o expertas e intérpretes, y cualesquiera otros funcionarios o funcionarias del Poder Judicial, pueden ser recusados o recusadas por las causales siguientes:

Omissis

7. Por haber emitido opinión en la causa con conocimiento de ella, o haber intervenido como fiscal defensor o defensora, experto o experta, intérprete o testigo, siempre que, en cualquiera de estos casos, el recusado se encuentre desempeñando el cargo de Juez o jueza.

Como puede apreciarse, tales causales de recusación lo que persiguen es garantizar la imparcialidad del juzgador, la cual estaría comprometida si el mismo se ya se pronunció (prejuzgó), total o parcialmente, sobre lo que nuevamente se somete a su conocimiento, circunstancia que impide que el mismo puede volver a pronunciarse legítimamente sobre ese mismo asunto respecto del cual ya asumió una posición, es decir, respecto del cual ya tomó partido por algún criterio.

Así, por ejemplo, si un juez condenó a una persona por la comisión de un delito a través de un proceso penal que –posteriormente- fue anulado por la alzada, ese juez está impedido de volver a pronunciarse, en un nuevo juicio, sobre la responsabilidad penal o no de la persona que previamente condenó.

O, verbigracia, si un juez declaró con lugar una acción de amparo constitucional ejercida con ocasión a ese juicio penal, mediante sentencia que ulteriormente fue anulada por el tribunal superior, ese mismo juez de la primera instancia en amparo, no tiene la potestad de pronunciarse de nuevo respecto de la aludida demanda de amparo, en la causa que repuso la segunda instancia, por cuanto ya se conoce la opinión que sobre el fondo de esa demanda tiene el aludido jurisdicente.

En este caso, quienes suscriben, al declarar inadmisible la acción de amparo, no emitieron opinión alguna sobre lo principal del pleito ni sobre aspecto alguno de fondo que permitiera saber cuál era su visión sobre la actuación del Ministerio Público y mucho menos sobre la existencia o no de mérito para el enjuiciamiento del quejoso de autos. Por tanto, tal circunstancia no es pasible de generar sospecha o duda razonable en el ser humano medio, sobre la objetividad e imparcialidad de los mismos en el caso planteado, elemento abiertamente excluyente de la infrecuente tesis plasmada en el escrito de autos.

Al respecto, resulta pertinente hacer mención a una dimensión de la jurisprudencia comparada, en la que se ha sostenido, por ejemplo, que:

"…desde la óptica constitucional, para que en garantía de la imparcialidad un Juez pueda ser apartado del conocimiento de un asunto concreto es siempre preciso que existan dudas objetivamente justificadas; es decir, exteriorizadas y apoyadas en datos objetivos que hagan posible afirmar fundadamente que el Juez no es ajeno a la causa o permitan temer que, por cualquier relación con el caso concreto, no va a utilizar como criterio de juicio el previsto en la Ley, sino otras consideraciones ajenas al Ordenamiento jurídico.

Ha de recordarse que, aun cuando en este ámbito las apariencias son muy importantes, porque lo que está en juego es la confianza que los Tribunales deben inspirar a los ciudadanos en una sociedad democrática, no basta con que tales dudas o sospechas sobre su imparcialidad surjan en la mente de quien recusa, sino que es preciso determinar caso a caso si las mismas alcanzan una consistencia tal que permitan afirmar que se hallan objetiva y legítimamente justificadas (SSTC, por todas, 162/1999, de 27 de septiembre, FJ 5; 69/2001, de 17 de marzo, FFJJ 14.a y 16; 5/2004, de 16 de enero, FJ 2; SSTEDH de 1 de octubre de 1982, caso *Piersack*, § 30; de 26 de octubre de 1984, caso *De Cubber*, § 26; de 24 de mayo de 1989, caso *Hauschildt*, § 47; de 29 de agosto de 1997, caso *Worm*, § 40; de 28 de octubre de 1998, caso *Castillo Algar*, § 45; de 17 de junio de 2003, caso *Valero*, § 23)" (Tribunal Constitucional de España, STC 26/2007, de 5 de febrero de 2007).

Así pues, en este caso no existen datos objetivos que pudieran sustentar duda razonable alguna sobre la imparcialidad de los Magistrados de esta Sala que suscribieron el fallo objeto de la presente solicitud, pues al declarar inadmisible la acción de amparo no adelantaron opinión alguna respecto del proceso de antejuicio de mérito en cuestión.

Por su parte, la Corte Constitucional de Colombia, en sentencia T-800/062: (Sentencia del 22 de septiembre de dos mil seis -2006-, Sala Primera de Revisión de la Corte Constitucional):

"...entre dos procesos, uno tramitado por procedimientos de otras jurisdicciones y el otro por vía de tutela, por sí sólo no constituye motivo para que el juez deba declararse impedido y para que, de no hacerlo, deba sancionársele disciplinariamente tal y como lo prevé el artículo 39 del decreto 2591 de 1991."

En tal sentido, es evidente que el solicitante de autos pretende, por mera inconformidad a sus intereses, un reexamen, ahora por parte de esta Sala y a través de una institución tan extraordinaria y restringida como lo es la revisión constitucional, de lo que ya fue decidido en su oportunidad por la Presidenta de este Tribunal Supremo de Justicia, cuando declaró inadmisible la recusación interpuesta contra los Magistrados de esta Sala Constitucional, como si la revisión implicase una nueva instancia para plantear asuntos jurídicos ordinarios.

Como ha podido apreciarse, en los términos de la jurisprudencia reiterada de esta Sala, la decisión objeto de la presente revisión no constituye una sentencia "*que se haya apartado u obviado expresa o tácitamente alguna interpretación de la Constitución contenida en alguna sentencia dictada por esta Sala con anterioridad al fallo impugnado, realizando un errado control de constitucionalidad al aplicar indebidamente la norma constitucional*", o una sentencia que "*de manera evidente hayan incurrido, según el criterio de la Sala, en un error grotesco en cuanto a la interpretación de la Constitución o que sencillamente hayan obviado por completo la interpretación de la norma constitucional*".

En fin, ahora de acuerdo a los términos del artículo 25, numerales 10 y 11, de la Ley Orgánica del Tribunal Supremo de Justicia, tampoco se está ante una sentencia que haya "*desconocido algún precedente dictado por la Sala Constitucional*", "*efectuado una indebida aplicación de una norma o principio constitucional*", "*producido un error grave en su interpretación*"; o haya dejado de aplicar algún principio o norma constitucional. Tampoco se está ante una sentencia que haya incurrido en violación de principios jurídicos fundamentales que estén contenidos en la Constitución de la República, tratados, pactos o convenios internacionales suscritos y ratificados válidamente por la República, o que incurra en violación de derechos constitucionales.

En ese orden de ideas, se observa que la revisión demandada en esta oportunidad no tendría justificación alguna, pues en nada contribuiría a preservar la uniformidad de la interpretación de normas y principios constitucionales.

Siendo así, con fundamento en las razones de hecho y de derecho antes expuestas, en las cuales se delimitaron las decisiones objeto de este especial medio de impugnación y se estableció la potestad discrecional y extraordinaria que tiene esta Sala Constitucional para su ejercicio, además de subrayar lo infundado de la denuncia planteada, se desestima la revisión solicitada, reiterando que la revisión constitucional no constituye una herramienta judicial para examinar cualquier juzgamiento, ni una vía ordinaria para que las partes obtengan una decisión que reexamine cualquier juzgamiento, sino únicamente los que se subsuman en los supuestos establecidos en la Ley Orgánica del Tribunal Supremo de justicia y señalados en la jurisprudencia de esta Sala.

En consecuencia, visto que en el presente asunto no se da ninguno de los supuestos para que proceda la revisión constitucional, esta Sala debe declarar que no ha lugar la presente solicitud. Así se decide.

V

DECISIÓN

Por las razones que anteceden, esta Sala Constitucional del Tribunal Supremo de Justicia, administrando justicia en nombre de la República Bolivariana de Venezuela por autoridad de la ley, declara **NO HA LUGAR** la revisión constitucional, interpuesta por el ciudadano Richard Miguel Mardo Mardo, de la decisión N° 38, dictada el 11 de julio de 2013, por la Sala Plena de este Tribunal Supremo de Justicia, mediante la cual, entre otros pronunciamientos, declaró con lugar la solicitud de antejuicio de mérito ejercida en contra del prenombrado ciudadano

3. *Acción de amparo constitucional*

   A. *Amparo Cautelar*

      a. *Régimen de desacato al mandamiento de amparo constitucional cautelar*

      TSJ-SC (245)   **9-4-2014**

      Magistrada Ponente: Ponencia Conjunta

      Caso: Salas & Agentes Aduaneros Asociados, C.A. y otros vs. Vicencio Scarano Spisso, Alcalde del Municipio San Diego del Estado Carabobo.

      La Sala Constitucional declara el DESACATO al mandamiento de amparo constitucional cautelar que dictó el 12 de marzo de 2014, mediante sentencia N° 136, en el que incurrieron los ciudadanos Vicencio Scarano Spisso y Salvatore Lucchese Scaletta, previsto en el artículo 31 de la Ley Orgánica de Amparo sobre Derechos y Garantías Constitucionales.

      De igual manera, la Sala Constitucional establece, con carácter vinculante, el carácter jurisdiccional constitucional de la norma establecida en el artículo 31 de la Ley Orgánica de Amparo sobre Derechos y Garantías Constitucionales, y establece el procedimiento que deben seguir los Tribunales de la República para aplicarla.

En el dispositivo de la sentencia N° 136, del 12 de marzo de 2014, (Véase: en *Revista de Derecho Público*, N° 137 de 2014 p. 140 y sig.) esta Sala Constitucional del Tribunal Supremo de Justicia asentó lo siguiente:

"Se acuerda amparo constitucional cautelar y, en tal sentido, se ORDENA al ciudadano Vicencio Scarano Spisso, Alcalde del Municipio San Diego del estado Carabobo, que, dentro del marco jurídico que lo rige, y en el ámbito territorial que abarca el Municipio en el cual ejerce sus competencias como tal:

1. Realice todas las acciones y utilicen los recursos materiales y humanos necesarios, en el marco de la Constitución y la Ley, a fin de evitar que se coloquen obstáculos en la vía pública que impidan, perjudiquen o alteren el libre tránsito de las personas y vehículos; se proceda a la inmediata remoción de tales obstáculos que hayan sido colocados en esas vías, y se mantengan las rutas y zonas adyacentes a éstas libres de basura, residuos y escombros, así como de cualquier otro elemento que pueda ser utilizado para obstaculizar la vialidad urbana y, en fin, se evite la obstrucción de las vías públicas del referido Municipio.

2. Cumpla con su deber de ordenación del tránsito de vehículos y personas a fin de garantizar un adecuado y seguro desplazamiento por las vías públicas de su Municipio.

3. Vele por la protección del ambiente y el saneamiento ambiental, aseo urbano y domiciliario.

4. Gire las instrucciones necesarias en sus respectivos cuerpos de policía municipal, a fin de dar cumplimiento efectivo a lo previsto en los artículos 44 y 46 de la Ley Orgánica del Servicio de Policía y del Cuerpo de Policía Nacional Bolivariana; y, en este sentido,

5. Despliegue las actividades preventivas y de control del delito, así como, también en el ámbito de sus competencias, promover estrategias y procedimientos de proximidad con las comunidades de sus espacios territoriales, a fin de lograr la comunicación e interacción con sus habitantes e instituciones locales con el propósito de garantizar y asegurar la paz social, la convivencia, el ejercicio pacífico de los derechos y el cumplimiento de la ley.

Asimismo, se ORDENA al actual Director General de la Policía Municipal de San Diego del Estado Carabobo, ciudadano SALVATORE LUCCHESE SCALETTA, que, dentro del marco jurídico que lo rige, y en el ámbito territorial que abarca el Municipio en el cual ejerce sus competencias como tal:

1. Despliegue las acciones necesarias a fin de dar cumplimiento efectivo a lo previsto en los artículos 44 y 46 de la Ley Orgánica del Servicio de Policía y del Cuerpo de Policía Nacional Bolivariana, en especial para evitar la colocación de obstáculos en la vía pública que impidan, perjudiquen o alteren el libre tránsito de las personas y vehículos, en fin, que impida la obstrucción las vías públicas del referido Municipio.

2. Despliegue las actividades preventivas y de control del delito, así como, en el ámbito de sus competencias, promueva estrategias y procedimientos de proximidad con las comunidades de sus espacios territoriales, a fin de lograr la comunicación e interacción con sus habitantes e instituciones locales, con el propósito de garantizar y asegurar la paz social, la convivencia, el ejercicio pacífico de los derechos y el cumplimiento de la ley.

Igualmente, se ORDENA al Alcalde del Municipio San Diego del estado Carabobo, ciudadano VICENCIO SCARANO SPISSO y al Director General de la Policía Municipal de San Diego del Estado Carabobo, ciudadano SALVATORE LUCCHESE SCALETTA, que cumplan a cabalidad con las competencias que le atribuye el ordenamiento jurídico y garanticen el ejercicio de los derechos que correspondan, en tanto, Alcalde del Municipio San Diego del estado Carabobo y Director General de la Policía Municipal de San Diego del Estado Carabobo, respectivamente, con especial atención a lo previsto en el artículo en el artículo 178 de la Constitución de la República Bolivariana de Venezuela.

2. De la audiencia constitucional oral y pública realizada

Como se indicó, el 17 de marzo de 2014 esta Sala advirtió el posible desacato del citado amparo cautelar decretado y, el 19 de ese mismo mes y año, efectuó audiencia oral para dilucidar tal circunstancia.

2.1.- Exposiciones de los intervinientes en la audiencia

2.1.1.- Demandante de autos:

En ese acto procesal se le concedió la palabra, en primer lugar, al representante judicial de la parte accionante de autos, abogado Oscar Johny Martínez Sarmiento, identificado ut supra, quien expresó, entre otras cosas, que desde el 12 de marzo de 2014 se suscitaron hechos de violencia en el Municipio San Diego del Estado Carabobo que vulneraron el libre tránsito y otros derechos constitucionales. Que las *"guarimbas"* se agudizaron después de dictado el amparo cautelar. Que la noche anterior a la audiencia incendiaron una unidad de transporte. Que también habían quemado en ese Municipio tres gandolas y dos colectivos de transporte. Que hubo un homicidio generado por las barricadas, toda vez que una persona por sortear una de las mismas colisionó con otro vehículo y falleció. A petición de los referidos intervinientes fue reproducido en la audiencia un video en el cual el Presidente de la Asamblea Nacional señala estos hechos de violencia en el Municipio San Diego del Estado Carabobo y elementos utilizados con ese fin encontrados a cincuenta metros de un módulo de la policía municipal del referido Municipio.

2.1.2. Defensor del ciudadano Vicencio Scarano Spisso:

El abogado defensor del ciudadano Vicencio Scarano Spisso Dr. Alonso Medina Roa, hizo mención a la doctrina reiterada de la Sala en la que, frente a situaciones similares, ha oficiado al Ministerio Público para que inicie la averiguación. Que su patrocinado ha cumplido el mandamiento de amparo. Sostuvo que los Municipios no tienen competencias sobre las vías principales o autopistas. Que existe falta de claridad en la imputación. Denunció que hubo indefensión y que la responsabilidad penal es personalísima.

2.1.3. Ciudadano Vicencio Scarano Spisso:

En su intervención, el ciudadano Vicencio Scarano Spisso mostró a esta Sala lo que parecen ejemplares de algunos periódicos de circulación regional, en los que algunos titulares señalan que el Alcalde del Municipio San Diego desmanteló la pared de Los Tulipanes y que en ese Municipio no habría barricadas desde hace dos semanas. El mencionado ciudadano señaló, entre otras cosas, que en esa entidad local no se han producido muertos ni heridos. Que se ha respetado la protesta. Que envió más de cuarenta comunicaciones a la Policía Nacional Bolivariana, la Defensoría del Pueblo, al Ministerio Público y a la Guardia Nacional Bolivariana pidiendo ayuda. Que la única que contestó fue la Policía Nacional Bolivariana, y que el resto guardó silencio. Que el Gobernador también debe mantener la seguridad. Que existe un problema presupuestario para recoger las barricadas. Que hay libre tránsito y siempre lo ha habido.

Respecto a los periódicos de circulación regional exhibidos por el nombrado ciudadano, los accionantes de autos indicaron que toda la prensa mostrada es opositora y no constan la fechas de los "tweets" enviados por el mismo.

2.1.4. Defensa del ciudadano Salvatore Lucchese Scaletta:

El abogado defensor del ciudadano Salvatore Lucchese Scaletta, Dr. Ángel Jurado, ofreció y consignó varios medios de prueba instrumental, los cuales fueron controlados por los intervinientes y consignados en la Secretaría de la Sala. La representación de la Defensoría del Pueblo señaló que los documentos promovidos son copias simples por lo que carecen de valor probatorio y que además son impertinentes. Que para el día en que esta Sala dictó el amparo cautelar no habían barricadas en el Municipio San Diego. Que al día de hoy no hay ningún tipo de desacato.

2.1.5. Ciudadano Salvatore Lucchese Scaletta

El ciudadano Salvatore Lucchese Scaletta manifestó que la policía del Municipio San Diego tiene treinta hombres en la calle. Que tiene años junto a Scarano frente a la Alcaldía. Que mientras no sobrepase la actuación de la policía ellos pueden actuar. Que solo tienen armas. Que efectuaron siete detenciones en flagrancia de gente en barricadas y cuatro personas con armas de fuego.

Finalmente, se reprodujo un video promovido por el ciudadano Vicencio Scarano Spisso, en el que aparece hablando en una asamblea de vecinos para promover el orden público.

2.1.6. Defensoría del Pueblo:

La representación de la Defensoría del Pueblo, conformada por los Dres. Larry Lavoe y Jesús Méndez, señaló que esa institución ha interpuesto ante esta Sala una acción similar a la de autos. Que en San Diego quemaron un camión cargado de maíz. Que señalan la plena competencia de esta Sala para conocer del presente asunto. Que el día anterior a la celebración de esa audiencia oral tuvo lugar un lamentable acontecimiento en esa jurisdicción, relacionado con la quema de una unidad de transporte público. Que en las últimas semanas han habido "guarimbas" en el distribuidor San Diego, El Morro y La Esmeralda. Que se ha limitado el paso de las personas por vías públicas sin que la policía del Municipio San Diego haga presencia. Que a pesar del mandato de la Sala Constitucional siguen ocurriendo hechos que limitan el libre tránsito, a pesar de las atribuciones que la Constitución le atribuye. Que la policía del Municipio San Diego no ha hecho nada. Que promueve como testigo a la ciudadana Marta Herrera. La Defensoría del Pueblo exhibió unas fotos tomadas el día anterior por funcionarios de esa institución en la que se observa la obstrucción de vías públicas de ese Municipio y escombros en las adyacencias de las mismas.

2.1.7. Ministerio Público:

La representante del Ministerio Público señaló, Dra. Roxana Orihuela, como punto previo, que esa institución se limitaría a plantear su opinión sobre el amparo cautelar y que la misma no vino a imputar o acusar sino a que se restituya la situación jurídica infringida. Así mismo, afirmó que el Alcalde del Municipio San Diego no atendió el llamado del Estado a la paz. Que la Organización de Estados Americanos respalda los esfuerzos del Ejecutivo Nacional en la consecución de la paz. Que el referido Alcalde ha sostenido que ha actuado frente a situaciones de desorden público, pero ha señalado que no tiene competencias en materia de orden público. Que el artículo 34 de la Ley Orgánica del Servicio de Policía y del Cuerpo de Policía Nacional Bolivariana, dispone que existen varias atribuciones comunes de los cuerpos de policía vinculadas al orden público y al artículo 178 Constitucional. Que existe debilidad probatoria en el material aportado por el Alcalde y el director de la Policía del Municipio San Diego. Que promueve como testigos a unos funcionarios de la Guardia Nacional Bolivariana que actuaron en el control del orden público en San Diego. Que el día anterior a esa audiencia en la que participa quemaron una unidad de transporte público en el Municipio San Diego. Que hasta este momento hay desacato al amparo cautelar. Que solicita a la Sala que haga lo conducente para que se cumpla el amparo.

2.2. De los medios de prueba

Seguidamente esta Sala aceptó los medios de prueba testimonial ofrecidos por los intervinientes en la audiencia y ordenó su evacuación e interrogatorio, previa juramentación, en el siguiente orden:

2.2.1. Testimoniales promovidas por los presuntos responsables del desacato

...omissis...

II
HECHO PROBADO

Analizados como han sido, conforme al sistema de la sana crítica, los medios de prueba aportados por los intervinientes en la audiencia, durante la cual tuvieron pleno ejercicio de los derechos a ser oídos, a la defensa y al debido proceso, conforme a lo establecido en el artículo 49 de la Constitución de la República Bolivariana de Venezuela, a través de la alegación, promoción y evacuación de los medios de prueba, así como de su control y contradicción, esta Sala observa lo siguiente:

En decisión N° 136 del 12 de marzo de 2014, se dictó amparo constitucional cautelar y, en consecuencia, se ordenó a los encartados de autos desplegar las acciones descritas ut supra, con el objeto de cumplir con la previsión contenida en el artículo 178 Constitucional, así como con el resto del ordenamiento jurídico que establece sus competencias y deberes en el ejercicio de los cargos públicos que desempeñan en el Municipio San Diego del estado Carabobo.

En decisión del 17 de marzo de 2014, esta Sala observó que "...*por la prensa se ha difundido información de la que pudiera denotarse el presunto incumplimiento del mandato constitucional librado en la sentencia N° 136 de 12 de marzo de 2014, lo cual esta Sala califica como un hecho notorio y comunicacional...*".

En este orden de ideas, esta Sala Constitucional dictó órdenes de hacer, cuyo presunto incumplimiento derivó del hecho notorio comunicacional, por lo que deben tomarse en cuenta los efectos jurídicos que el mismo tiene conforme a la sentencia N° 98 del 15 de marzo de 2000, caso: "*Oscar Silva Hernández*", ratificada en el fallo N° 280 del 28 de febrero de 2008, caso: "*Laritza Marcano Gómez*", donde se dejó asentado el siguiente criterio:

"(Omissis) El hecho comunicacional, fuente de este tipo particular de hecho notorio que se ha delineado, es tan utilizable por el juez como el hecho cuyo saber adquiere por su oficio en el ejercicio de sus funciones, y no privadamente como particular, lo que constituye la notoriedad judicial y que está referido a lo que sucede en el tribunal a su cargo, como existencia y manejo de la tablilla que anuncia el despacho; o lo relativo al calendario judicial, a los cuales se refiere el juzgador sin que consten en autos copias de los mismos; notoriedad judicial que incluye el conocimiento por el juez de la existencia de otros juicios que cursan en su tribunal, así como el de los fallos dictados en ellos.

¿Puede el juez fijar al hecho comunicacional, como un hecho probado, sin que conste en autos elementos que lo verifiquen? Si se interpreta estrictamente el artículo 12 del Código de Procedimiento Civil, el cual es un principio general, el juez sólo puede sentenciar en base a lo probado en autos, con excepción del hecho notorio. Tiene así vigencia el vetusto principio que lo que no está en el expediente no está en el mundo. Pero si observamos las sentencias, encontramos que ellas contienen un cúmulo de hechos que no están probados en autos, pero que son parte del conocimiento del juez como ente social, sin que puedan tildarse muchos de ellos ni siquiera como hechos notorios.

Así, los jueces se refieren a fenómenos naturales transitorios, a hechos que están patentes en las ciudades (existencia de calles, edificios, etc.), a sentencias de otros tribunales que se citan como jurisprudencia, a obras de derecho o de otras ciencias o artes, al escándalo público que genera un caso, a la hora de los actos, sin que existan en autos pruebas de ellos.

Si esto es posible con esos hechos, que casi se confunden con el saber privado del juez, con mucha mayor razón será posible que el sentenciador disponga como ciertos y los fije en autos, a los hechos comunicacionales que se publicitan hacia todo el colectivo y que en un momento dado se hacen notorios (así sea transitoriamente) para ese colectivo.

Esta realidad lleva a esta Sala a considerar que el hecho comunicacional, como un tipo de notoriedad, puede ser fijado como cierto por el juez sin necesidad que conste en autos, ya que la publicidad que él ha recibido permite, tanto al juez como a los miembros de la sociedad, conocer su existencia, lo que significa que el sentenciador realmente no está haciendo uso de su saber privado; y pudiendo los miembros del colectivo, tener en un momento determinado, igual conocimiento de la existencia del hecho, por qué negar su uso procesal.

El hecho comunicacional puede ser acreditado por el juez o por las partes con los instrumentos contentivos de lo publicado, o por grabaciones o videos, por ejemplo, de las emisiones radiofónicas o de las audiovisuales, que demuestren la difusión del hecho, su uniformidad en los distintos medios y su consolidación; es decir, lo que constituye la noticia.

Pero el juez, conocedor de dicho hecho, también puede fijarlo en base a su saber personal, el cual, debido a la difusión, debe ser también conocido por el juez de la alzada, o puede tener acceso a él en caso que no lo conociera o dudase. Tal conocimiento debe darse por cierto, ya que solo personas totalmente desaprensivos en un grupo social hacia el cual se dirige el hecho, podrían ignorarlo; y un juez no puede ser de esta categoría de personas.

Planteado así la realidad de tal hecho y sus efectos, concatenado con la justicia responsable y sin formalismos inútiles que el artículo 26 de la Constitución de la República Bolivariana de Venezuela contempla; aunado a que el proceso constituye un instrumento fundamental para la realización de la justicia, tal como lo establece el artículo 257 de la vigente Constitución, y que el Estado venezolano es de derecho y de justicia, como lo expresa el artículo 2 ejusdem, en aras a esa justicia expedita e idónea que señala el artículo 26 de la Constitución de la República Bolivariana de Venezuela, a pesar de que el hecho comunicacional y su incorporación a los autos de oficio por el juez, no está prevenido expresamente en la ley, ante su realidad y el tratamiento que se viene dando en los fallos a otros hechos, incluso de menos difusión, esta Sala considera que para desarrollar un proceso justo, idóneo y sin formalismos inútiles, el sentenciador puede dar como ciertos los hechos comunicacionales con los caracteres que luego se indican, y por ello puede fijar como cierto, los hechos que de una manera uniforme fueron objeto de difusión por los medios de comunicación, considerándolos una categoría de hechos notorios, de corta duración... ". (Resaltado de esta decisión)

En este orden de ideas, resulta imperioso señalar que en un proceso como el llevado en esta causa, en el que, en aras de preservar el debido proceso y el derecho a la defensa, se han tramitado una serie de pasos cumpliendo con los principios de la oralidad, inmediación, concentración y contradicción, entre otros, para decidir acerca del presunto desacato a un mandamiento de amparo cautelar de la máxima instancia judicial y constitucional de la República Bolivariana de Venezuela, las reglas de valoración concerniente a las pruebas que la Sala Constitucional debe hacer valer, es la sana crítica sobre los medios ofrecidos en la búsqueda de que el proceso sea efectivamente el instrumento para el logro de la justicia, como lo consagra el artículo 257 Constitucional, tal y como ocurrió en el presente caso.

Desarrollada como fue la audiencia, bajo el absoluto respeto de los principios constitucionales señalados, así como el de igualdad, por cuanto las partes que acudieron a la misma tuvieron semejantes circunstancias para plantear sus probanzas y oportunidad efectiva para el control y la contradicción de las pruebas ofrecidas en dicho acto, así como fundamentada en la inmediación, esta Sala Constitucional, a través de sus Magistrados y Magistradas, pudo formular las preguntas que estimó necesarias para el esclarecimiento del hecho debatido (presunto desacato), a las partes y a los testigos que rindieron declaración en la audiencia, bien para recibir alegaciones o ratificar las expuestas y tomar la decisión que pronunció, se observa lo siguiente:

En primer lugar, respecto de las documentales ofrecidas por la representación judicial de los accionados, se advierte que las mismas fueron presentadas en copia simple e impugnadas, en consecuencia, por la Defensoría del Pueblo, sin que se planteare ningún otro aspecto, por lo que las mismas no son fidedignas y esta Sala no le atribuye valor probatorio, siendo además que los ejemplares de periódico consignados son publicaciones anteriores a la decisión contentiva del amparo cautelar cuyo presunto desacato es objeto del presente fallo, salvo las marcadas con los Nros. 37 y 44 de los diarios NOTITARDE y EL CARABOBEÑO, respectivamente, ambas de fecha 18 de marzo de 2014, en las cuales aparece "*San Diego libre de barricadas*" así como, "*vecinos protestan, sin barricadas, en San Diego*", las cuales, desde cierta perspectiva, se contradicen con lo probado en la audiencia a través, entre otros, del testigo promovido por la parte presunta responsable del desacato, Joel José Torres, quien manifestó que conocía que el 18 de marzo de 2014 se produjo la quema de una unidad de transporte en el Distribuidor San Diego, por lo cual ambos se desechan.

Sobre los "tweets" cuya impresión fue consignada, nada prueban sobre el cumplimiento a las órdenes de hacer decretadas por esta Sala, muy al contrario se lee, en uno de ellos, lo siguiente: "*El único 'delito' que he cometido es haber restablecido el orden en San Diego sin reprimir a manifestantes*", indicó este martes a través de su cuenta de Twitter @ENZOSCARANO". Expresión que se contrapone con lo expuesto en la audiencia por el propio ciudadano Vicencio Scarano, e incluso por el ciudadano Salvatore Lucchese, quien dijo no contar con "*...capacidad (...) no [tienen] los equipos (...) [tienen] armas (...) que puedan ocasionar la muerte (...) no armas que puedan combatir un desorden público (...)*".

Respecto a las testimoniales ofrecidas por la defensa de la parte accionada, por el Ministerio Público y por la Defensoría del Pueblo, se advierte que las mismas son admisibles al no ser manifiestamente ilegales ni impertinentes. Así se declara.

Con relación a los medios probatorios libres, al contrario, por ser creación de las partes, no tienen ni pueden tener, para su promoción, requisitos particulares establecidos en la ley. En principio, el único límite para su admisión es que la ley los prohíba expresamente. El promovente de un medio de prueba libre representativo, esto es, fotografías, películas cinematográficas, audiovisuales, y otras de similar naturaleza, tiene la carga de proporcionar al juzgador, durante la promoción de pruebas, aquellos medios probatorios capaces de demostrar la credibilidad e identidad de la prueba libre, lo cual podrá hacer a través de cualquier medio probatorio, circunstancia que no ocurrió con las fotografías y video ofrecido por la defensa de los ciudadanos Vicencio Scarano Spisso y Salvatores Lucchese Scaletta, por lo que no se admiten.

Ahora bien, de las pruebas en la audiencia oral y pública apreciadas por la Sala, una vez analizadas todas las circunstancias de los hechos y luego de haber adminiculado y concatenado de manera precisa todos los medios probatorios evacuados durante el contradictorio, los mismos que le dan certeza y convencimiento de que los ciudadanos Vicencio Scarano Spisso y Salvatore Lucchese Scaletta son responsables del desacato al amparo cautelar decretado en sentencia dictada el 12 de marzo de 2014, en virtud de que se ha podido constatar y determinar a través de los testimonios de los ciudadanos Efraín Enrique Verdú Torrelles, Frank Alonso Osuna Díaz, Enrique José Contreras Peña, Ramón Adolfo Pimentel Aguilar y Marta de Jesús Herrera Ramos, luego de haber sido analizado, valorado y comparado con las pruebas aportadas por el Ministerio Público y la Defensoría del Pueblo, el hecho existente y sin contradicciones, de que aun después de dictado el mandamiento de amparo cautelar se ha mantenido la abstención u omisión de los prenombrados ciudadanos en ejercer las competencias que por la Constitución y las leyes de la República Bolivariana de Venezuela le han sido atribuidas, en lo que concierne al primero de los nombrados, para la recolección inmediata y efectiva de basura, desechos sólidos y escombros situados en las vías municipales o sus adyacencias, para la garantía del libre tránsito de las personas y vehículos; para prevenir la obstaculización de las vías públicas situadas en el Municipio; para velar por la protección del ambiente y el saneamiento ambiental, aseo urbano y domiciliario; y para dar cumplimiento efectivo a lo previsto en los artículos 34, 44 y 46 de la Ley Orgánica del Servicio de Policía y del Cuerpo de Policía Nacional Bolivariana. Esta última acción es la que, por su parte, también omitió realizar de manera efectiva el ciudadano Salvatore Lucchese Scaletta, en el Municipio San Diego, a pesar de la orden que le impartió esta Sala Constitucional como máxima garante judicial de los derechos constitucionales, a no intervenir, siquiera para tratar de prevenir o coadyuvar con los demás cuerpos de seguridad del Estado, para evitar o reducir los riesgos de alteración del orden público y/o afectación de los derechos humanos de las personas que hacen vida en el referido Municipio.

En tal sentido, es evidente que de las preguntas que formularon los Magistrados Carmen Zuleta de Merchán, Francisco Carrasquero López y Juan José Mendoza Jover, junto a las respectivas respuestas dadas por los testigos, y, en general, de las testimoniales, quedó demostrado que en el Municipio San Diego del Estado Carabobo, antes y después del fallo de esta Sala en el que decretó el amparo cautelar de autos, se han producido hechos graves lesivos al orden y al patrimonio público, a la paz y tranquilidad de la ciudadanía, consistentes en obstrucción de vías de circulación, quema de vehículos y autobuses, violencia por parte de grupos desestabilizadores, destrucción del ambiente, entre otros daños. Pero también quedó demostrada la falta de acatamiento del amparo cautelar dictado por esta Sala, por parte de los encartados de autos, quienes incumplieron las órdenes contenidas en el mismo.

El hecho notorio comunicacional que generó la presunción del desacato del fallo dictado por esta Sala Constitucional, quedó acreditado con los videos traídos por las partes (salvo el promovido por los encartados de autos, por la razones expuestas *ut supra*) y ratificados por la difusión pública y masiva que por los medios de comunicación social ha tenido la situación en dicho Municipio, y más con los argumentos esgrimidos por la defensa de los accionados, que no contradicen la existencia de "...*la complejidad de las situaciones anormales de manifestación son medianas en los términos de la Ley, pues se trata de grupos grandes de personas descontentas con el Gobierno Nacional, que hacen uso de mecanismos de presión intensos para manifestar su malestar, de forma más o menos organizada*", sino se excusan en que tal control corresponde a la policía estadal de Carabobo (v. folio 148 de la pieza principal), a pesar de la claridad de lo dispuesto en los artículo 34, 44 y 46 de la Ley Orgánica del Servicio de Policía y del Cuerpo de Policía Nacional.

Así pues, quedó evidenciado en autos que:

- Desde el mes de febrero de 2014 se han presentado manifestaciones y afectaciones a la paz social en el territorio del Municipio San Diego del Estado Carabobo.

- Que varias de esas manifestaciones, hasta la presente fecha, han derivado, de forma continuada, en actos violentos y, en fin, en ilícitos cometidos por algunos grupos de personas, los cuales han quebrantado derechos humanos colectivos e individuales de personas que habitan en ese Municipio o que han tenido algún interés vinculado al mismo.

- Que algunas de esas expresiones de violencia han deteriorado, quemado y destruido bienes públicos y privados, y han restringido de forma total y parcial, respectivamente, varías vías públicas (municipales y nacionales) ubicadas en el referido Municipio, mediante las denominadas "barricadas", algunas de las cuales han sido conformadas con basura, escombros y hasta con paredes de bloque y cemento, han arrojado en aquellas vías dispositivos conformados por mangueras y clavos para desinflar cauchos ("miguelitos") y aceite.

- Que algunos de estos actos violentos han afectado, directa e indirectamente, bienes jurídicos de gran valor, como lo son la vida, la integridad personal, la libertad, el orden público, la paz social, el de la familia, medio ambiente, la educación, el trabajo, el interés superior de niños, niñas y adolescentes, el patrimonio público y privado, entre otros.

- Que un grupo de personas, los días 19 y 20 de febrero de 2014, cerraron la autopista al nivel del distribuidor San Diego (incluyendo este último), impidiendo el paso hacia San Diego y hacia los otros destinos que conecta esa vía de comunicación.

- Que ese grupo de personas se enfrentó, inclusive con armas de fuego, a funcionarios de la Guardia Nacional Bolivariana que debían quitar la obstrucción en la autopista. Que a pocos metros de ese lugar había un módulo abandonado de la Policía de San Diego que servía de centro de logística para las personas violentas, pues en el mismo encontraron gaveras llenas de "bombas molotov", gran cantidad de "miguelitos" (trozos de manguera con clavos), gasolina, cohetones y otros fuegos artificiales. Que cuando la Guardia Nacional Bolivariana replegó a los sujetos violentos, entre estos últimos y los efectivos de ese componente se encontraban dos patrullas de la policía del Municipio de San Diego, en las que había agentes de la misma y estaba con ellos el ciudadano Vicencio Scarano.

- Que en ocasiones la policía ha estado cerca de las barricadas y otras veces no ha hecho acto de presencia frente a esas y otras obstrucciones a la vía pública.

- Que en ocasiones, el personal de la Alcaldía quitaba barricadas pero dejaban los escombros en las adyacencias a la vía pública, aproximadamente a cinco metros, con lo cual se facilitaba que las volvieran a colocar.

- Que el módulo de la policía de San Diego ubicado a pocos metros del distribuidor San Diego, seguía abandonado después de dictado el mandamiento de amparo cautelar.

- Que no quedó demostrada alguna solicitud de apoyo que realizare, inclusive después de dictado el mandamiento de amparo cautelar, la Alcaldía o la policía del Municipio San Diego, a otros cuerpos de seguridad del Estado para coadyuvar en el control de las situaciones de violencia que se llevaban a cabo antes y después de dictado el mandamiento de amparo cautelar por parte de esta Sala.

- Que el día 18 de marzo de 2014, es decir, luego de dictado el mandamiento de amparo cautelar por parte de esta Sala, hubo barricadas humanas que perturbaban la circulación de personas y vehículos, y que en el distribuidor San Diego, a menos de cien metros de un módulo de la Policía Municipal de San Diego, un grupo de sujetos tomaron una unidad de transporte público y la quemaron; que al sitio sólo llegó la Policía Nacional Bolivariana, la Guardia Nacional Bolivariana y los Bomberos; hecho ratificado por los testigos promovidos por el Ministerio Público, quienes son oficiales de la Fuerza Armada Nacional Bolivariana de la República Bolivariana de Venezuela, y sobre ese mismo suceso se evacuó, en el debate probatorio, imagen fotográfica que lo evidenciaba.

- Que en el Municipio San Diego del Estado Carabobo las barricadas y los escombros permanecieron, tanto en las vías públicas como en sus adyacencias, los días 15, 16, 17, 18 y 19 de marzo de 2014.

III
DEL DERECHO

1. Del análisis de la Subsunción Legal

En el presente caso esta Sala acordó mandamiento amparo constitucional cautelar y le ordenó al ciudadano Vicencio Scarano Spisso, lo siguiente: 1. Realizara todas las acciones y utilizara los recursos materiales y humanos necesarios, en el marco de la Constitución y la Ley, a fin de evitar que se coloquen obstáculos en la vía pública que impidan, perjudiquen o alteren el libre tránsito de las personas y vehículos; se procediera a la inmediata remoción de tales obstáculos que hayan sido colocados en esas vías, y se mantengan las rutas y zonas adyacentes a éstas libres de basura, residuos y escombros, así como de cualquier otro elemento que pueda ser utilizado para obstaculizar la vialidad urbana y, en fin, se evite la obstrucción de las vías públicas del referido Municipio. 2. Cumpliere con su deber de ordenación del tránsito de vehículos y personas a fin de garantizar un adecuado y seguro desplazamiento por las vías públicas de sus Municipios. Adicionalmente. 3. Velara por la protección del ambiente y el saneamiento ambiental, aseo urbano y domiciliario. 4. Girara las instrucciones necesarias en sus respectivos cuerpos de policía municipal, a fin de dar cumplimiento efectivo a lo previsto en los artículos 44 y 46 de la Ley Orgánica del Servicio de Policía y del Cuerpo de Policía Nacional Bolivariana; y, en este sentido, 5. Desplegara las actividades preventivas y de control del delito, así como, también en el ámbito de sus competencias, promover estrategias y procedimientos de proximidad con las comunidades de sus espacios territoriales, a fin de lograr la comunicación e interacción con sus habitantes e instituciones locales con el propósito de garantizar y asegurar la paz social, la convivencia, el ejercicio pacífico de los derechos y el cumplimiento de la ley.

En ese mismo contexto, la Sala le ordenó al ciudadano Salvatore Lucchese Scaletta que: 1. Desplegara las acciones necesarias a fin de dar cumplimiento efectivo a lo previsto en los artículos 44 y 46 de la Ley Orgánica del Servicio de Policía y del Cuerpo de Policía Nacional Bolivariana, en especial para evitar la colocación de obstáculos en la vía pública que impidan, perjudiquen o alteren el libre tránsito de las personas y vehículos, en fin, que frene la obstrucción las vías públicas del referido Municipio. 2. Desplegara las actividades preventivas y de control del delito, así como, en el ámbito de sus competencias, promueva estrategias y procedimientos de proximidad con las comunidades de sus espacios territoriales, a fin de lograr la comunicación e interacción con sus habitantes e instituciones locales, con el propósito de garantizar y asegurar la paz social, la convivencia, el ejercicio pacífico de los derechos y el cumplimiento de la ley.

Asimismo, ordenó a ambos ciudadanos que cumplieran a cabalidad con las competencias que les atribuye el ordenamiento jurídico y garanticen el ejercicio de los derechos que correspondan, en tanto, Alcalde del Municipio San Diego del estado Carabobo y Director General de la Policía Municipal de San Diego del Estado Carabobo, respectivamente, con especial atención a lo previsto en el artículo 178 de la Constitución de la República Bolivariana de Venezuela, y en los artículos 34, 44 y 46 de la Ley Orgánica del Servicio de Policía y del Cuerpo de Policía Nacional Bolivariana, según corresponde.

Ahora bien, en la audiencia de autos quedó demostrado que los demás cuerpos de seguridad del Estado no tuvieron respuesta de la Policía y de la Alcaldía del Municipio San Diego, en materia de prevención y control de acciones violentas, ni que estos últimos desplegaran otras actuaciones tendientes al cabal cumplimiento de lo preceptuado en el artículo 178 Constitucional y la Ley Orgánica del Servicio de Policía y del Cuerpo de Policía Nacional Bolivariana; también está demostrado en esta causa que, a pesar del amparo constitucional cautelar ordenado por esta Sala en la decisión N° 136 del 12 de marzo de 2014, el Alcalde del Municipio San Diego del estado Carabobo no cumplió cabalmente con la inmediata remoción de los obstáculos ubicados en varias vías públicas que se encuentran en el Municipio, especialmente en la avenida Don Julio Centeno, ni se mantuvieron todas las vías municipales y zonas adyacentes a ellas, libres de residuos, escombros y de otros elementos utilizados para obstruir la vialidad urbana; y no cumplió, en corresponsabilidad con el ciudadano Salvatore Lucchese Scaletta, con lo previsto en los artículos 34, 44 y 46 de la Ley Orgánica del Servicio de Policía y del Cuerpo de Policía Nacional Bolivariana.

Asimismo, está comprobado en autos que, a pesar del mandamiento de amparo constitucional cautelar ordenado por esta Sala en la decisión N° 136 del 12 de marzo de 2014, el ciudadano Salvatore Lucchese Scaletta, Director de la Policía del Municipio San Diego del estado Carabobo: No cumplió cabalmente con su deber de evitar, según la ley y el mandato de esta Sala, la obstrucción total y parcial de vías públicas en el territorio de ese Municipio, y coordinar la actuación con otros cuerpos de seguridad del Estado, en caso de ser necesario. No cumplió con el deber de mantener y resguardar el módulo policial ubicado en las proximidades del Distribuidor San Diego. No cumplió con el deber de evitar la quema de una unidad de transporte público, el día anterior a la audiencia, en las cercanías del distribuidor San Diego del Municipio San Diego del estado Carabobo.

Inclusive, está comprobado en autos, que, aun después de dictado el mandamiento de amparo cautelar de autos, la Policía del Municipio San Diego algunas veces fue, cuando menos, tolerante con algunos actos de violencia evidenciados en ese Municipio, que pudieron evitarse total o parcialmente de haber ejercido las competencias que acuerda la ley.

Que esta situación de obstaculización y restricción de la circulación de personas y vehículos en algunas vías, así como otras situaciones violentas siguieron con posterioridad al amparo cautelar dictado por esta Sala, sin que se evidenciaren acciones por parte del Alcalde del Municipio San Diego y del Director de la Policía de ese Municipio, tendientes a controlar tal situación.

Al respecto, valga señalar que las policías municipales tienen las competencias previstas en los artículos 44 y 46 de la Ley Orgánica del Servicio de Policía y del Cuerpo de Policía Nacional, los cuales disponen lo siguiente:

"Artículo 44

Naturaleza

Los cuerpos de policía municipal son órganos o entes de seguridad ciudadana encargados de ejercer el servicio de policía en su espacio territorial y ámbito de competencia, primordialmente orientados hacia actividades preventivas y control del delito, con estricta sujeción a los principios y lineamientos establecidos en este Decreto con Rango, Valor y Fuerza de Ley Orgánica, sus reglamentos y los lineamientos y directrices dictados por el Órgano Rector.

Artículo 46

Atribuciones

Los cuerpos de policía municipal tendrán, además de las atribuciones comunes de los cuerpos de policía previstas en este Decreto con Rango, Valor y Fuerza de Ley Orgánica, competencia exclusiva en materia administrativa propia del Municipio y protección vecinal."

Así pues, los cuerpos de policía municipal comparten las atribuciones comunes de los cuerpos de policía, las cuales están previstas en el artículo 34 *eiusdem*, a saber:

"Artículo 34

De las Atribuciones Comunes

Son atribuciones comunes de los cuerpos de policía:

1. Cumplir y hacer cumplir la Constitución de la República Bolivariana de Venezuela, las leyes y las demás disposiciones relacionadas con el servicio de policía.

2. Proteger a las personas y a las comunidades, frente a situaciones que constituyan amenaza, vulnerabilidad, riesgo o daño para la integridad física, sus propiedades y su hábitat.

3. Ejercer el servicio de policía en las áreas urbanas, extraurbanas y rurales.

4. Ejecutar las políticas emanadas del Órgano Rector en materia de seguridad ciudadana, incluyendo tránsito, sustancias estupefacientes y psicotrópicas, anticorrupción, antisecuestros, acaparamiento y especulación alimentaria, adulteración de medicinas y otros bienes de consumo esenciales para la vida, delincuencia organizada, turismo, ambiente y **orden público**.

5. Promover, desarrollar e implementar estrategias y procedimientos que garanticen la participación de la comunidad organizada en el servicio de policía comunal.

6. Proteger a las personas que participen en concentraciones públicas o manifestaciones pacíficas.

7. Cooperar con los demás órganos y entes de seguridad ciudadana en el ámbito de sus competencias.

8. Resguardar el lugar donde haya ocurrido un hecho punible, e impedir que las evidencias, rastros o trazas vinculados al mismo, se alteren o desaparezcan, a los fines de facilitar las investigaciones correspondientes.

9. Propender a la solución de conflictos a través de la mediación, conciliación y demás mecanismos alternativos, a fin de garantizar la paz social.

10. Recabar, procesar y evaluar la información conducente a mejorar el desempeño de los cuerpos de policía.

11. Colaborar con los demás órganos y entes de seguridad ciudadana ante situaciones de desastres, catástrofes o calamidades públicas.

12. Ejercer funciones auxiliares de investigación penal de conformidad con las leyes especiales.

13. Practicar detenciones en virtud de una orden judicial, o cuando la persona sea sorprendida en flagrancia de conformidad con la Constitución de la República Bolivariana de Venezuela y las leyes.

14. Proteger a los testigos y víctimas de hechos punibles y demás sujetos procesales por orden de la autoridad competente.

15. Controlar, vigilar y resguardar las vías públicas nacionales, urbanas y extraurbanas y el tránsito terrestre previniendo la comisión de delitos, participando en la investigación penal y aplicando el régimen de sanciones administrativas previsto en la ley.

16. Las demás que le establezca el reglamento de la presente ley." (subrayado añadido)

En razón de todo lo antes expuesto, se estima demostrado que los ciudadanos Vicencio Scarano Spisso y Salvatore Lucchese Scaletta, omitieron cumplir el mandamiento de amparo cautelar dictado por esta Sala mediante sentencia N° 136, del 12 de marzo de 2014, en los términos ordenados por este Máximo Tribunal de la República, contraviniendo lo resuelto por el más alto nivel de la administración de justicia (vid. artículo 3 de la Ley Orgánica del Tribunal Supremo de Justicia), atentando contra su imagen, autoridad y adecuado acatamiento y funcionamiento, además de poner en riesgo los derechos de la comunidad cuya protección motiva la presente sentencia.

En relación a ello, el artículo 31 de la Ley Orgánica de Amparo sobre Derechos y Garantías Constitucionales, establece lo siguiente:

"Quien incumpliere el mandamiento de amparo dictado por el juez, será castigado con prisión de seis (6) a quince (15) meses."

En este orden de ideas, tal como se pudo comprobar de manera definitiva en la audiencia realizada, la conducta desplegada por los ciudadanos Vicencio Scarano Spisso y Salvatore Lucchese Scaletta encuadra en el supuesto de hecho del precepto establecido en el artículo 31 de la referida Ley Orgánica de Amparo sobre Derechos y Garantías Constitucionales, pues desacataron lo que le ordenó esta Sala, en el sentido de cumplir, cada uno de acuerdo a los cargos que desempeñan como Alcalde y como Director de la Policía Municipal, respectivamente, con lo establecido en el artículo 178 Constitucional y, en fin, con el resto del orden jurídico que les atañe, entre otras cosas, que, dentro de sus atribuciones y posibilidades efectivas, garantizaran la circulación sin restricciones por las vías públicas ubicadas en el Municipio San Diego, que las mantuvieran libres (junto a sus adyacencias) de escombros y dese-chos, que actuaran para impedir, controlar o coadyuvar en el control de acciones violentas desplegadas por grupos de personas, todo ello dirigiendo los recursos humanos y materiales a la orden de la Policía y de la Alcaldía, en general, del Municipio San Diego del estado Cara-bobo. Así se declara.

Así pues, efectivamente se configuró tal desacato al mandamiento de amparo dictado el 12 de marzo de 2014, mediante sentencia N° 136, tal y como lo había supuesto esta Sala mediante los hechos públicos, notorios y comunicacionales que evidenciare luego de dictado el referido amparo cautelar, cuando señaló la posible actitud y acción externa de menospre-cio, de desdén, y, por lo menos, de falta de suficiente interés y acatamiento a la referida deci-sión judicial dictada por esta Sala.

En tal sentido, esta Sala Constitucional observa que los ciudadanos Vicencio Scarano Spisso y Salvatore Lucchese Scaletta, no sólo violaron directamente el valor superior del ordenamiento jurídico de la responsabilidad social previsto en el artículo 2 Constitucional, sino también el deber jurídico y ético fundamental *"de cumplir y acatar esta Constitución, las leyes y los demás actos que en ejercicio de sus funciones dicten los órganos del Poder Público"* (artículo 131 Constitucional), y de *"cumplir sus responsabilidades sociales y parti-cipar solidariamente en la vida política, civil y comunitaria del país, promoviendo y defen-diendo los derechos humanos como fundamento de la convivencia democrática y de la paz social"* (artículo 132 *eiusdem*).

Con relación a ello, el Texto Fundamental dispone en su artículo 253 que *"La potestad de administrar justicia emana de los ciudadanos y ciudadanas y se imparte en nombre de la República por autoridad de la ley"*, y que *"corresponde a los órganos del Poder Judicial conocer de las causas y asuntos de su competencia mediante los procedimientos que deter-minen las leyes, y ejecutar o hacer ejecutar sus sentencias."* (Resaltado de este fallo).

En orden de ideas, resulta fundamental señalar que en el ordenamiento jurídico existen mecanismos expeditos y eficaces para garantizar que los jueces puedan ejecutar o hacer eje-cutar sus sentencias, así como también para garantizar el cumplimiento de lo que se senten-cie, lo cual pasa, inclusive, por revestir a la jurisdicción de la fuerza coercitiva necesaria para que ello pueda materializarse de manera efectiva, tal y como ocurre con las diversas normas sancionatorias aquí señaladas, incluyendo la prevista en el artículo 31 de la Ley Orgánica de Amparo sobre Derechos y Garantías Constitucionales.

Así, si no existieren normas que permitieren a los jueces y juezas ejecutar o hacer ejecu-tar sus decisiones, garantizar que se cumplan y, en fin, proteger el proceso, difícilmente podrán administrar justicia, incluyendo materias tan sensibles como la protección jurisdiccio-nal de la Constitución, en una de sus dimensiones más cardinales: el respeto a los derechos humanos individuales y, sobre todo, colectivos, que el Texto Fundamental patrio reconoce, inclusive, en un sentido abierto y progresivo (19, 22 y 23 Constitución de la República Boli-variana de Venezuela).

Parte de ello es la razón de ser de la otra norma sancionatoria que existe en la Ley Orgánica de Amparo sobre Derechos y Garantías Constitucionales, la cual dispone en su artículo 28 que *"cuando fuese negado el amparo, el Tribunal se pronunciará sobre la teme-ridad de la acción interpuesta y **podrá imponer sanción hasta de diez (10) días de arresto** al quejoso cuando aquella fuese manifiesta"*. Así como también, una dimensión del análisis efectuado en el aparte precedente es el que sustenta la norma contentiva del otro ilícito pre-visto en esa ley, concretamente en su artículo 31, el cual, si bien no hace referencia expresa *"al tribunal"* como ente sancionador, lo que pudo estimarse innecesario por parte del legislador, no menos cierto es que ello no es determinante para privar al juzgador de amparo, cuya decisión ha sido desacatada (conducta mucho más gravosa que la prevista en el artículo 28 *eiusdem*, en virtud de la posible vulneración de derechos constitucionales y la obstaculización a la labor de arbitrar –*lato sensu*-, en definitiva, los conflictos o resolver las situaciones jurídicas en general), de aplicar tal sanción en protección no sólo de los derechos que persigue tutelar mediante la misma y el proceso que la contiene, sino también de la labor del juez y del sistema de administración de justicia, pues si no hubiere una reivindicación inmediata de la decisión adoptada, la jurisdicción perdería la fuerza suficiente para cumplir las atribuciones que le asigna la Constitución y el resto del orden jurídico, dejando pasos a otras formas de control de los conflictos e interacciones sociales, que no sólo pudieran contrariar la parte orgánica de la Constitución, sino y sobre todo, su dimensión dogmática: valores, principios, derechos y garantías.

Así pues, esta Sala Constitucional del Tribunal Supremo de Justicia, con todas las atribuciones constitucionales que le corresponden (*vid*. artículo 266 y 336), y como máxima y última intérprete de la Constitución y garante de su uniforme interpretación y aplicación, cuyas decisiones las dicta en única instancia por no existir un tribunal jerárquicamente superior, que no tenga la posibilidad de sancionar una conducta que desacata un mandamiento de amparo que, en ocasiones puede ser pública, notoria, comunicacional y abiertamente objetiva (cuando, por ejemplo, un ciudadano o autoridad obligada por la misma, expresa de manera implícita o explícita su voluntad y acción de no cumplir lo ordenado), existiendo una norma que sanciona tal situación en la propia Ley Orgánica de Amparo sobre Derechos y Garantías Constitucionales, que no establece un procedimiento ni la autoridad que ha de imponerla, como sí lo hace el artículo 28 *eiusdem*, norma que permite realizar una interpretación sistemática o integral, que también está dirigida a tutelar la administración de justicia, implicaría, a su vez, un desacato a la Ley y la propia Constitución, como también sería oficiar al Ministerio Público para que, si así lo estimare, instara ahora un proceso penal, para que un juez de primera instancia controle la acusación y, de haber superado esa etapa, un juez de juicio lo lleve a cabo y, de ser el caso, el juez de ejecución vele por el cumplimiento de la sanción que pudiera no materializarse por lo dilatado del proceso penal, que no es compatible con estos ilícitos, existiendo la posibilidad de que, por ejemplo, el Ministerio Público (pudiera archivar las actuaciones o solicitar el sobreseimiento a un juez de primera instancia que pudiera declararlo, por ejemplo, por prescripción de la acción o ausencia de desacato, a pesar de haberlo comprobado esta Sala), quedando absolutamente ilusorio el cumplimiento del mandato de amparo (que, además, en este caso fue dictado cautelarmente en protección de intereses colectivos), y, por tanto, el adecuado funcionamiento de la Administración de Justicia en su máxima instancia.

Finalmente, en razón de las circunstancias fácticas y jurídicas hasta aquí evidenciadas, y en aras de garantizar los artículos 31 de la referida Ley Orgánica de Amparo sobre Derechos y Garantías Constitucionales y 253 de la Constitución de la República Bolivariana de Venezuela, además del orden jurídico, la justicia y la paz social, se reitera que los ciudadanos Vicenso Scarano Spisso y Salvatore Lucchese Scaletta efectivamente incurrieron en desacato del mandamiento de amparo constitucional decretado por esta Sala, y subvirtieron la autoridad y el correcto funcionamiento de la Administración de Justicia, representado en esta oportunidad por la Máxima Garante Judicial de la Constitucionalidad, como pilar fundamental del Estado Democrático y Social de Derecho y de Justicia, y, en fin, de la Constitución de la República Bolivariana de Venezuela, norma suprema (art. 7 *eiusdem*) y primer Texto Fundamental elaborado y aprobado por el Pueblo Venezolano, y pacto insoslayable para la gobernabilidad, el orden, la ética, el bienestar y la paz social, por lo que esta Sala impone a los ciudadanos Vicenso Scarano y Salvatore Lucchese, las sanción de prisión prevista en el artículo 31 de la Ley Orgánica de Amparo Constitucional, en su término medio de diez (10) meses y quince (15) días, más las accesorias de ley, por haber determinado procesalmente y en plena garantía de los derechos humanos, su responsabilidad por haber incurrido en ese ilícito formal, objetivo y de omisión, como lo es el ilícito judicial constitucional del desacato al mandamiento de amparo, en este caso, en protección cautelar a derechos colectivos.

Así se decide.

2. Inhabilitación Política

Siendo que la sanción que aquí se impone es la de prisión, corresponde emitir pronunciamiento respecto de las accesorias de ley, el cual se efectúa en los siguientes términos.

Para asumir integralmente el contenido de la consecuencia jurídica que la ley ordena imponer en este caso: prisión, debe ubicarse necesaria y supletoriamente el contenido y alcance del artículo 16 del Código Penal (al no existir otra disposición legal que establezca su alcance), el cual dispone lo siguiente:

"Artículo 16. Son penas accesorias de la **prisión**:

1. La **inhabilitación política** durante el tiempo de la condena..."

Así pues, por imperativo legal de absoluto orden público, la referida sanción principal que corresponde a los sancionados de autos, implica necesariamente la inhabilitación política durante el tiempo, en este caso, de ejecución de la sanción, cuya aplicación debe respetar este Máximo Tribunal por mandato de los principios constitucionales de reserva legal y legalidad de las sanciones, toda vez que no está facultado para suprimirla, sustituirla por otra o, en fin, alterar el contenido y alcance de la misma, pues ello sólo le corresponde al legislador, de allí la insoslayable necesidad de imponerla en su significado jurídico y no de manera discrecional.

Con relación a la inhabilitación política, el artículo 24 *eiusdem*, prevé lo siguiente:

"Artículo 24. La inhabilitación política no podrá imponerse como pena principal sino como accesoria de las de presidio o prisión y **produce como efecto la privación de los cargos o empleos públicos o políticos, que tenga el penado y la incapacidad durante la condena, para obtener otros y para el goce del derecho activo y pasivo del sufragio.**

También perderá toda dignidad o condecoración oficial que se le haya conferido, sin poder obtener las mismas ni ninguna otra durante el propio tiempo."

Así pues, la inhabilitación política que corresponde a los ciudadanos Vicenso Scarano Spisso y Salvatore Lucchese Scaletta, por estricto mandato legal, produce como efecto la privación de los cargos o empleos públicos o políticos, que tenga el sancionado y la incapacidad durante la ejecución de la sanción, para obtener otros y para el goce del derecho activo y pasivo del sufragio.

Como puede apreciarse, la inhabilitación política surte efectos inmediatos en este caso en el que, mediante la presente sentencia definitiva y firme, se impone la sanción, la cual comenzó a correr el mismo día en que, finalizada la audiencia oral, esta Sala profirió el dispositivo de la presente decisión, es decir, el 19 de marzo de 2014.

Ello como consecuencia de un diáfano e irrevocable mandato de Ley, sustentado en una valoración ética incuestionable que vinculó la voluntad del legislador, representante de la voluntad popular, basada en la lógica necesidad de la privación y cese de los cargos o empleos públicos o políticos, que tengan los sancionados, y la incapacidad durante la ejecución de la sanción para obtener otros y para el goce del derecho activo y pasivo del sufragio.

Así pues, la inhabilitación política que corresponde a los ciudadanos Vicenso Scarano Spisso y Salvatore Lucchese Scaletta, y que implica la privación de los cargos o empleos públicos o políticos, que tengan y la incapacidad mientras se cumpla la sanción, para obtener otros y para el goce del derecho activo y pasivo del sufragio, se dicta en ejercicio de una potestad legal, vinculada, reglada o jurisdiccional, y surte efectos inmediatos conforme lo ordena de manera diáfana del artículo 24 del Código Penal.

Así pues, esa inhabilitación política que corresponde a los ciudadanos Vicenso Scarano Spisso y Salvatore Lucchese Scaletta, tal y como lo señala el artículo 24 del Código Penal, produce como efecto la privación de los cargos o empleos públicos o políticos, que tuvieren los sancionados y la incapacidad durante el cumplimiento de la sanción, para obtener otros y para el goce del derecho activo y pasivo del sufragio, de allí que los mismos, a partir de haberse dictado en audiencia el dispositivo de esta sentencia firme, el 19 de marzo de 2014, están privados y cesaron en el ejercicio del cargo Alcalde del Municipio San Diego del estado Carabobo, y Director de la Policía de ese Municipio, respectivamente, y no podrán, durante el cumplimiento de la sanción, obtener otros cargos públicos o políticos y gozar del derecho activo y pasivo del sufragio. Así se decide.

3. De la naturaleza jurídica de la norma sancionatoria contenida en el artículo 31 de la Ley Orgánica de Amparo sobre Derechos y Garantías Constitucionales, ubicado en el título referido al "procedimiento" del amparo constitucional:

Con relación al ilícito descrito en el artículo 31 de la Ley Orgánica de Amparo sobre Derechos y Garantías Constitucionales, esta Sala, en algunas decisiones (*vid.* Nros. 74 del 24 de enero de 2002 y 673 del 26 de marzo de 2002), le ha dado el tratamiento que se le da a los ilícitos penales (aun cuando ni la Constitución, ni esa ley, ni ninguna otra, le atribuye tal carácter), en el sentido de que, al advertir el desacato, ordenaba oficiar al Ministerio Público para que investigara si se cometió o no el desacato y, si así lo estimare, acusara ante la jurisdicción penal o, en su defecto, solicitara el sobreseimiento de la causa o archivara el expediente. Actuación que se desplegaba aun a pesar de haber podido comprobar el hecho del desacato por notoriedad comunicacional o por medios de prueba que constaban en la causa.

No obstante, siendo que el devenir jurisprudencial de la Sala se corresponde con el ordenamiento jurídico como fuente primaria y elemental del Derecho, el criterio anterior ha ameritado una verificación a los fines de que su sustento se adapte, armónica e integralmente, a los dispositivos legales que se han incorporado a dicho ordenamiento en los últimos tiempos.

En efecto, debe tenerse presente que la acción que fue admitida por esta Sala se corresponde con la naturaleza de demanda de protección de derechos e intereses colectivos, cuya tramitación está regulada expresamente en la Ley Orgánica del Tribunal Supremo de Justicia que entró en vigencia el 1° de octubre de 2010, en la cual se concibe la plena compatibilidad de la figura del amparo cautelar como medida expedita, orientada a contener las líneas que la Sala estime más precisas e idóneas para la protección esencial de los derechos colectivos que se reputen en amenaza de vulneración.

De allí que no puede permanecer estática la doctrina de esta Sala, cuando las normas contemplan modificaciones vinculantes para los criterios que ella contiene, máxime cuando en la Ley Orgánica de Amparo sobre Derechos y Garantías Constitucionales no está contemplado procedimiento alguno para la valoración preliminar del posible incumplimiento de un mandamiento de amparo a efectos de su remisión al órgano competente.

Ello, adminiculado a que conforme a lo señalado en el artículo 98 de la Ley Orgánica del Tribunal Supremo de Justicia (2010), <u>cuando en el ordenamiento jurídico no se preceptúe un proceso especial a seguir, se aplicará el que exclusivamente las Salas de este Alto Tribunal juzguen más conveniente para la realización de la justicia, siempre que tenga fundamento legal</u>.

Es así que, tal como esta Sala lo señaló en su decisión N° 138 del 17 de marzo de 2014, para determinar el presunto incumplimiento al mandamiento de amparo cautelar decretado, se estableció que el procedimiento que más se adecua para la consecución de la justicia en el caso de autos es el estipulado para el amparo constitucional, por lo que, de conformidad con lo dispuesto en el artículo 26 de la Ley Orgánica de Amparo sobre Derechos y Garantías Constitucionales, convocó al ciudadano Vicencio Scarano Spisso, Alcalde del Municipio San Diego del Estado Carabobo; y al ciudadano Salvatore Lucchese Scaletta, Director General de la Policía Municipal de San Diego del Estado Carabobo, para que expusieran los argumentos que a bien tuvieren en su defensa.

Ahora bien, el objeto del referido procedimiento se vincula a la verificación del supuesto incumplimiento del mandato devenido de un amparo cautelar que fue dictado por esta Sala Constitucional, máxima instancia de la jurisdicción constitucional, habida cuenta de la ocurrencia de un hecho notorio y comunicacional que reveló, aun preliminarmente, la actitud evasiva en el acatamiento de sus órdenes, por parte de los ciudadanos Vicencio Scarano Spisso y Salvatore Lucchese Scaletta.

Aunado a la entrada en vigor de la Ley Orgánica del Tribunal Supremo de Justicia que entró en vigencia el 1° de octubre de 2010, fecha posterior a la de los referidos y contados criterios jurisprudenciales de esta Sala en la materia aludida, sobre la base de los principios de favorabilidad, de los valores superiores de la justicia y la preeminencia de los derechos humanos, reconocidos en el artículo 2 de la Constitución de la República Bolivariana de Venezuela (texto fundamental posterior a la ley que contempla el ilícito en cuestión), esta Sala considera que ese no es el tratamiento jurídico que debe dársele al referido ilícito.

Al respecto, corresponde tener en cuenta que esa norma sancionatoria (1) está ubicada en una ley de protección de derechos y garantías constitucionales que <u>carece de carácter penal</u>, (2) en la que no existe un aparte dedicado a ilícitos penales, (3) en la que ni esa disposición sancionatoria ni ningún otro precepto del ordenamiento jurídico la califica como tal y (4) en la que no se indica la autoridad judicial que impondría la sanción ni el procedimiento para ello, además de que (5) existen normas y sanciones similares en el sistema legal patrio que también protegen la correcta marcha de la administración de justicia (entre otros bienes e intereses jurídicos) y que aplica directamente el juez o jueza que lleva el proceso o que ha dictado un mandato (como ocurre en el presente asunto), con independencia de la competencia material del mismo (como la prevista en el artículo 28 de la misma Ley Orgánica de Amparo sobre Derechos y Garantías Constitucionales, entre otras, *vid. infra*), además de distintas características objetivamente comprobables que sustentan lo aquí afirmado y que serán explicitadas de seguidas.

Otra razón que abona por un tratamiento jurídico integral, eficaz y ajustado al ordenamiento jurídico vigente, en correspondencia con el Texto Fundamental (en particular, sus artículos 26, 27 y 257), de la norma prevista en el artículo 31 de la Ley Orgánica de Amparo sobre Derechos y Garantías Constitucionales, tiene que ver con su cardinal importancia para garantizar el cumplimiento de las decisiones jurisdiccionales y, sobre todo, las que dicte este Máximo Tribunal de la República, en tutela de intereses y derechos constitucionales (que, en definitiva y en general, son derechos constitucionales y humanos contenidos en instrumentos internacionales sobre la materia), individuales y colectivos; además de la proporcionalidad de la sanción en relación a otras normas del sistema jurídico (*vid. infra*).

En ese orden de ideas, debe advertirse que no toda norma que contenga sanciones restrictivas de la libertad es necesariamente una norma penal, tal como lo ha reconocido esta Sala en su jurisprudencia reiterada y pacífica. En efecto, este Máximo Tribunal de la República ha sostenido la constitucionalidad de varias disposiciones que permiten a los jueces y juezas que, en ejercicio de su potestad ordenadora de los procesos jurisdiccionales, apliquen las sanciones previstas en las leyes correspondientes. Ejemplos de esas normas se encuentran los artículos 24 y 98 del Código de Procedimiento Civil, 28 de la Ley Orgánica de Amparo sobre Derechos y Garantías Constitucionales, 92 y 93 de la Ley Orgánica del Poder Judicial y 42, 48, 170 y 178 de la Ley Orgánica Procesal del Trabajo, los cuales le ordenan a los jurisdicentes a imponer sanciones, inclusive de arresto (que hoy día, materialmente hablando, no reporta mayores diferencias con la prisión, tal y como se apreciará en los párrafos que siguen), en contra de algunos intervinientes que, en los diversos procesos judiciales actúen, de mala fe, temerariamente o, en fin, de manera contraria a la ética positivizada en la ley.

Así pues, aun cuando esas normas contemplan arresto, no quiere decir que por esa razón los anteriores sean tipos penales y, por tanto, deba intervenir todo el sistema penal (contrariando la voluntad del legislador plasmada en la ley y el principio de ultima ratio intervención penal), sino que, por el contrario, en tales supuestos, la sanción contenida en aquellas debe ser impuesta por el juez o jueza correspondiente (no necesariamente penal, así, la prevista en el artículo 28 de la Ley Orgánica de Amparo sobre Derechos y Garantías Constitucionales, es imponible por el juez actuando en ejercicio de la jurisdicción constitucional, mientras que las señaladas en los artículos 42, 48, 170 y 178 de la Ley Orgánica Procesal del Trabajo, son aplicables por los jueces laborales, y las dispuestas en los artículos 92 y 93 de la Ley Orgánica del Poder Judicial, por cualquier juez o jueza de la República).

Al respecto, es importante señalar que incluyendo la Ley Orgánica Procesal del Trabajo (que de las leyes anteriormente mencionadas es la única ulterior a la Constitución de la República Bolivariana de Venezuela), ninguna de esas normas sancionatorias están acompañadas de un proceso de adscripción de la responsabilidad por tales ilícitos, sino que presuponen la imposición inmediata de la sanción por parte del juez natural, es decir, el juez o jueza que advierta la actuación atentatoria a la jurisdicción y a los derechos que ella pretende salvaguardar, amparada en el artículo 253 constitucional, como ocurre en el presente asunto (circunstancia que fue estimada contraria a garantías judiciales por parte de esta Sala, lo que determinó, al igual que el presente caso, la aplicación de un procedimiento para tutelar los derechos a la defensa y al debido proceso consagrados en el artículo 49 *eiusdem* –*vid. infra*-).

En idéntico orden de ideas, el Derecho Comparado ha sostenido que "*no pertenecen al Derecho Penal, sino al Derecho Público en sentido estricto, aquellos preceptos que conminan la conducta antinormativa con otras sanciones distintas de las del Derecho criminal. Así (...) las sanciones que se imponen por desobediencia o conducta indebida ante un tribunal, tampoco son penas en el sentido del Derecho Criminal, aunque consistan en privación de la libertad. Por eso el legislador respecto de esas que antes denominaba 'penas de orden' para evitar malos entendidos hoy habla tan solo de 'medios de orden' (...)*" (Roxin, Claus. *Derecho Penal*. Parte General. Editorial Civitas S.A. 1997, pp. 43-44).

Asimismo, ya desde una perspectiva criminológica y de política pública antidelictiva, debe apuntarse que el tratamiento que hasta ahora se le ha dado al artículo 31 de la Ley Orgánica de Amparo sobre Derechos y Garantías Constitucionales, y, en fin, su consideración actualmente anacrónica como norma "penalmente" relevante, ha dejado prácticamente inoperante esa disposición legal cuya sanción, en relación al ámbito penal en el cual aun hoy algunos la han pretendido encasillar, es sustancial y desproporcionalmente limitada, de caras a la gravedad del hecho que describe y al tratamiento procesal penal (el cual ha mermado, casi por completo, la fuerza coercitiva que tenía en otros momentos y antes de varias reformas sustantivas y procesales), y, por tanto, a la protección de los derechos fundamentales y de su tutela a través de sus definitorios y máximos garantes: los jueces y juezas, en especial, de los magistrados y magistradas del más Alto Tribunal de la República, árbitro conclusivo de los conflictos sociales, entre particulares, entre otros órganos del Estado y entre estos últimos.

En fin, la intervención penal, al menos hoy día, sería ineficaz en el caso del desacato de amparo, circunstancia que justifica la presencia de tal ilícito en una ley no penal (la Ley Orgánica de Amparo sobre Derechos y Garantías Constitucionales), en un aparte referido al procedimiento de amparo (justamente para garantizar su eficacia en uno de los ámbitos jurídicos más importantes: el amparo a los derechos y garantías individuales, colectivas o difusas), y que a pesar de las reformas del Código Penal y de otras leyes y normas indiscutiblemente penales, no se haya incluido en ellas, sino que siga manteniéndose en la referida ley, concretamente en el Título referido al "procedimiento" de amparo constitucional (cuya máxima instancia es este Máximo Tribunal), y ni siquiera en un título referido a sanciones o ilícitos penales (que no existe en la misma), razón por la cual, el procedimiento aquí establecido es el que debe seguirse para verificar el desacato al amparo constitucional previsto en el artículo 31 de la Ley Orgánica de Amparo sobre Derechos y Garantías Constitucionales, y, de ser el caso, imponer la sanción prevista en ese artículo.

En efecto, es innegable el carácter simple y objetivamente comprobable del referido ilícito por parte de los jueces, con un proceso compatible con los artículos 26, 49 y 257 de la Constitución, tal y como ocurrió en el presente caso, en el cual se pudo verificar de manera indubitable el desacato, tal y como lo hacen con frecuencia, incluso desde hace décadas, diversos tribunales de la República de todas las instancias, cuando aplican similares sanciones que deben ser impuestas directamente por los jueces, juezas y magistrados o magistradas, apenas verifiquen, con respeto al debido proceso, las infracciones descritas en los ya señalados artículos 24 y 98 del Código de Procedimiento Civil, 28 de la Ley Orgánica de Amparo sobre Derechos y Garantías Constitucionales, 92 de la Ley Orgánica del Poder Judicial y 42, 48, 170 y 178 de la Ley Orgánica Procesal del Trabajo; respecto de las cuales se aplica otro procedimiento también compatible con el Texto Fundamental, establecido en la sentencia dictada por esta Sala bajo el N° 1184 del 22 de septiembre de 2009, en la que se asentó lo siguiente:

[...omissis...]

Lo antes expuesto no solo señala la gran trascendencia que esta Sala ha reconocido a la correcta marcha de la Administración de Justicia y a todos los valores constitucionales y jurídicos que ella tutela, sino también: 1.- Al carácter insoslayable de las normas sancionatorias, 2.- A que algunas de esas sanciones, incluso privativas de libertad, pueden ser directamente impuestas por los jueces correspondientes de diversas jurisdicciones, respetando el debido proceso, 3.- A que no toda sanción privativa de libertad debe ser consecuencia de un proceso penal, sino sólo cuando la ley así lo establezca –legalidad procesal-, y 4.- A que esas normas y sanciones están ajustadas a la Constitución de la República Bolivariana de Venezuela, como ha podido verificarse.

En razón de ello, queda claro que en el presente asunto se está ante una intervención jurisdiccional absolutamente legítima, toda vez que, sobre la base de principios, normas y derechos humanos constitucionalizados, esta Sala interpreta el ilícito previsto en el artículo 31 de la Ley Orgánica de Amparo sobre Derechos y Garantías Constitucionales, para mantener la validez del mismo, sustentada, entre otras tantas razones, en el principio de estabilidad de la legislación y en la necesidad de garantizar el acatamiento a las decisiones jurisdiccionales en protección de derechos y garantías constitucionales, y, por ende, en la necesidad de proteger el orden constitucional y jurídico, la paz, la ética y el bienestar social.

Es claramente lógico que en el presente asunto la Sala no pretende juzgar ilícito penal alguno vinculado a esta causa, pues lo que está siendo objeto de decisión es si hubo o no desacato a la decisión que dictó, y, al haberlo corroborado, imponer la consecuencia jurídica que le obliga atribuir, en estos casos, la ley (artículo 31 de la Ley Orgánica de Amparo).

Precisamente eso es lo que está enjuiciando esta Máxima Instancia Constitucional, un ilícito cometido en el contexto de este proceso y que contraría una decisión que dictó, por lo que debe restablecer el mandato defraudado imponiendo la sanción prevista en la ley, en honor a los principios de legalidad y debido proceso, aunado al derecho de los justiciables a tener una tutela judicial efectiva. Por ello la realización de este procedimiento llevado a cabo en ejercicio de la potestad sancionatoria de la jurisdicción constitucional, no se contrapone a la competencia penal del Ministerio Público, de la policía de investigación penal y de la jurisdicción penal (*stricto sensu*), la cual no se extiende hasta este ilícito judicial constitucional de desacato.

Por tal motivo, el contenido de este ilícito judicial se le informó con absoluta precisión a los ciudadanos citados mediante sentencia N° 138 del 17 de marzo de 2014, en la que, entre otras circunstancias, se les convocó a una audiencia que fue oral, contradictoria, pública y concentrada –artículo 257 Constitucional-, además de gratuita, accesible, imparcial, idónea, transparente, autónoma, independiente, responsable, equitativa y expedita, sin dilaciones indebidas, sin formalismos o reposiciones inútiles – artículo 26 *eiusdem*- y orientada en todo momento por los principios de inmediación, libertad de pruebas y libre apreciación de las pruebas, control y contradicción de las mismas, entre otros.

Así, en la mencionada decisión se les citó a la referida audiencia, junto al Ministerio Público y a la Defensoría del Pueblo, porque se obtuvo información por notoriedad comunicacional, de la cual "*pudiera denotarse el presunto incumplimiento del mandato constitucional librado en la sentencia N° 136 de 12 de marzo de 2014*", hecho claro y objetivo que era de su absoluto conocimiento antes de llegar a la audiencia, del cual se defendieron en la misma plenamente durante horas, tal y como se desprende de sus alegatos y de todo el cúmulo probatorio que trajeron al proceso.

En efecto, en el aludido fallo se les informa que su intervención en la audiencia es a fin de que "*expongan los argumentos que a bien tuvieren en su defensa*", tal y como lo hicieron en efecto, evacuando además varios medios de prueba testimoniales e instrumentales que promovieron los encartados de autos, en garantía a los derechos a ser oídos y al debido proceso que les asisten, respetando en todo instante, hasta el momento inmediatamente anterior al pronunciamiento del dispositivo, el derecho a la presunción de inocencia.

En ese orden de ideas, esta Sala no sólo es el juez natural de la causa en la que dictó el amparo cautelar sino también en la presente incidencia. En ambos procesos el único interés de esta Sala estriba en la Administración de Justicia, por lo que la independencia, imparcialidad (artículos 26 y 254 Constitucionales), preexistencia a la infracción, competencia jurisdiccional y material (es el Tribunal que debe declarar el desacato a la decisión que dictó y sancionar la conducta contraria a esta última, conforme a la norma vigente y válida prevista en el artículo 31 de la Ley Orgánica de Amparo sobre Derechos y Garantías Constitucionales), y atributos en general de las garantías constitucionales del juez natural se mantienen incólumes (artículo 49.4 del Texto Fundamental).

Así pues, en síntesis, se está ante un ilícito judicial constitucional cuya conducta típica y sanción están descritas con precisión en la ley (principios de legalidad y reserva de ley), ante un proceso con todas las garantías orientado por la Constitución de la República Bolivariana de Venezuela e instrumentos internacionales en materia de derechos humanos (principios de exclusividad procesal y debido proceso), y ante una sanción impuesta por la jurisdicción, concretamente, por la Sala Constitucional del Tribunal Supremo de Justicia (principios de exclusividad judicial, juez natural –preexistente al hecho, imparcial y competente, a partir de una interpretación garantista del artículo 31 de la de la Ley Orgánica de Amparo sobre Derechos y Garantías Constitucionales– y tutela judicial efectiva), y debidamente ejecutada – como toda sanción judicial– por la jurisdicción.

En otro orden de ideas, respecto del principio de la doble instancia, debe recordarse que el mismo, al igual que la gran mayoría de los axiomas jurídicos, no son absolutos y encuentran excepciones, inclusive, dentro de la propia Constitución (*vid.*, entre otros, los artículos 335 Constitucional y 3 de la Ley Orgánica del Tribunal Supremo de Justicia).

Con relación a la doble instancia, el artículo 49 Constitucional dispone lo siguiente:

"Artículo 49. El debido proceso se aplicará a todas las actuaciones judiciales y administrativas; en consecuencia:

1. La defensa y la asistencia jurídica son derechos inviolables en todo estado y grado de la investigación y del proceso. Toda persona tiene derecho a ser notificada de los cargos por los cuales se le investiga, de acceder a las pruebas y de disponer del tiempo y de los medios adecuados para ejercer su defensa. Serán nulas las pruebas obtenidas mediante violación del debido proceso. **Toda persona declarada culpable tiene derecho a recurrir del fallo, con las excepciones establecidas en esta Constitución y la ley**".

Así pues, en el contexto de una norma constitucional (artículo 49), que en su referencia jurisdiccional se centra fundamentalmente en la jurisdicción penal, se establece el derecho a recurrir del fallo condenatorio con **las excepciones establecidas en esta Constitución y la ley**.

Por su parte, el Pacto Internacional de Derechos Civiles y Políticos dispone en su artículo 14.5, lo siguiente:

"Artículo 14.

5. Toda persona declarada culpable de un **delito** tendrá derecho a que el fallo **condenatorio** y la **pena** que se le haya impuesto sean sometidos a un tribunal superior, **conforme a lo prescrito por la ley**".

Así, el referido instrumento internacional sobre derechos humanos, de forma similar a nuestra Constitución, condiciona la doble instancia a una sentencia condenatoria, que el caso de autos no es penal, a la existencia de un tribunal superior, que en este caso no existe, por ser esta es la máxima y última intérprete y protectora judicial de la constitucionalidad, y a la respectiva previsión constitucional o legal, que en este caso tampoco existe respecto de esta Sala, por lo que cuando ejerciere su potestad sancionatoria constitucional, como ocurre en este asunto, no vulneraría el principio de la doble instancia.

En tal sentido, la propia Constitución confirma, en otra de sus disposiciones, la limitación y relatividad de la doble instancia, toda vez que, según los artículos 266, numerales 1 y 2 (*vid.* Sentencia N° 1684 del 4 de noviembre de 2008), la Sala Plena de este Máximo Tribunal de la República es la competente para proceder al enjuiciamiento penal de determinados altos funcionarios, cuando dictamine la existencia de mérito para ello, supuestos en los cuales, aun dictada una sentencia condenatoria, no existe posibilidad de una doble instancia penal, en el sentido general del término (apelación o impugnación ante el superior jerárquico de esa misma jurisdicción), toda vez que la revisión constitucional no es propiamente un medio ordinario de impugnación, pues como se desprende del Texto Fundamental, es una potestad extraordinaria.

En razón de lo antes expuesto, es absolutamente evidente la imposibilidad constitucional y legal de recurrir de la sanción de la jurisdicción constitucional, que esta Sala debe imponer a los responsables de autos. Así se declara.

Ahora bien, conforme a lo hasta aquí expresado y en virtud de la relevancia de los intereses jurídicos involucrados en el procedimiento por desacato al mandamiento de amparo constitucional, cuando este último haya sido declarado por cualquier otro tribunal distinto a la Sala Constitucional (cuyas decisiones sí puedan ser examinadas por un tribunal superior en la jurisdicción constitucional), éste deberá remitirle en consulta (*per saltum*), copia certificada de la decisión que declare el desacato e imponga la sanción prevista en el artículo 31 de la Ley Orgánica de Amparo sobre Derechos y Garantías Constitucionales, previa realización del procedimiento de amparo señalado por esta Sala en la sentencia N° 138 del 17 de marzo de 2014, para que, luego de examinada por esta máxima expresión de la jurisdicción constitucional, de ser el caso, pueda ser ejecutada. En ese sentido, tal como se desprende de ello, la referida consulta es anterior a la ejecución de la sentencia y tendrá efecto suspensivo de esta última. Así se declara.

Por tales argumentos de hecho y de derecho, esta Sala debe declarar con criterio vinculante, el carácter jurisdiccional constitucional de la norma establecida en el artículo 31 de la Ley Orgánica de Amparo sobre Derechos y Garantías Constitucionales, ello para garantizar el objeto y la finalidad de esa norma y, por tanto, para proteger los valores que ella persigue tutelar: los derechos y garantías constitucionales, el respeto a la administración de justicia, la administración pública, el funcionamiento del Estado, el orden jurídico y social, la ética, la convivencia ciudadana pacífica y el bienestar del Pueblo, junto a los demás valores e intereses constitucionales vinculados a éstos. Por lo tanto, las reglas del proceso penal y de la ejecución penal no tienen cabida en este ámbito (fijación de la competencia territorial respecto de la ejecución, intervención fiscal, policial y de la jurisdicción penal –la cual, valga insistir, encuentra su último control constitucional en esta Sala-, suspensión condicional de la pena, fórmulas alternas de cumplimiento de la pena, entre otras tantas), más allá de lo que estime racionalmente esta Sala, de caras al cumplimiento del carácter retributivo, reflexivo y preventivo de la misma y cualquier otra circunstancia que encuentre sustento en el texto fundamental. Así se decide.

4. Ausencia absoluta, cese de funciones públicas y consecuencias

Ahora bien, en tanto el ciudadano Vincencio Scarano ostentaba la condición de Alcalde del Municipio San Diego del estado Carabobo (hasta la fecha de en que se celebró la presente audiencia y se dictó el dispositivo de esta sentencia firme), debe considerarse lo dispuesto en el artículo 87 de la Ley Orgánica de Poder Público Municipal, el cual dispone lo siguiente:

"Artículo 87

Las ausencias temporales del Alcalde o Alcaldesa serán suplidas por el funcionario de alto nivel de dirección, que él mismo o ella misma designe. Si la ausencia fuese por un período mayor de quince días continuos, deberá solicitar autorización al Concejo Municipal. Si la falta temporal se prolonga por más de noventa días consecutivos, el Concejo Municipal, con el análisis de las circunstancias que constituyen las razones de la ausencia, declarará si debe considerarse como ausencia absoluta.

Cuando la falta del Alcalde o Alcaldesa se deba a detención judicial, la suplencia la ejercerá el funcionario designado por el Concejo Municipal, dentro del alto nivel de dirección ejecutiva.

Cuando se produjere la ausencia absoluta del Alcalde o Alcaldesa antes de tomar posesión del cargo o antes de cumplir la mitad de su período legal, se procederá a una nueva elección, en la fecha que fije el organismo electoral competente.

Cuando la falta absoluta se produjere transcurrida más de la mitad del período legal, el Concejo Municipal designará a uno de sus integrantes para que ejerza el cargo vacante de Alcalde o Alcaldesa por lo que reste del período municipal. El Alcalde o Alcaldesa designado o designada deberá cumplir sus funciones de acuerdo al Plan Municipal de Desarrollo aprobado para la gestión.

Cuando la ausencia absoluta se deba a la revocatoria del mandato por el ejercicio del derecho político de los electores, se procederá de la manera que establezca la ley nacional que desarrolle esos derechos constitucionales.

En los casos de ausencia absoluta, mientras se cumple la toma de posesión del nuevo Alcalde o Alcaldesa, estará encargado de la Alcaldía el Presidente o Presidenta del Concejo Municipal.

Se consideran ausencias absolutas: la muerte, la renuncia, la incapacidad física o mental permanente, certificada por una junta médica, por **sentencia firme decretada por cualquier tribunal de la República** y por revocatoria del mandato.

Como puede apreciarse, en virtud de ese imperativo legal, uno de los supuestos de ausencia absoluta de los Alcaldes es la "sentencia firme decretada por cualquier tribunal de la República".

En efecto, la presente es una sentencia firme, por ser dictada por esta Sala Constitucional del Tribunal Supremo de Justicia, respecto de la cual no tiene cabida recurso o impugnación alguna, tal como se desprende del artículo 3 de la Ley Orgánica del Tribunal Supremo de Justicia:

"Máxima Instancia

Artículo 3. El Tribunal Supremo de Justicia es el más alto tribunal de la República; contra sus decisiones, en cualquiera de sus Salas, no se oirá, ni admitirá acción ni recurso alguno, salvo lo que se dispone en la presente Ley".

Pretender negar tal carácter de sentencia firme a la antedicha decisión judicial, y su cualidad de constituir una causal de falta absoluta, conforme a lo previsto en el precitado artículo 87 de la Ley Orgánica del Poder Público Municipal, implicaría contrariar tanto la Constitución como la propia jurisprudencia de esta Sala, asentada en la sentencia N° 6 del 4 de marzo de 2010, en la que se declaró el error inexcusable en el que incurrió la Sala Electoral de este Tribunal Supremo de Justicia, cuando calificó "que la falta derivada de la sentencia no es una vacante absoluta".

En efecto, en la referida sentencia esta Sala afirmó lo siguiente:

"En efecto, la sentencia no puede nombrar a un ciudadano para el ejercicio del cargo de Alcalde como si ella estuviera habilitada para ello, ya que el régimen de sustitución se encuentra recogido en la Ley Orgánica del Poder Público Municipal, siendo el funcionario competente para ser nombrado, el Presidente del Concejo Municipal para suplir esa ausencia derivada de una decisión jurisdiccional, tal como lo establece el artículo 87 de la ley antes mencionada.

La Sala Electoral incurre en un error inexcusable en derecho cuando califica que la falta derivada de la sentencia no es una vacante absoluta, cuando la propia disposición citada establece en su aparte final, que uno de los supuestos de falta absoluta es la "sentencia firme decretada por cualquier tribunal de la República", desconociendo de esta manera dicho régimen, y posteriormente, proceda a designar a un ciudadano que ya había cesado en el ejercicio de sus funciones sin atender al régimen de sustituciones referido y vulnerando el derecho constitucional a la participación política.

Es, pues, el error grave e inexcusable (porque la norma es absolutamente clara) acerca de la calificación de la falta que produjo la sentencia para eximirla de la aplicación de la ley para cubrir dicha falta. Aquí, nuevamente, puede observarse no sólo un franco desacato al mandato legislativo, sino a la propia jurisprudencia de la Sala Electoral, pues en dos casos similares (sentencias n° 40/2006 y n° 80/2007) la Sala sí se ciñó a la ley orgánica, por lo que se configura también en esta materia la violación del principio de la confianza legítima.

Tampoco se comprende, se insiste, la orden de exclusión (virtual inhabilitación sin fundamento constitucional y legal) del Alcalde "depuesto" en el nuevo proceso electoral, para lo cual no se ofrece explicación alguna. En todo caso, su elección en 2008 no comportaba su reelección que sólo se permitía por una sola vez (artículo 174 CRBV). Esta inmotivada e injustificada exclusión es claramente violatoria del derecho al sufragio de este ciudadano y el del sufragio activo de quienes tendrían derecho a votar por él; y así se declara."

Así pues, al ser la presente una sentencia firme, en este caso, además, sancionatoria, resulta evidente la materialización jurídica de la falta absoluta del Alcalde del Municipio San Diego del Estado Carabobo, ciudadano Vicencio Scarano, conforme a lo dispuesto en el artículo 87 de la Ley Orgánica del Poder Público Municipal y de la jurisprudencia indubitada de esta Sala. Así se declara.

Ahora bien, ante esa falta absoluta del aludido Alcalde, el precitado artículo 87 de la Ley Orgánica del Poder Público Municipal, como pudo apreciarse, dispone lo siguiente:

"Cuando se produjere la ausencia absoluta del Alcalde o Alcaldesa antes de tomar posesión del cargo o antes de cumplir la mitad de su período legal, se procederá a una nueva elección, en la fecha que fije el organismo electoral competente".

Así pues, en tanto para la presente fecha el ciudadano Vincencio Scarano no ha cumplido la mitad de su período legal, toda vez que el mismo inició el día 9 de diciembre de 2013, con su proclamación como tal, debe procederse a una nueva elección para proclamar al nuevo Alcalde, en la fecha que fije el organismo electoral competente.

Por otra parte, el mencionado artículo 87 de la Ley Orgánica del Poder Público, también prevé que:

"En los casos de ausencia absoluta, mientras se cumple la toma de posesión del nuevo Alcalde o Alcaldesa, estará encargado de la Alcaldía el Presidente o Presidenta del Concejo Municipal".

En razón de ello, deberá encargarse de la Alcaldía del Municipio San Diego del estado Carabobo el Presidente o la Presidenta del Concejo Municipal de ese Municipio, al cual se extiende, tanto como a cualquier ciudadano que desempeñe tal investidura ejecutiva en ese Municipio, el amparo cautelar dictado en la presente causa, para que honre lo dispuesto en el artículo 178 Constitucional y el resto del orden jurídico que le atañe, y, por tanto, será responsable del cumplimiento de las competencias constitucionales y jurídicas en general, como Alcalde encargado en pleno ejercicio. Así se decide.

Por su parte, el ciudadano Salvatore Luchesse, también como consecuencia de la sanción a diez (10) meses y quince (15) días de prisión que le corresponde y de las accesorias de ley que ella apareja, está inhabilitado políticamente desde el 19 de marzo de 2014, fecha en la que esta Sala dictó el dispositivo de la presente decisión, por lo cual está privado de los cargos o empleos públicos o políticos que tenga, y está incapacitado durante el cumplimiento de la sanción, para obtener otros y para el goce del derecho activo y pasivo del sufragio. Así se declara.

Así pues, como consecuencia de los argumentos de hecho y de derecho expuestos, esta Sala Constitucional del Tribunal Supremo de Justicia debe declarar el desacato al mandamiento de amparo constitucional cautelar que esta Sala dictó el 12 de marzo de 2014, mediante sentencia N° 136, en el que incurrieron los ciudadanos Vicencio Scarano Spisso y Salvatore Lucchese Scaletta, previsto en el artículo 31 de la Ley Orgánica de Amparo sobre Derechos y Garantías Constitucionales, y, en consecuencia procede a sancionar a los prenombrados ciudadanos a cumplir diez (10) meses y quince (15) días de prisión, más las accesorias de la ley por la comisión del referido desacato al mandamiento de amparo constitucional cautelar, de conformidad con lo dispuesto en el artículo 31 de la Ley Orgánica de Amparo sobre Derechos y Garantías Constitucionales. Dejar a los sancionados a la orden del Servicio Bolivariano de Inteligencia Nacional (SEBIN).

Establecer como centro de reclusión de los prenombrados sancionados, la sede del Servicio Bolivariano de Inteligencia Nacional (SEBIN), ubicada en la ciudad de Caracas, hasta tanto un juez de primera instancia en funciones de ejecución, determine el sitio definitivo de reclusión.

5. Remisión de copia certificada de esta decisión a la Contraloría General de la República

Aunado a lo antes expuesto, en razón del fundamento de hecho de la presente decisión y de los valores y principios constitucionales de la responsabilidad social, la justicia y la colaboración entre Poderes Públicos, es deber de esta Sala ordenar la remisión de copia certificada de esta decisión a la Contraloría General de la República, a los efectos de que investigue la responsabilidad administrativa de los sancionados de autos, por afectaciones a los bienes, derechos e intereses patrimoniales de la hacienda pública municipal, conforme a lo previsto en la Ley Orgánica de la Contraloría General de la República y del Sistema Nacional de Control Fiscal.

6. Remisión de copia certificada de la presente decisión a la Procuraduría General de la República

En relación a ello, ante la posible afectación de bienes, derecho o intereses patrimoniales de la República, por parte de los aquí declarados responsables de desacato a mandamiento de amparo cautelar, esta Sala tiene el deber de remitir copia certificada de la presente decisión a la Procuraduría General de la República, a los efectos de que, de así estimarlo, tramite el procedimiento correspondiente para la determinación de la posible responsabilidad de los mismos, conforme a lo previsto en el Decreto con Rango, Valor y Fuerza de Ley Orgánica de la Procuraduría General de la República y demás normativa aplicable.

7. Remisión de copia certificada de la presente decisión al Ministerio Público

Por otra parte, debe señalarse que luego de realizada la audiencia oral, esta Sala observó que el referido desacato se produjo en el marco de diversas acciones suscitadas desde el mes de febrero del presente año, no sólo en el Municipio San Diego del Estado Carabobo sino también en una parte más amplia del territorio nacional.

Tales acciones probablemente estén vinculadas a la vulneración de intereses tutelados por el Código Penal y otras leyes penales, inclusive en comisión por omisión, y, por lo menos, en grado de co-intervención o co-participación, por lo que esta Sala ordena la remisión de copia certificada de la presente decisión al Ministerio Público para que determine el inicio de la investigación penal a los ciudadanos aquí sancionados y a otras personas, por los posibles atentados penalmente relevantes contra el libre tránsito, el medioambiente, el patrimonio público y privado, el orden público, la paz social e, inclusive, los Poderes Públicos, la seguridad de la Nación, la independencia nacional, entre otros que también han podido lesionar o poner en peligro pequeños grupos de personas, en especial ciertos voceros, que en algunos Municipios del país han venido generando hechos de violencia que, en algunos casos, no sólo han vulnerado derechos humanos individuales (incluyendo la vida, entre otros tantos) sino también colectivos, e, inclusive, han generado terror en la población.

Atentados que, probablemente, también han podido provenir, mediante inducción y otras formas de participación criminal, de personas que se han encontrado o se encuentran fuera del espacio geográfico de la República, y que, en algunos casos, la República Bolivariana de Venezuela tiene jurisdicción para su enjuiciamiento, conforme a las reglas de extraterritorialidad de la ley penal venezolana, contempladas en el artículo 4 del Código Penal y en otras normas previstas en otras leyes y normas penales de la República. Así se decide.

III
DECISIÓN

Por las razones que se expusieron, este Tribunal Supremo de Justicia, en Sala Constitucional, administrando justicia en nombre de la República por autoridad de la Ley, declara:

1. El DESACATO al mandamiento de amparo constitucional cautelar que esta Sala dictó el 12 de marzo de 2014, mediante sentencia N° 136, en el que incurrieron los ciudadanos Vicencio Scarano Spisso y Salvatore Lucchese Scaletta, previsto en el artículo 31 de la Ley Orgánica de Amparo sobre Derechos y Garantías Constitucionales.

2. SANCIONA a los ciudadanos Vicencio Scarano Spisso y Salvatore Lucchese Scaletta, a cumplir diez (10) meses y quince (15) días de prisión, más las accesorias de la ley por la comisión del referido desacato al mandamiento de amparo constitucional cautelar, de conformidad con lo dispuesto en el artículo 31 de la Ley Orgánica de Amparo sobre Derechos y Garantías Constitucionales y, en consecuencia, el ciudadano Vicencio Scarano Spisso cesa en el ejercicio del cargo de Alcalde del Municipio San Diego, del Estado Carabobo.

3. Que como consecuencia de esta decisión, al culminar esta audiencia, los sancionados quedarán a la orden del Servicio Bolivariano de Inteligencia Nacional (SEBIN).

4. ESTABLECE como centro de reclusión de los prenombrados sancionados, la sede del Servicio Bolivariano de Inteligencia Nacional (SEBIN), ubicada en la ciudad de Caracas, hasta tanto un juez de primera instancia en funciones de ejecución, determine el sitio definitivo de reclusión.

En atención a la naturaleza de este pronunciamiento, esta Sala ordena la publicación íntegra del presente fallo en la *Gaceta Oficial de la República Bolivariana de Venezuela*, y en la Gaceta Judicial, en cuyos sumarios deberá indicarse lo siguiente:

"*Sentencia de la Sala Constitucional del Tribunal Supremo de Justicia, que establece, con carácter vinculante, el carácter jurisdiccional constitucional de la norma establecida en el artículo 31 de la Ley Orgánica de Amparo sobre Derechos y Garantías Constitucionales, y establece el procedimiento que deben seguir los Tribunales de la República para aplicarla*".

TSJ-SC (263)   **10-4-2014**

Magistrado Ponente: Ponencia conjunta

Caso: Juan Ernesto Garantón Hernández.

La Sala Constitucional del Tribunal Supremo de Justicia declaro el desacato al mandamiento de amparo constitucional cautelar que esta Sala dictó el 17 de marzo de 2014, mediante sentencia N° 137, en el que incurrió el ciudadano Daniel Omar Ceballos Morales, previsto en el artículo 31 de la Ley Orgánica de Amparo sobre Derechos y Garantías Constitucionales, y, en consecuencia, por el desacato al mandamiento de esta Sala, que aparejó la ocurrencia de hechos de grave magnitud comprobados en autos acaecidos en el Municipio San Cristóbal, procede a sancionar al prenombrado ciudadano a cumplir doce (12) meses de prisión, más las accesorias de la ley por la comisión del referido desacato al mandamiento de amparo constitucional cautelar, de conformidad con lo dispuesto en el artículo 31 de la Ley Orgánica de Amparo sobre Derechos y Garantías Constitucionales.

La Sala Constitucional del Tribunal Supremo de Justicia declaró el desacato al mandamiento del amparo constitucional cautelar dictado mediante la sentencia N° 135 del 12 de marzo en el que, a criterio de la Sala, incurrieron los alcaldes Gerardo Blyde y David Smolansky, criterio que con efectos extensivos se aplicó al alcalde del municipio San Cristóbal del estado Táchira Daniel Ceballos de acuerdo a la Sentencia N° 137 del 17 de marzo de 2014.

En ese sentido, la Sala decidió sancionar al alcalde con "*12 meses de prisión, más las accesorias de Ley, por el referido desacato, de conformidad con lo establecido en el artículo 31 de la Ley Orgánica de Amparo sobre Derechos y Garantías Constitucionales*". Asimismo, y de acuerdo a la Sala "*cesa en el ejercicio del cargo de alcalde del municipio San Cristóbal del estado Táchira*".

II
HECHO PROBADO

Analizados como han sido, conforme al sistema de la sana crítica, los medios de prueba aportados por los intervinientes en la audiencia, durante la cual tuvieron pleno ejercicio de los derechos a ser oídos, a la defensa y al debido proceso, conforme a lo establecido en el artículo 49 de la Constitución de la República Bolivariana de Venezuela, a través de la alegación, promoción y evacuación de los medios de prueba, así como de su control y contradicción, esta Sala observa lo siguiente:

En decisión N° (Véase en *Revista de Derecho Público* N° 137 de 2014 en pp. 147) se extendieron los efectos del amparo constitucional cautelar contenidos en la decisión de esta Sala (Véase en *Revista de Derecho Público* N° 137 de 2014 en pp. 136) y, en tal sentido, se ordenó, entre otros, al ciudadano Daniel Ceballos, alcalde del municipio San Cristóbal del estado Táchira desplegar las acciones descritas ut supra, con el objeto de cumplir con la previsión contenida en el artículo 178 Constitucional, así como con el resto del ordenamiento jurídico que establece sus competencias y deberes en el ejercicio de los cargos públicos que desempeñan en el Municipio San Cristóbal del Estado Táchira.

Y, en tal sentido, se ordenó, entre otros, al ciudadano Daniel Ceballos, alcalde del municipio San Cristóbal del estado Táchira desplegar las acciones descritas ut supra, con el objeto de cumplir con la previsión contenida en el artículo 178 Constitucional, así como con el resto del ordenamiento jurídico que establece sus competencias y deberes en el ejercicio de los cargos públicos que desempeñan en el Municipio San Cristóbal del Estado Táchira.

En decisión del 20 de marzo de 2014, esta Sala observó que "...*por la prensa se ha difundido información de la que pudiera denotarse el presunto incumplimiento del mandato constitucional librado en la sentencia N° 135 de 12 de marzo de 2014, con efectos extensivos al ciudadano Daniel Ceballos, alcalde del municipio San Cristóbal del estado Táchira, por virtud de la precitada sentencia N° 137 del día 17 del mismo mes y año, lo cual esta Sala califica como un hecho notorio y comunicacional...*".

En este orden de ideas, esta Sala Constitucional dictó órdenes de hacer, cuyo presunto incumplimiento derivó del hecho notorio comunicacional, por lo que deben tomarse en cuenta los efectos jurídicos que el mismo tiene conforme a la sentencia

(Véase en *Revista de Derecho Público* N° 81 de 2000 en pp. 407 y sig.) .

..ratificada en el fallo N° 280 del 28 de febrero de 2008, caso: "*Laritza Marcano Gómez*", donde se dejó asentado el siguiente criterio:

"(*Omissis*)

Atendiendo a lo anterior, resulta imperioso señalar que en un proceso como el llevado en esta causa, en el que, en aras de preservar el debido proceso y el derecho a la defensa, se han tramitado una serie de pasos orientados por los principios de la oralidad, inmediación, concentración y contradicción, entre otros, para decidir acerca del presunto desacato a un mandamiento de amparo cautelar de la máxima instancia judicial y constitucional de la República Bolivariana de Venezuela, las reglas de valoración concerniente a las pruebas que la Sala Constitucional debe hacer valer, es la sana crítica sobre los medios ofrecidos en la búsqueda de que el proceso sea efectivamente el instrumento para el logro de la justicia, como lo consagra el artículo 257 Constitucional, tal y como ocurrió en el presente caso.

Desarrollada como fue la audiencia, bajo el absoluto respeto de los principios constitucionales señalados, así como el de igualdad, por cuanto las partes que acudieron a la misma tuvieron semejantes circunstancias para plantear sus probanzas y oportunidad efectiva para el control y la contradicción de las pruebas ofrecidas en dicho acto, así como fundamentada en la inmediación, esta Sala Constitucional, a través de sus Magistrados y Magistradas, pudo formular las preguntas que estimó necesarias para el esclarecimiento del hecho debatido (presunto desacato), a las partes y a los testigos que rindieron declaración en la audiencia, bien para recibir alegaciones o ratificar las expuestas, y tomar la decisión que pronunció.

Ahora bien, estima la Sala, que antes de pronunciarse sobre el cumplimiento o no del mandamiento antes transcrito, se pasa a resolver lo alegado por la defensa del ciudadano Daniel Ceballos, sobre la falta de notificación de la decisión N° 137 dictada por esta Sala el 17 de marzo de 2014, y al respecto, observa:

En primer lugar, que el mandamiento de amparo cautelar que dictó esta Sala, cuyos efectos extendió al ciudadano Daniel Ceballos tuvo, tal y como lo afirmara la representación de la Defensoría del Pueblo, amplia difusión en los medios de comunicación social (prensa, radio y televisión), el mismo día y al día siguiente en que fue pronunciada.

En el expediente, se observa en el Anexo 10, publicación de prensa del periódico "La Nación" del día 18 de marzo de 2014, que en la página 1, del Cuerpo "A", se lee:

"El máximo tribunal extendió también la medida a Chacao, Maracaibo y Lechería **TSJ prohibió colocar barricadas en San Cristóbal...**"

Y en el texto del titular, se expresa con claridad la orden contenida en la medida dictada por esta Sala, al indicarse:

"La medida del TSJ ordena a los alcaldes de San Cristóbal, Chacao y Maracaibo, y Lechería realizar todas las acciones y emplear todas los recursos a su alcance para impedir que las vías públicas sean obstaculizadas con la colocación de objetos que impidan, perjudiquen o alteren el libre tránsito".

Entre las publicaciones en internet se pueden mencionar, las siguientes:

La que aparece en la página web: http://www.noticierodigital.com/2014/03/tsj-extendio-prohibicion-de-guarimbas-a-chacao-maracaibo-san-cristobal-y-lecheria/

*"... **TSJ extendió prohibición de guarimbas a Chacao, Maracaibo, San Cristóbal y Lechería** 18 Marzo, 2014*

ND / María Alejandra Rivas / 18 mar 2014.- La Sala Constitucional del Tribunal Supremo de Justicia (TSJ) decidió extender la prohibición de guarimbas en los municipios Chacao (Miranda), Maracaibo (Zulia), San Cristóbal (Táchira) y Lechería (Anzoátegui)...".

También la de la página:

http://panorama.com.ve/portal/app/push/noticia104502.php

"El director de información del Tribunal Supremo de Justicia, Martín Pacheco, anunció, este lunes, que se extendió la prohibición de "guarimbas" a los municipios Maracaibo (Zulia), Lechería (Anzoátegui), San Cristóbal (Táchira) y Chaco (Miranda)".

Además de ello, se observa, en segundo lugar, que la notificación de la decisión antes identificada se produjo efectivamente, como consta en las actas que conforman el presente expediente. En efecto, al folio 104 de la pieza 1, corre inserto auto de fecha 18 de marzo de 2014, el ciudadano José Leonardo Requena Cabello, Secretario de esta Sala Constitucional del Tribunal Supremo de Justicia, dejó constancia que se estableció comunicación telefónica con el ciudadano Norman Gerardo Méndez Castillos, quien se identificó como el Síndico Procurador del Municipio San Cristóbal del Estado Táchira, a fin de informarle el contenido de la decisión dictada por esta Sala el día 17 de marzo de 2014, signada con el N° 137, mediante la cual EXTENDIÓ los efectos del amparo constitucional cautelar contenidos en la decisión N° 135, del 12 de marzo del mismo año, que ADMITIÓ la demanda de protección de intereses colectivos y difusos, interpuesta por el abogado Juan Ernesto Garantón Hernández y ACORDÓ amparo constitucional cautelar. A tal efecto, se le remitió copia de la boleta de notificación N° 14-0019, de esa misma fecha y de la decisión vía correo electrónico.

Consta al folio 167 de la pieza 1, oficio N° 14-0024 de fecha 18 de marzo de 2014, suscrito por la Presidenta de la Sala Constitucional, Dra. Gladys Gutiérrez Alvarado, dirigido al ciudadano Daniel Ceballos, anexo al cual se le remite boleta de notificación N° 14-0019 y de la sentencia N° 137 del 17 de marzo de 2014, la cual como el mismo indicó en la audiencia, la recibió personalmente.

Igualmente, al folio 168 de la pieza 2 consta boleta de notificación de la decisión antes identificada, fechada 21 de marzo de 2014, dirigida al ciudadano Daniel Ceballos, notificándole de la audiencia fijada en esta causa, la cual fue recibida por su persona en esa misma fecha.

De allí que los argumentos esgrimidos para excusarse de su conocimiento, de que si fue notificado mientras estaba en otro recinto judicial, se desestiman, por cuanto el fallo no sólo fue notificado al ciudadano Daniel Ceballos en su persona sino al Síndico Procurador Municipal, atendiendo a sus competencias atribuidas legalmente, y sostener su desconocimiento, ante un fallo que además constituyó un hecho notorio comunicacional a nivel nacional, equivaldría a ir contra el texto de los artículos 26 y 257 de la Constitución los cuales exigen, entre otros atributos de la justicia, el que sea imparcial, idónea, transparente, equitativa y expedita, sin dilaciones indebidas, sin formalismos o reposiciones inútiles, y que el proceso sea el instrumento para el logro de la justicia. Y como lo estableció esta Sala en la sentencia N° 708 /2001:

> *"En un Estado social de derecho y de justicia (artículo 2 de la vigente Constitución), donde se garantiza una justicia expedita, sin dilaciones indebidas y sin formalismos o reposiciones inútiles (artículo 26 eiusdem), la interpretación de las instituciones procesales debe ser amplia, tratando que si bien el proceso sea una garantía para que las partes puedan ejercer su derecho de defensa, no por ello se convierta en una traba que impida lograr las garantías que el artículo 26 constitucional instaura".*

Por ello, las notificaciones para hacer conocer a las partes o terceros interesados las decisiones de los órganos jurisdiccionales, para tener validez, deben ser realizadas de tal forma que se asegure su recepción por parte del destinatario; pues la notificación, está dirigida a asegurar que la determinación judicial objeto de la misma sea conocida efectivamente por el destinatario, ya que sólo el conocimiento real y efectivo de la comunicación asegura que no se provoque indefensión en la tramitación y resolución en toda clase de procesos; por ello no produce indefensión por algún defecto en su forma, si lo hubiere, pues siempre que cumpla con su finalidad, que es hacer del conocimiento del destinatario de una decisión, la misma es válida.

En ese sentido, es oportuno reiterar lo señalado por esta Sala entre otras, en sentencia N° 802/2002, en la cual se sostuvo:

> *"...la Sala considera que resultaría contrario a la celeridad de los juicios y a la economía procesal, realizar todos los trámites tendentes a practicar los actos de comunicación de las decisiones judiciales, cuando de las actas procesales pueda constatarse que los sujetos a quienes se notifica, ya está en conocimiento de lo que se pretende comunicar, con lo cual, debe considerarse que el acto logró el fin para el cual estaba destinado".*

Por ello, se desestima el alegato referido a la falta de notificación, o de que no tuviera conocimiento del fallo dictado por esta Sala Constitucional el 17 de marzo de 2014. Así se declara.

Resuelto lo anterior, esta Sala observa respecto a las pruebas promovidas, que las testimoniales ofrecidas por el Ministerio Público y por la Defensoría del Pueblo, son admisibles al no ser manifiestamente ilegales ni impertinentes. Así se declara.

Con relación a los medios probatorios libres, al contrario, por ser creación de las partes, no tienen ni pueden tener, para su promoción, requisitos particulares establecidos en la ley. En principio, el único límite para su admisión es que la ley los prohíba expresamente. El promovente de un medio de prueba libre representativo, esto es, fotografías, películas cinematográficas, audiovisuales, y otras de similar naturaleza, tiene la carga de proporcionar al juzgador, durante la promoción de pruebas, aquellos medios probatorios capaces de demostrar la credibilidad e identidad de la prueba libre, lo cual podrá hacer a través de cualquier medio probatorio, circunstancia que ocurrió con las fotografías y video ofrecido por la Defensoría del Pueblo, por lo que se admiten. Así se declara.

Respecto de las documentales ofrecidas por la Defensoría del Pueblo, se observan que las mismas cursan en copia simple por lo que se inadmiten. Así se declara.

En cuanto a las documentales del Ministerio Público, relacionado a la investigación penal, la Sala al observar que versan sobre hechos distintos a los aquí examinados, las inadmite por impertinentes. Así se declara.

En relación a las documentales ofrecidas por la representación judicial del accionado, se advierte que son copias simples que fueron certificadas por el abogado Sergio de Jesús Vergara González, quien indicó en dicho documento actuaba como Alcalde del Municipio San Cristóbal (encargado). Ahora bien, las cursantes en el anexo 9 del presente expediente, resultan impertinentes respecto a la verificación del cumplimiento que se pretende, pues son fechadas con anterioridad al mandamiento de amparo cautelar decretado por esta Sala, por lo que se inadmiten. Así se declara.

Y respecto a las que corren insertas en los anexos 8 y 10, que refieren -entre otras cosas- supuestas actuaciones del municipio sobre recolección de desechos sólidos, sobre el aseo urbano y el supuesto plan integral de seguridad ciudadana en ese Municipio, las cuales fueron impugnadas, por la Defensoría del Pueblo, "por emanar de terceros", se observa que lo señalado en la audiencia por la defensa del ciudadano Daniel Ceballos, en su exposición final, referido a que la situación del Estado Táchira, es un hecho notorio público comunicacional, que "...*hay una situación que desborda la capacidad del Municipio San Cristóbal, incluso hizo alusión a la Ley de Policía Nacional para indicar que el Municipio no tiene la competencia ni material o equipos suficientes para poder controlar esa situación, que le toca a la Guardia Nacional*", lo cual aunado a las testimoniales de todos los ciudadanos y ciudadanas que depusieron en el acto oral y público, al video traído por la Defensoría del Pueblo, y a los hechos notorios comunicacionales acreditados en autos, uno, referido a la manifestación hecha por el ciudadano Daniel Ceballos de que no es atribución de la policía municipal garantizar el orden público, y otro, referido a la continua y permanente situación de guarimbas y barricadas, que obstaculizan la libre circulación de personas y vehículos en el Municipio San Cristóbal, afectan el ejercicio de otros derechos como la salud, la vida, la integridad física, y generaron el incendio de la sede de la UNEFA en ese Municipio, les resta todo valor probatorio a dicha documentación. Así se decide.

Ahora bien, de las pruebas en la audiencia oral y pública apreciadas por la Sala, una vez analizadas todas las circunstancias de los hechos y luego de haber adminiculado y concatenado de manera precisa todos los medios probatorios evacuados durante el contradictorio, los mismos que le dan certeza y convencimiento de que el ciudadanos Daniel Ceballos es responsable del desacato al amparo cautelar decretado por esta Sala, en virtud de que se ha podido constatar y determinar a través de los testimonios contestes de los ciudadanos José Ismael Torrealba, Francisco Javier Roa, Wilber Dávila, Grecia Castro y Deisy Zambrano, que durante los días 18, 19 y 20 de marzo de 2014 existía alteración del orden público, y que existe una abstención del Alcalde en materia de recolección de basura y otros desechos sólidos, y en coordinar con los órganos de seguridad del Estado para la ordenación del tránsito y libre circulación de personas y vehículos, lo cual quedó ratificado en la oportunidad en que los testigos fueron repreguntados por la defensa del ciudadano Ceballos, evidenciándose de sus deposiciones el incumplimiento al mandamiento de esta Sala.

Así, luego de haber sido analizado, valorado y comparado con las pruebas aportadas por el Ministerio Público y la Defensoría del Pueblo, el hecho existente y sin contradicciones, de que aun después de dictado el mandamiento de amparo cautelar, el cual contiene mandatos concretos, se ha mantenido la abstención u omisión del prenombrado ciudadano, quien conforme al artículo 174 de la Constitución ejerce el gobierno y administración del Municipio San Cristóbal, las competencias que por la Constitución y las leyes de la República Bolivariana de Venezuela le han sido atribuidas, en lo que concierne a la recolección inmediata y efectiva de basura, desechos sólidos y escombros situados en las vías municipales o sus adyacencias, para la garantía del libre tránsito de las personas y vehículos; para prevenir la obstaculización de las vías públicas situadas en el Municipio; para velar por la protección del ambiente y el saneamiento ambiental, aseo urbano y domiciliario; y para dar cumplimiento efectivo a lo previsto en los artículos 34, 44 y 46 de la Ley Orgánica del Servicio de Policía y del Cuerpo de Policía Nacional Bolivariana, a pesar de la orden que le impartió esta Sala Constitucional como máxima garante judicial de los derechos constitucionales.

En tal sentido, es evidente que de las preguntas que formularon las Magistradas Carmen Zuleta de Merchán y Luisa Estella Morales, junto a las respectivas respuestas dadas por los testigos, y, en general, de las testimoniales, quedó demostrado que en el Municipio San Cristóbal del Estado Táchira, antes y después del fallo de esta Sala en el que decretó el amparo cautelar de autos, se han producido hechos graves lesivos al orden y al patrimonio público, a la paz y tranquilidad de la ciudadanía, consistentes en obstrucción de vías de circulación, quema de instituciones públicas, de vehículos, violencia por parte de grupos desestabilizadores, destrucción del ambiente, entre otros daños. Por lo que también quedó demostrada la falta de acatamiento del amparo cautelar dictado por esta Sala, al incumplir las órdenes contenidas en el mismo.

El hecho notorio comunicacional que demuestra el desacato del fallo dictado por esta Sala Constitucional, quedó acreditado en autos, con las testimoniales y los videos traídos por la Defensoría del Pueblo y por el abogado Julio Lattan y ratificados por la difusión pública y masiva que por los medios de comunicación social ha tenido la situación en dicho Municipio, y más con los argumentos esgrimidos por la defensa del ciudadano Daniel Ceballos, que no contradicen la existencia de "...*una situación que desborda la capacidad del Municipio San Cristóbal, incluso hizo alusión a la Ley de Policía Nacional para indicar que el Municipio no tiene la competencia ni material o equipos suficientes para poder controlar esa situación, que le toca a la Guardia Nacional*", por lo que lo esgrimido es la excusa de que tal control no les corresponde, a pesar de la claridad de lo dispuesto en los artículo 34, 44 y 46 de la Ley Orgánica del Servicio de Policía y del Cuerpo de Policía Nacional.

Así pues, quedó evidenciado en autos que:

- Desde el mes de febrero de 2014 se han presentado manifestaciones y afectaciones a la paz social en el territorio del Municipio San Cristóbal del Estado Táchira.

- Que varias de esas manifestaciones, hasta la presente fecha, han derivado, de forma continuada, en actos violentos y, en fin, en ilícitos cometidos por algunos grupos de personas, los cuales han quebrantado derechos humanos colectivos e individuales de personas que habitan en ese Municipio o que han tenido algún interés vinculado al mismo.

- Que algunas de esas expresiones de violencia han deteriorado, quemado y destruido bienes públicos y privados, y han restringido de forma total y parcial, respectivamente, varias vías públicas (municipales y nacionales) ubicadas en el referido Municipio, mediante las denominadas "barricadas", algunas de las cuales han sido conformadas con basura, escombros y hasta con árboles.

- Que algunos de estos actos violentos han afectado, directa e indirectamente, bienes jurídicos de gran valor, como lo son la vida, la integridad personal, la salud, la libertad, el orden público, la paz social, la familia, el medio ambiente, la educación, el trabajo, el interés superior de niños, niñas y adolescentes, el patrimonio público y privado, entre otros.

- Que un grupo de personas, el día martes 18 de marzo de 2014, incendiaron la Universidad Experimental de las Fuerzas Armadas (UNEFA), causando la destrucción de su sede, impidiendo que en la misma se continuaran impartiendo las actividades académicas a cinco mil estudiantes.

- Que ese grupo de personas se enfrentó, inclusive con armas de fuego, a funcionarios de la Guardia Nacional Bolivariana, uno de los cuales falleció ejerciendo las actividades para el restablecimiento del orden público.

- Que la Policía Municipal no ha actuado coordinadamente como lo impone la Constitución y las leyes, con los otros cuerpos de seguridad, en aras del restablecimiento del orden público.

- Que la Alcaldía no quitó las barricadas a pesar de que en algunas de ellas ya no existían grupos de personas, lo que facilitaba el retiro de los escombros en las adyacencias a la vía pública, por lo que el mantenimiento de las mismas se traduce en un claro incumplimiento de la orden dada por la Sala.

- Que no quedó demostrada alguna solicitud de apoyo que realizare, inclusive después de dictado el mandamiento de amparo cautelar, la Alcaldía o la Policía del Municipio San Cristóbal, a otros cuerpos de seguridad del Estado para coadyuvar en el control de las situaciones de violencia que se llevaban a cabo antes y después de dictado el mandamiento de amparo cautelar por parte de esta Sala.

- Que las manifestaciones existentes en el Municipio San Cristóbal no son pacíficas y quienes las realizan cuentan con armas, pues quedó evidenciada la ocurrencia de fallecimientos de ciudadanos y efectivos de las fuerzas policiales, por armas de fuego, y de grupos que fomentan, como lo señaló el abogado Jesús Orangel actos que crean temor y amenaza en la colectividad y habitantes del Municipio, y les impide el ejercicio pleno de sus derechos constitucionales a la vida, a la salud, al libre tránsito, a llegar a su vivienda con sus familiares y seres queridos, a laborar, entre otros derechos.

- Quedó también demostrada la tala de árboles y su arrojo en las vías públicas, la colocación de obstáculos en vías de circulación.

- Que en el Municipio San Cristóbal del Estado Táchira las barricadas y los escombros permanecieron, tanto en las vías públicas como en sus adyacencias, los días 18, 19 , 20, 21 y 22 de marzo de 2014.

DEL DERECHO

1. Del análisis de la subsunción legal

En el presente caso esta Sala acordó mandamiento de amparo constitucional cautelar y se le ordenó al ciudadano Daniel Ceballos, en su condición de Alcalde del Municipio San Cristóbal:

"1. Realizar todas las acciones y utilicen los recursos materiales y humanos necesarios, a fin de evitar que se coloquen obstáculos en la vía pública que impidan el libre tránsito de las personas y vehículos; se proceda a la inmediata remoción de tales obstáculos y se mantengan las vías y zonas adyacentes a éstas libres de residuos y escombros y de cualquier otro elemento que pueda ser utilizado para obstaculizar la vialidad urbana;

2. Cumplir con su labor de ordenación del tránsito de vehículos a fin de garantizar un adecuado y seguro desplazamiento por las vías públicas de sus municipios;

3. Velar por la protección del ambiente y el saneamiento ambiental, aseo urbano y domiciliario;

4. Girar las instrucciones necesarias en sus respectivos cuerpos de policía municipal, a fin de dar cumplimiento efectivo a lo previsto en el artículo 44 de la Ley Orgánica del Servicio de Policía y del Cuerpo de Policía Nacional Bolivariana; y, en este sentido,

5. Desplegar las actividades preventivas y de control del delito, así como, en el ámbito de sus competencias, promover estrategias y procedimientos de proximidad con las comunidades de sus espacios territoriales, a fin de lograr la comunicación e interacción con sus habitantes e instituciones locales con el propósito de garantizar y asegurar la paz social, la convivencia, el ejercicio de los derechos y el cumplimiento de la ley".

Ahora bien, sobre el acatamiento o no al mandamiento cautelar antes referido, se observa que en la audiencia de autos quedó demostrado que los demás cuerpos de seguridad del Estado no tuvieron respuesta de la Policía y de la Alcaldía del Municipio San Cristóbal, en materia de prevención y control de acciones violentas, ni que estos últimos desplegaran otras actuaciones tendientes al cabal cumplimiento de lo preceptuado en el artículo 178 Constitucional y la Ley Orgánica del Servicio de Policía y del Cuerpo de Policía Nacional Bolivariana; también está demostrado en esta causa que, a pesar del amparo constitucional cautelar ordenado por esta Sala en la decisión N° 137 del 17 de marzo de 2014, el Alcalde del Municipio San Cristóbal del Estado Táchira no cumplió cabalmente con la inmediata remoción de los obstáculos ubicados en varias vías públicas que se encuentran en el Municipio, especialmente en Pueblo Nuevo, ni se mantuvieron todas las vías municipales y zonas adyacentes a ellas, libres de residuos, escombros y de otros elementos utilizados para obstruir la vialidad urbana; y no cumplió, con lo previsto en los artículos 34, 44 y 46 de la Ley Orgánica del Servicio de Policía y del Cuerpo de Policía Nacional Bolivariana.

Asimismo, está comprobado en autos que, a pesar del mandamiento de amparo constitucional cautelar ordenado por esta Sala en la decisión N° 137 del 17 de marzo de 2014, el ciudadano Daniel Ceballos, Alcalde del Municipio San Cristóbal del Estado Táchira: No cumplió cabalmente con su deber de evitar, según la ley y el mandato de esta Sala, la obstrucción total y parcial de vías públicas en el territorio de ese Municipio, y coordinar la actuación con otros cuerpos de seguridad del Estado, lo cual era notoriamente necesario. No cumplió con el deber de coadyuvar en el restablecimiento del orden y en evitar, según sus competencias, la quema de la Universidad Experimental de las Fuerzas Armadas en Pueblo Nuevo, Municipio San Cristóbal del Estado Táchira, que alberga cinco mil estudiantes, el día 18 de marzo de 2014, esto es, un día después del fallo de esta Sala que dictó el mandato de amparo cautelar.

Inclusive, está comprobado en autos, que, aun después de dictado el mandamiento de amparo cautelar de autos, el Alcalde del Municipio San Cristóbal fue tolerante con algunos actos de violencia evidenciados en ese Municipio, que pudieron evitarse total o parcialmente de haber ejercido las competencias que acuerda la ley.

Vale aquí citar lo señalado por el ciudadano Daniel Ceballos, en la audiencia celebrada el día 25 de marzo de 2014, al dirigirse a los Magistrados y Magistradas que conforman esta Sala Constitucional. Expresamente, afirmó lo siguiente:

Que estaba aquí (ante esta Sala) porque manifestó públicamente *"su descontento y oposición al gobierno del Presidente Nicolás Maduro"*, también porque *"...ha defendido la Constitución..."*, *"...el estado social de derecho y de justicia está siendo violentado por un sistema que ha traído atraso y pobreza a nuestro país y yo he manifestado ese descontento"*.

Aseveró que *"no es justo lo que está pasando en Venezuela"*, *"no es justo cuando no se consigue la comida"*, *"no es justo tanta impunidad"* y que *"...en este momento tan difícil de Venezuela en donde se han manifestado muchas personas y donde hay más de cuarenta días de protestas habría que revisar cuál es el rol que cumple esta Sala para promover la paz en el país, puesto que yo no espero justicia..."*. Que *"...está preparado para no recibir justicia"*.

Además, en noticia tomada de la web del 19 de marzo de 2014, de la página:

http://www.el-nacional.com/regiones/Ceballos-Alcaldes-mantenemos-Lucha-Venezuela _0_375562591.html, se lee, las siguientes afirmaciones del ciudadano Daniel Ceballos, que revelan su actitud adversaria al mandamiento de amparo cautelar dictado por esta Sala el 17 de marzo de 2014. Se lee, en dicha nota, lo siguiente:

"Daniel Ceballos, alcalde de San Cristóbal informó desde Caracas luego de la reunión de la asociación de Alcaldes en la ciudad capital del país, que se mantendrán "en la primera línea de las protestas pacíficas por la libertad y la democracia", esto luego de ser notificado ayer sobre la medida del Tribunal Supremo de Justicia donde responsabiliza y obliga a algunos alcaldes de la oposición a levantar las barricadas.

En Caracas 76 alcaldes de la Unidad se pronunciaron ante las acusaciones del TSJ "ya todos conocemos la estrategia del gobierno que una vez más trata de criminalizar la protesta, generando violencia para luego acusar a los actores políticos, vemos como el TSJ inicia acciones contra Alcaldes de oposición por mandato del Poder Ejecutivo, que busca desmovilizar a la población que manifiesta su descontento, única forma de protesta que apoyamos los alcaldes democráticos, como reza el Art. 68 de la CRBV.

"Podrán hacer esta persecución política en el plano judicial, perseguirnos por cualquier motivo, pero nos mantendremos firmes, unidos, desde la Asociación de Alcaldes por Venezuela, desde la primera línea en la lucha por la Libertad, la democracia, desde donde podamos aportarle a la construcción de un país distinto, donde todos los derechos sean para todas las personas, en donde no tengamos violencia, donde podamos convivir y unirnos, en las condiciones que hoy anhelan los ciudadanos en las calles.

Explica Ceballos que este Gobierno "inicia una persecución, pero no solucionan los problemas de los venezolanos, la escasez, el desabastecimiento, no garantizan la libertad de prensa ni expresión, no están liberando a los presos políticos (...) están tomando salida política para responsabilizarnos de lo que sucede en el país, cuando nosotros no somos los que estamos guarimbeando ni haciendo barricadas, están desconociendo la manifestación genuina del país".

"Vamos a actuar conjuntamente y coordinados con alcaldes del país, estamos haciendo un estudio jurídico, para defendernos, porque una vez más se demuestra la violación al debido proceso, al derecho a la defensa. El TSJ asumen competencias que no tienen, secuestran la justicia y las instituciones", indicó el alcalde de San Cristóbal.

Desde que fuimos electos, hemos cumplido con nuestras atribuciones, ley Titulo 4 capitulo 4, donde están las acciones de la Alcaldía por ley, estamos cumpliendo con los servicios estamos haciendo esfuerzos para la movilidad, limpieza, hacemos operativos con las comunidades, seguimiento a la protesta para generar control de daños poder generar acciones que puedan apalear la situación en materia de vialidad, semáforo, señalización.

"No hemos parado de trabajar dentro de nuestras competencias, lo que ellos nos piden esta fuera de nuestras competencias, no es atribución de la policía municipal garantizar el orden público, no vamos a promover la represión, estamos en contra de la violencia contra el pueblo, hemos hecho patrullajes y labores de prevención con nuestra policía, nos hemos reunido con las comunidades para canalizar demandas sociales, pero no vamos a estar en contra del pueblo y su lucha democrática". Los ciudadanos están en su deber como dicta la Constitución en artículo 132 ...de defender sus derechos que ven violentados (...) esa es nuestra carta magna, nuestro tratado de convivencia socio económico y político. Si todos vamos a cumplir la constitución el país va a progresar. Estamos en contra de la violación de la constitución, es nuestra lucha y vamos sumando cada vez mas fuerzas en esta lucha por la libertad de Venezuela.

Quedó también comprobada que la situación de obstaculización y restricción de la circulación de personas y vehículos en algunas vías, así como otras situaciones violentas siguieron con posterioridad al amparo cautelar dictado por esta Sala, sin que se evidenciaren acciones por parte del Alcalde del Municipio San Cristóbal, ni de las autoridades bajo su competencia, tendientes a controlar tal situación, sin que pueda excusarse en la encargaduría que supuestamente dejó en manos del ciudadano Sergio de Jesús Vergara González.

Al respecto, valga señalar que las policías municipales tienen las competencias previstas en los artículos 44 y 46 de la Ley Orgánica del Servicio de Policía y del Cuerpo de Policía Nacional, los cuales disponen lo siguiente:

"Artículo 44

Naturaleza

Los cuerpos de policía municipal son órganos o entes de seguridad ciudadana encargados de ejercer el servicio de policía en su espacio territorial y ámbito de competencia, primordialmente orientados hacia actividades preventivas y control del delito, con estricta sujeción a los principios y lineamientos establecidos en este Decreto con Rango, Valor y Fuerza de Ley Orgánica, sus reglamentos y los lineamientos y directrices dictados por el Órgano Rector.

Artículo 46

Atribuciones

Los cuerpos de policía municipal tendrán, además de las atribuciones comunes de los cuerpos de policía previstas en este Decreto con Rango, Valor y Fuerza de Ley Orgánica, competencia exclusiva en materia administrativa propia del Municipio y protección vecinal."

Así pues, los cuerpos de policía municipal comparten las atribuciones comunes de los cuerpos de policía, las cuales están previstas en el artículo 34 *eiusdem*, a saber:

"Artículo 34

De las Atribuciones Comunes

Son atribuciones comunes de los cuerpos de policía:

1. Cumplir y hacer cumplir la Constitución de la República Bolivariana de Venezuela, las leyes y las demás disposiciones relacionadas con el servicio de policía.

2. Proteger a las personas y a las comunidades, frente a situaciones que constituyan amenaza, vulnerabilidad, riesgo o daño para la integridad física, sus propiedades y su hábitat.

3. Ejercer el servicio de policía en las áreas urbanas, extraurbanas y rurales.

4. Ejecutar las políticas emanadas del Órgano Rector en materia de seguridad ciudadana, incluyendo tránsito, sustancias estupefacientes y psicotrópicas, anticorrupción, antisecuestros, acaparamiento y especulación alimentaria, adulteración de medicinas y otros bienes de consumo esenciales para la vida, delincuencia organizada, turismo, ambiente y **orden público.**

5. Promover, desarrollar e implementar estrategias y procedimientos que garanticen la participación de la comunidad organizada en el servicio de policía comunal.

6. Proteger a las personas que participen en concentraciones públicas o manifestaciones pacíficas.

7. Cooperar con los demás órganos y entes de seguridad ciudadana en el ámbito de sus competencias.

8. Resguardar el lugar donde haya ocurrido un hecho punible, e impedir que las evidencias, rastros o trazas vinculados al mismo, se alteren o desaparezcan, a los fines de facilitar las investigaciones correspondientes.

9. Propender a la solución de conflictos a través de la mediación, conciliación y demás mecanismos alternativos, a fin de garantizar la paz social.

10. Recabar, procesar y evaluar la información conducente a mejorar el desempeño de los cuerpos de policía.

11. Colaborar con los demás órganos y entes de seguridad ciudadana ante situaciones de desastres, catástrofes o calamidades públicas.

12. Ejercer funciones auxiliares de investigación penal de conformidad con las leyes especiales.

13. Practicar detenciones en virtud de una orden judicial, o cuando la persona sea sorprendida en flagrancia de conformidad con la Constitución de la República Bolivariana de Venezuela y las leyes.

14. Proteger a los testigos y víctimas de hechos punibles y demás sujetos procesales por orden de la autoridad competente.

15. Controlar, vigilar y resguardar las vías públicas nacionales, urbanas y extraurbanas y el tránsito terrestre previniendo la comisión de delitos, participando en la investigación penal y aplicando el régimen de sanciones administrativas previsto en la ley.

16. Las demás que le establezca el reglamento de la presente ley.” (subrayado añadido)

En razón de todo lo antes expuesto, se estima demostrado que el ciudadano Daniel Ceballos omitió cumplir el mandamiento de amparo cautelar dictado por esta Sala mediante sentencia N° 137, del 17 de marzo de 2014, en los términos ordenados por este Máximo Tribunal de la República, contraviniendo lo resuelto por el más alto nivel de la administración de justicia (vid. artículo 3 de la Ley Orgánica del Tribunal Supremo de Justicia), atentando contra su imagen, autoridad y adecuado acatamiento y funcionamiento, además de poner en riesgo los derechos de la comunidad cuya protección motiva la presente sentencia.

En relación a ello, el artículo 31 de la Ley Orgánica de Amparo sobre Derechos y Garantías Constitucionales, establece lo siguiente:

“Quien incumpliere el mandamiento de amparo dictado por el juez, será castigado con prisión de seis (6) a quince (15) meses”.

En este orden de ideas, tal como se pudo comprobar de manera definitiva en la audiencia realizada, la conducta desplegada por el ciudadano Daniel Ceballos encuadra en el supuesto de hecho del precepto establecido en el artículo 31 de la referida Ley Orgánica de Amparo sobre Derechos y Garantías Constitucionales, pues desacató lo que le ordenó esta Sala, en el sentido de cumplir, de acuerdo al cargo que desempeña como Alcalde, con lo establecido en el artículo 178 Constitucional y, en fin, con el resto del orden jurídico que les atañe, entre otras cosas, que, dentro de sus atribuciones y posibilidades efectivas, garantizara la circulación sin restricciones por las vías públicas ubicadas en el Municipio San Cristóbal, que las mantuviera libres (junto a sus adyacencias) de escombros y desechos; que actuara para impedir, controlar o coadyuvar en el control de acciones violentas desplegadas por grupos de personas, todo ello dirigiendo los recursos humanos y materiales a la orden de la Alcaldía del Municipio San Cristóbal del Estado Táchira. Así se declara.

Así pues, efectivamente se configuró tal desacato al mandamiento de amparo dictado el 17 de marzo de 2014, mediante sentencia N° 137, tal y como lo había supuesto esta Sala mediante los hechos públicos, notorios y comunicacionales que evidenciare luego de dictado el referido amparo cautelar, cuando señaló la posible actitud y acción externa de menosprecio, de desdén, y, por lo menos, de falta de suficiente interés y acatamiento a la referida decisión judicial dictada por esta Sala.

En tal sentido, esta Sala Constitucional observa que el ciudadano Daniel Ceballos, no sólo violó directamente el valor superior del ordenamiento jurídico de la responsabilidad social previsto en el artículo 2 Constitucional, sino también el deber jurídico y ético fundamental *"de cumplir y acatar esta Constitución, las leyes y los demás actos que en ejercicio de sus funciones dicten los órganos del Poder Público"* (artículo 131 Constitucional), y de *"cumplir sus responsabilidades sociales y participar solidariamente en la vida política, civil y comunitaria del país, promoviendo y defendiendo los derechos humanos como fundamento de la convivencia democrática y de la paz social"* (artículo 132 *eiusdem*).

Con relación a ello, el Texto Fundamental dispone en su artículo 253 que *"La potestad de administrar justicia emana de los ciudadanos y ciudadanas y se imparte en nombre de la República por autoridad de la ley"*, y que *"corresponde a los órganos del Poder Judicial conocer de las causas y asuntos de su competencia mediante los procedimientos que determinen las leyes, y ejecutar o hacer ejecutar sus sentencias."* (Resaltado de este fallo).

En este orden de ideas, resulta fundamental señalar que en el ordenamiento jurídico existen mecanismos expeditos y eficaces para garantizar que los jueces puedan ejecutar o hacer ejecutar sus sentencias, así como también para garantizar el cumplimiento de lo que se sentencie, lo cual pasa, inclusive, por revestir a la jurisdicción de la fuerza coercitiva necesaria para que ello pueda materializarse de manera efectiva, tal y como ocurre con las diversas normas sancionatorias aquí señaladas, incluyendo la prevista en el artículo 31 de la Ley Orgánica de Amparo sobre Derechos y Garantías Constitucionales.

Así, si no existieren normas que permitieren a los jueces y juezas ejecutar o hacer ejecutar sus decisiones, garantizar que se cumplan y, en fin, proteger el proceso judicial, difícilmente podrán administrar justicia, incluyendo materias tan sensibles como la protección jurisdiccional de la Constitución, en una de sus dimensiones más cardinales: el respeto a los derechos humanos individuales y, sobre todo, colectivos, que el Texto Fundamental patrio reconoce, inclusive, en un sentido abierto y progresivo (19, 22 y 23 Constitución de la República Bolivariana de Venezuela).

Parte de ello es la razón de ser de la otra norma sancionatoria que existe en la Ley Orgánica de Amparo sobre Derechos y Garantías Constitucionales, la cual dispone en su artículo 28 que *"cuando fuese negado el amparo, el Tribunal se pronunciará sobre la temeridad de la acción interpuesta y podrá imponer sanción hasta de diez (10) días de arresto al quejoso cuando aquella fuese manifiesta"*.

Así como también, una dimensión del análisis efectuado en el aparte precedente es el que sustenta la norma contentiva del otro ilícito previsto en esa ley, concretamente en su artículo 31, el cual, si bien no hace referencia expresa "al tribunal" como ente sancionador, lo que pudo estimarse innecesario por parte del legislador, no menos cierto es que ello no es determinante para privar al juzgador de amparo, cuya decisión ha sido desacatada (conducta mucho más gravosa que la prevista en el artículo 28 *eiusdem*, en virtud de la posible vulneración de derechos constitucionales y la obstaculización a la labor de arbitrar –*lato sensu*-, en definitiva, los conflictos o resolver las situaciones jurídicas en general), de aplicar tal sanción en protección no sólo de los derechos que persigue tutelar mediante la misma y el proceso que la contiene, sino también de la labor del juez y del sistema de administración de justicia, pues si no hubiere una reivindicación inmediata de la decisión adoptada, la jurisdicción perdería la fuerza suficiente para cumplir las atribuciones que le asigna la Constitución y el resto del orden jurídico, dejando pasos a otras formas de control de los conflictos e interacciones sociales, que no sólo pudieran contrariar la parte orgánica de la Constitución, sino y sobre todo, su dimensión dogmática: valores, principios, derechos y garantías.

Así pues, esta Sala Constitucional del Tribunal Supremo de Justicia, con todas las atribuciones constitucionales que le corresponden (*vid.* artículo 266 y 336), y como máxima y última intérprete de la Constitución y garante de su uniforme interpretación y aplicación, cuyas decisiones las dicta en única instancia por no existir un tribunal jerárquicamente superior, que no tenga la posibilidad de sancionar una conducta que desacata un mandamiento de amparo que, en ocasiones puede ser pública, notoria, comunicacional y abiertamente objetiva (cuando, por ejemplo, un ciudadano o autoridad obligada por la misma, expresa de manera implícita o explícita su voluntad y acción de no cumplir lo ordenado), existiendo una norma que sanciona tal situación en la propia Ley Orgánica de Amparo sobre Derechos y Garantías Constitucionales, que no establece un procedimiento ni la autoridad que ha de imponerla, como sí lo hace el artículo 28 *eiusdem*, norma que permite realizar una interpretación sistemática o integral, que también está dirigida a tutelar la administración de justicia, implicaría, a su vez, un desacato a la Ley y la propia Constitución, como también lo sería oficiar al Ministerio Público para que, si así lo estimare, instara ahora un proceso penal, para que un juez de primera instancia controle la acusación y, de haber superado esa etapa, un juez de juicio lo lleve a cabo y, de ser el caso, el juez de ejecución vele por el cumplimiento de la sanción que pudiera no materializarse por lo dilatado del proceso penal, que no es compatible con estos ilícitos, existiendo la posibilidad de que, por ejemplo, el Ministerio Público (pudiera archivar las actuaciones o solicitar el sobreseimiento a un juez de primera instancia que pudiera declararlo, por ejemplo, por prescripción de la acción o ausencia de desacato, a pesar de haberlo comprobado esta Sala), quedando absolutamente ilusorio el cumplimiento del mandato de amparo (que, además, en este caso fue dictado cautelarmente en protección de intereses colectivos), y, por tanto, el adecuado funcionamiento de la Administración de Justicia en su máxima instancia.

Finalmente, en razón de las circunstancias fácticas y jurídicas hasta aquí evidenciadas, y en aras de garantizar los artículos 31 de la referida Ley Orgánica de Amparo sobre Derechos y Garantías Constitucionales y 253 de la Constitución de la República Bolivariana de Venezuela, además del orden jurídico, la justicia y la paz social, se reitera que el ciudadano Daniel Ceballos efectivamente incurrió en desacato del mandamiento de amparo constitucional decretado por esta Sala, y subvirtió la autoridad y el correcto funcionamiento de la Administración de Justicia, representado en esta oportunidad por la Máxima Garante Judicial de la Constitucionalidad, como pilar fundamental del Estado Democrático y Social de Derecho y de Justicia, y, en fin, de la Constitución de la República Bolivariana de Venezuela, norma suprema (art. 7 *eiusdem*) y primer Texto Fundamental elaborado y aprobado por el Pueblo Venezolano, y pacto insoslayable para la gobernabilidad, el orden, la ética, el bienestar y la paz social, por lo que esta Sala impone al ciudadano Daniel Ceballos, la sanción de prisión prevista en el artículo 31 de la Ley Orgánica de Amparo Constitucional, establecida en doce (12) meses, por haber determinado procesalmente y en plena garantía de los derechos humanos, su responsabilidad por haber incurrido en ese ilícito formal, objetivo y de omisión, como lo es el ilícito judicial constitucional del desacato al mandamiento de amparo, en este caso, en protección cautelar a derechos colectivos. Así se decide.

2. Inhabilitación Política

Siendo que la sanción que aquí se impone es la de prisión, corresponde emitir pronunciamiento respecto de las accesorias de ley, el cual se efectúa en los mismos términos, en que recientemente lo hizo en sentencia N° 245 del 9 de abril de 2014.

Para asumir integralmente el contenido de la consecuencia jurídica que la ley ordena imponer en este caso: prisión, debe ubicarse necesaria y supletoriamente el contenido y alcance del artículo 16 del Código Penal (al no existir otra disposición legal que establezca su alcance), el cual dispone lo siguiente:

*"Artículo 16. Son penas accesorias de la **prisión**:*

*1. La **inhabilitación política** durante el tiempo de la condena...*"

Así pues, por imperativo legal de absoluto orden público, la referida sanción principal que corresponde al sancionado de autos, implica necesariamente la inhabilitación política durante el tiempo, en este caso, de ejecución de la sanción, cuya aplicación debe respetar este Máximo Tribunal por mandato de los principios constitucionales de reserva legal y legalidad de las sanciones, toda vez que no está facultado para suprimirla, sustituirla por otra o, en fin, alterar el contenido y alcance de la misma, pues ello sólo le corresponde al legislador, de allí la insoslayable necesidad de imponerla en su significado jurídico y no de manera discrecional.

Con relación a la inhabilitación política, el artículo 24 *eiusdem*, prevé lo siguiente:

*"Artículo 24. La inhabilitación política no podrá imponerse como pena principal sino como accesoria de las de presidio o prisión y **produce como efecto la privación de los cargos o empleos públicos o políticos, que tenga el penado y la incapacidad durante la condena, para obtener otros y para el goce del derecho activo y pasivo del sufragio**.*

También perderá toda dignidad o condecoración oficial que se le haya conferido, sin poder obtener las mismas ni ninguna otra durante el propio tiempo."

Así pues, la inhabilitación política que corresponde al ciudadano Daniel Ceballos, por estricto mandato legal, produce como efecto la privación de los cargos o empleos públicos o políticos, que tenga el sancionado y la incapacidad durante la ejecución de la sanción, para obtener otros y para el goce del derecho activo y pasivo del sufragio.

Como puede apreciarse, la inhabilitación política surte efectos inmediatos en este caso en el que, mediante la presente sentencia definitiva y firme, se impone la sanción, la cual comenzó a correr el mismo día en que, finalizada la audiencia oral, esta Sala profirió el dispositivo de la presente decisión, es decir, el 25 de marzo de 2014.

Ello como consecuencia de un diáfano e irrevocable mandato de Ley, sustentado en una valoración ética incuestionable que vinculó la voluntad del legislador, representante de la voluntad popular, basada en la lógica necesidad de la privación y cese de los cargos o empleos públicos o políticos, que tengan los sancionados, y la incapacidad durante la ejecución de la sanción para obtener otros y para el goce del derecho activo y pasivo del sufragio.

Así pues, esa inhabilitación política que corresponde al ciudadano Daniel Ceballos, tal y como lo señala el artículo 24 del Código Penal, produce como efecto la privación de los cargos o empleos públicos o políticos, que tuviere el sancionado y la incapacidad durante el cumplimiento de la sanción, para obtener otros y para el goce del derecho activo y pasivo del sufragio, de allí que el mismo, a partir de haberse dictado en audiencia el dispositivo de esta sentencia firme, el 25 de marzo de 2014, está privado y cesó en el ejercicio del cargo de Alcalde del Municipio San Cristóbal del estado Táchira, y no podrá, durante el cumplimiento de la sanción, obtener otros cargos públicos o políticos y gozar del derecho activo y pasivo del sufragio. Así se decide.

3. De la naturaleza jurídica de la norma sancionatoria contenida en el artículo 31 de la Ley Orgánica de Amparo sobre Derechos y Garantías Constitucionales, ubicado en el título referido al "procedimiento" del amparo constitucional:

Con relación al ilícito descrito en el artículo 31 de la Ley Orgánica de Amparo sobre Derechos y Garantías Constitucionales, esta Sala, en algunas decisiones (*vid.* Nros. 74 /2002 y 673 del 26/2002), le ha dado el tratamiento que se le da a los ilícitos penales (aun cuando ni la Constitución, ni esa ley, ni ninguna otra, le atribuye tal carácter), en el sentido de que, al advertir el desacato, ordenaba oficiar al Ministerio Público para que investigara si se cometió o no el desacato y, si así lo estimare, acusara ante la jurisdicción penal o, en su defecto, solicitara el sobreseimiento de la causa o archivara el expediente. Actuación que se desplegaba aun a pesar de haber podido comprobar el hecho del desacato por notoriedad comunicacional o por medios de prueba que constaban en la causa.

No obstante, siendo que el devenir jurisprudencial de la Sala se corresponde con el ordenamiento jurídico como fuente primaria y elemental del Derecho, el criterio anterior ha ameritado una verificación a los fines de que su sustento se adapte, armónica e integralmente, a los dispositivos legales que se han incorporado a dicho ordenamiento en los últimos tiempos.

Así pues, en reciente sentencia N° 245 del 9 de abril de 2014, esta Sala Constitucional, dispuso con carácter vinculante el procedimiento a seguir en caso de desacato a que se refiere el artículo 31 de la Ley Orgánica de Amparo sobre Derechos y Garantías Constitucionales, estableciendo –entre otras cosas- lo siguiente:

[…omissis…]

(Véase en páginas 112 y siguientes de esta *Revista No. 138*)

Dicho criterio se reitera en este caso, por tratarse del supuesto previsto en la norma en referencia, y, por tanto, es el procedimiento aplicado para la resolución del mismo. Así se decide.

4. Ausencia absoluta, cese de funciones públicas y consecuencias

Ahora bien, en tanto el ciudadano Daniel Ceballos ostentaba la condición de Alcalde del Municipio San Cristóbal del estado Táchira (hasta la fecha de en que se celebró la presente audiencia y se dictó el dispositivo de esta sentencia firme), debe considerarse lo dispuesto en el artículo 87 de la Ley Orgánica de Poder Público Municipal, el cual dispone lo siguiente:

"Artículo 87

Las ausencias temporales del Alcalde o Alcaldesa serán suplidas por el funcionario de alto nivel de dirección, que él mismo o ella misma designe. Si la ausencia fuese por un período mayor de quince días continuos, deberá solicitar autorización al Concejo Municipal. Si la falta temporal se prolonga por más de noventa días consecutivos, el Concejo Municipal, con el análisis de las circunstancias que constituyen las razones de la ausencia, declarará si debe considerarse como ausencia absoluta.

Cuando la falta del Alcalde o Alcaldesa se deba a detención judicial, la suplencia la ejercerá el funcionario designado por el Concejo Municipal, dentro del alto nivel de dirección ejecutiva.

Cuando se produjere la ausencia absoluta del Alcalde o Alcaldesa antes de tomar posesión del cargo o antes de cumplir la mitad de su período legal, se procederá a una nueva elección, en la fecha que fije el organismo electoral competente.

Cuando la falta absoluta se produjere transcurrida más de la mitad del período legal, el Concejo Municipal designará a uno de sus integrantes para que ejerza el cargo vacante de Alcalde o Alcaldesa por lo que reste del período municipal. El Alcalde o Alcaldesa designado o designada deberá cumplir sus funciones de acuerdo al Plan Municipal de Desarrollo aprobado para la gestión.

Cuando la ausencia absoluta se deba a la revocatoria del mandato por el ejercicio del derecho político de los electores, se procederá de la manera que establezca la ley nacional que desarrolle esos derechos constitucionales.

En los casos de ausencia absoluta, mientras se cumple la toma de posesión del nuevo Alcalde o Alcaldesa, estará encargado de la Alcaldía el Presidente o Presidenta del Concejo Municipal.

Se consideran ausencias absolutas*: la muerte, la renuncia, la incapacidad física o mental permanente, certificada por una junta médica, por* **sentencia firme decretada por cualquier tribunal de la República** *y por revocatoria del mandato."*

Como puede apreciarse, en virtud de ese imperativo legal, uno de los supuestos de ausencia absoluta de los Alcaldes es la *"sentencia firme decretada por cualquier tribunal de la República".*

En efecto, la presente es una sentencia firme, por ser dictada por esta Sala Constitucional del Tribunal Supremo de Justicia, respecto de la cual no tiene cabida recurso o impugnación alguna, tal como se desprende del artículo 3 de la Ley Orgánica del Tribunal Supremo de Justicia:

"Máxima Instancia

Artículo 3. El Tribunal Supremo de Justicia es el más alto tribunal de la República; contra sus decisiones, en cualquiera de sus Salas, no se oirá, ni admitirá acción ni recurso alguno, salvo lo que se dispone en la presente Ley".

Pretender negar tal carácter de sentencia firme a la antedicha decisión judicial, y su cualidad de constituir una causal de falta absoluta, conforme a lo previsto en el precitado artículo 87 de la Ley Orgánica del Poder Público Municipal, implicaría contrariar tanto la Constitución como la propia jurisprudencia de esta Sala, asentada en la sentencia N° 6 del 4 de marzo de 2010, en la que se declaró el error inexcusable en el que incurrió la Sala Electoral de este Tribunal Supremo de Justicia, cuando calificó "que la falta derivada de la sentencia no es una vacante absoluta".

En efecto, en la referida sentencia esta Sala afirmó lo siguiente:

"En efecto, la sentencia no puede nombrar a un ciudadano para el ejercicio del cargo de Alcalde como si ella estuviera habilitada para ello, ya que el régimen de sustitución se encuentra recogido en la Ley Orgánica del Poder Público Municipal, siendo el funcionario competente para ser nombrado, el Presidente del Concejo Municipal para suplir esa ausencia derivada de una decisión jurisdiccional, tal como lo establece el artículo 87 de la ley antes mencionada.

La Sala Electoral incurre en un error inexcusable en derecho cuando califica que la falta derivada de la sentencia no es una vacante absoluta, cuando la propia disposición citada establece en su aparte final, que uno de los supuestos de falta absoluta es la "*sentencia firme decretada por cualquier tribunal de la República", desconociendo de esta manera dicho régimen, y posteriormente, proceda a designar a un ciudadano que ya había cesado en el ejercicio de sus funciones sin atender al régimen de sustituciones referido y vulnerando el derecho constitucional a la participación política.

Es, pues, el error grave e inexcusable (porque la norma es absolutamente clara) acerca de la calificación de la falta que produjo la sentencia para eximirla de la aplicación de la ley para cubrir dicha falta. Aquí, nuevamente, puede observarse no sólo un franco desacato al mandato legislativo, sino a la propia jurisprudencia de la Sala Electoral, pues en dos casos similares (sentencias N° 40/2006 y n° 80/2007) la Sala sí se ciñó a la ley orgánica, por lo que se configura también en esta materia la violación del principio de la confianza legítima.

Tampoco se comprende, se insiste, la orden de exclusión (virtual inhabilitación sin fundamento constitucional y legal) del Alcalde "depuesto" en el nuevo proceso electoral, para lo cual no se ofrece explicación alguna. En todo caso, su elección en 2008 no comportaba su reelección que sólo se permitía por una sola vez (artículo 174 CRBV). Esta inmotivada e injustificada exclusión es claramente violatoria del derecho al sufragio de este ciudadano y el del sufragio activo de quienes tendrían derecho a votar por él; y así se declara."

Por tanto, al ser la presente una sentencia firme, en este caso, además, sancionatoria, resulta evidente la materialización jurídica de la falta absoluta del Alcalde del Municipio San Cristóbal del Estado Táchira, ciudadano Daniel Ceballos, conforme a lo dispuesto en el artículo 87 de la Ley Orgánica del Poder Público Municipal y de la jurisprudencia indubitada de esta Sala. Así se declara.

Ahora bien, ante esa falta absoluta del aludido Alcalde, el precitado artículo 87 de la Ley Orgánica del Poder Público Municipal, como pudo apreciarse, dispone lo siguiente:

"Cuando se produjere la ausencia absoluta del Alcalde o Alcaldesa antes de tomar posesión del cargo o antes de cumplir la mitad de su período legal, se procederá a una nueva elección, en la fecha que fije el organismo electoral competente".

Así pues, en tanto para la presente fecha el ciudadano Daniel Ceballos no ha cumplido la mitad de su período legal, toda vez que el mismo inició el día 9 de diciembre de 2013, con su proclamación como tal, debe procederse a una nueva elección para proclamar al nuevo Alcalde, en la fecha que fije el organismo electoral competente.

Por otra parte, el mencionado artículo 87 de la Ley Orgánica del Poder Público, también prevé que:

"En los casos de ausencia absoluta, mientras se cumple la toma de posesión del nuevo Alcalde o Alcaldesa, estará encargado de la Alcaldía el Presidente o Presidenta del Concejo Municipal".

En razón de ello, deberá encargarse de la Alcaldía del Municipio San Cristóbal del Estado Táchira, el Presidente o la Presidenta del Concejo Municipal de ese Municipio, al cual se extiende, tanto como a cualquier ciudadano que desempeñe tal investidura ejecutiva en ese Municipio, el amparo cautelar dictado en la presente causa, para que honre lo dispuesto en el artículo 178 Constitucional y el resto del orden jurídico que le atañe, y, por tanto, será responsable del cumplimiento de las competencias constitucionales y jurídicas en general, como Alcalde. Así se decide.

Así pues, como consecuencia de los argumentos de hecho y de derecho expuestos, esta Sala Constitucional del Tribunal Supremo de Justicia debe declarar el desacato al mandamiento de amparo constitucional cautelar que esta Sala dictó el 17 de marzo de 2014, mediante sentencia N° 137, en el que incurrió el ciudadano Daniel Omar Ceballos Morales, previsto en el artículo 31 de la Ley Orgánica de Amparo sobre Derechos y Garantías Constitucionales, y, en consecuencia, por el desacato al mandamiento de esta Sala, que aparejó la ocurrencia de hechos de grave magnitud comprobados en autos acaecidos en el Municipio San Cristóbal, procede a sancionar al prenombrado ciudadano a cumplir doce (12) meses de prisión, más las accesorias de la ley por la comisión del referido desacato al mandamiento de amparo constitucional cautelar, de conformidad con lo dispuesto en el artículo 31 de la Ley Orgánica de Amparo sobre Derechos y Garantías Constitucionales.

5. Remisión de copia certificada de esta decisión a la Contraloría General de la República

Aunado a lo antes expuesto, en razón del fundamento de hecho de la presente decisión y de los valores y principios constitucionales de la responsabilidad social, la justicia y la colaboración entre Poderes Públicos, es deber de esta Sala ordenar la remisión de copia certificada de esta decisión a la Contraloría General de la República, a los efectos de que investigue la responsabilidad administrativa del sancionado de autos, por afectaciones a los bienes, derechos e intereses patrimoniales de la hacienda pública municipal, conforme a lo previsto en la Ley Orgánica de la Contraloría General de la República y del Sistema Nacional de Control Fiscal.

6. Remisión de copia certificada de la presente decisión a la Procuraduría General de la República

En relación a ello, ante la posible afectación de bienes, derecho o intereses patrimoniales de la República, por parte del aquí declarado responsable de desacato a mandamiento de amparo cautelar, esta Sala tiene el deber de remitir copia certificada de la presente decisión a la Procuraduría General de la República, a los efectos de que, de así estimarlo, tramite el procedimiento correspondiente para la determinación de la posible responsabilidad de los mismos, conforme a lo previsto en el Decreto con Rango, Valor y Fuerza de Ley Orgánica de la Procuraduría General de la República y demás normativa aplicable.

7. Remisión de copia certificada de la presente decisión al Ministerio Público

Por otra parte, debe señalarse que una vez realizada la audiencia oral, esta Sala observó que el referido desacato se produjo en el marco de diversas acciones suscitadas desde el mes de febrero del presente año, no sólo en el Municipio San Cristóbal del Estado Táchira sino también en una parte más amplia del territorio nacional.

Tales acciones probablemente estén vinculadas a la vulneración de intereses tutelados por el Código Penal y otras leyes penales, inclusive en comisión por omisión, y, por lo menos, en grado de co-intervención o co-participación, por lo que esta Sala ordena la remisión de copia certificada de la presente decisión al Ministerio Público para que determine el inicio de la investigación penal al ciudadano aquí sancionado y a otras personas, por los posibles atentados penalmente relevantes contra el libre tránsito, el medioambiente, el patrimonio público y privado, el orden público, la paz social e, inclusive, los Poderes Públicos, la seguridad de la Nación, la independencia nacional, entre otros que también han podido lesionar o poner en peligro pequeños grupos de personas, en especial ciertos voceros, que en algunos Municipios del país han venido generando hechos de violencia que, en algunos casos, no sólo han vulnerado derechos humanos individuales (incluyendo la vida, entre otros tantos) sino también colectivos, e, inclusive, han generado terror en la población.

Atentados que, probablemente, también han podido provenir, mediante inducción y otras formas de participación criminal, de personas que se han encontrado o se encuentran fuera del espacio geográfico de la República, y que, en algunos casos, la República Bolivariana de Venezuela tiene jurisdicción para su enjuiciamiento, conforme a las reglas de extraterritorialidad de la ley penal venezolana, contempladas en el artículo 4 del Código Penal y en otras normas previstas en otras leyes y normas penales de la República. Así se decide.

IV
DECISIÓN

Por las razones que se expusieron, este Tribunal Supremo de Justicia, en Sala Constitucional, administrando justicia en nombre de la República por autoridad de la Ley, declara:

1.- El **DESACATO** al mandamiento de amparo constitucional cautelar que esta Sala dictó el 17 de marzo de 2014, mediante sentencia N° 137, en el que incurrió el ciudadano Daniel Ceballos, previsto en el artículo 31 de la Ley Orgánica de Amparo sobre Derechos y Garantías Constitucionales.

2.- **SANCIONA** al ciudadano Daniel Ceballos, a cumplir doce (12) meses de prisión, más las accesorias de la ley por la comisión del referido desacato al mandamiento de amparo constitucional cautelar, de conformidad con lo dispuesto en el artículo 31 de la Ley Orgánica de Amparo sobre Derechos y Garantías Constitucionales y, en consecuencia, el prenombrado ciudadano cesa en el ejercicio del cargo de Alcalde del Municipio San Cristóbal, del Estado Táchira.

Publíquese y regístrese. Notifíquese y remítase copia certificada de la presente sentencia al ciudadano Daniel Ceballos, a los demandantes de autos, a la Defensoría de Pueblo, al Ministerio Público, al Presidente del Concejo Municipal del Municipio San Cristóbal del Estado Táchira, al Consejo Nacional Electoral, a la Contraloría General de la República, a la Procuraduría General de la República y al Juzgado de Primera Instancia en Funciones de Ejecución correspondiente. Cúmplase lo ordenado.

4.- **SUSPENDE** con efectos *erga omnes* el artículo 406 del Decreto con Rango, Valor y Fuerza de Ley Orgánica del Trabajo las Trabajadoras y los Trabajadores.

5.- **REMÍTASE** el expediente al Juzgado de Sustanciación para que realice las notificaciones ordenadas en el presente fallo y acuerde el emplazamiento de los interesados.

Comentarios Jurisprudenciales

UN NUEVO ATENTADO CONTRA LA DEMOCRACIA: EL SECUESTRO DEL DERECHO POLÍTICO A MANIFESTAR MEDIANTE UNA ILEGÍTIMA "REFORMA" LEGAL EFECTUADA POR LA SALA CONSTITUCIONAL DEL TRIBUNAL SUPREMO

Allan R. Brewer-Carías

Profesor de la Universidad Central de Venezuela

Resumen: *Este comentario jurisprudencial analiza la sentencia de la Sala Constitucional del Tribunal Supremo de Justicia, Nº 276 de 23 de abril de 2014, mediante la cual, al interpretar el artículo 68 de la Constitución, trastocó o mutar el artículo 43 de la Ley de Partidos Políticos, estableciendo a las organizaciones políticas, al contrario de lo que establece dicha norma, la obligación de solicitar autorización local para poder ejercer el derecho constitucional a la manifestación pacífica.*

Palabras Clave: *Derecho de manifestación. Manifestación pacífica. Autorización.*

Abstract: *This article has the purpose of analyze the decision Nº 276 of April 23, 2014 through which the Tribunal, interpreting article 68 of the Constitution, has reformed article of the Political Parties Law, imposing the political organizations, in contrary sense to what the provision set forth, the need to obtain a local authorization in order to exercise the right to demonstrate in a pacific form.*

Key words: *Right to demonstrate. Pacific demonstration. Authorization.*

I. EL DERECHO POLÍTICO A MANIFESTAR Y SUS RESTRICCIONES

El derecho político a manifestar está establecido en el artículo 68 de la Constitución en los siguientes términos:

"Artículo 68.- Los ciudadanos y ciudadanas tienen derecho a manifestar, pacíficamente y sin armas, sin otros requisitos que los que establezca la ley.

Se prohíbe el uso de las armas de fuego y sustancias tóxicas en el control de manifestaciones pacíficas. La ley regulará la actuación de los cuerpos policiales y de seguridad en el control del orden público".

Esta norma, como lo ha explicado la Mesa de la Unidad Democrática, consagra un derecho que "forma parte de las garantías fundamentales para el funcionamiento de la democracia, pues permite la libre expresión de los reclamos o inquietudes de la ciudadanía y contribuye de esta manera a la formación de opinión pública y el control sobre los gobernantes."[1] Por ello se trata de un derecho político que en la forma cómo está consagrado, confirma el

---

[1] Véase "Comunicado de la Mesa de la Unidad Democrática sobre inconstitucional y antidemocrático fallo del TSJ," Caracas, 24 de abril de 2014.

principio de la reserva legal en materia de regulación del ejercicio de derechos y garantías constitucionales, al sujetar expresamente su ejercicio, *única y exclusivamente a los requisitos que establezca la ley*, que en esta materia es la Ley de Partidos Políticos, Reuniones Públicas y Manifestaciones de 2010,[2] la cual reformó la Ley del mismo nombre de 1964.[3] En dicha Ley sólo se establecen los siguientes dos requisitos:

Primero, conforme al artículo 43 de la Ley, el requisito de la *"participación"* previa (con 24 horas de anticipación) que los organizadores de manifestaciones deben formular ante la primera autoridad civil de la jurisdicción *"con indicación del lugar o itinerario escogido, día, hora y objeto general que se persiga"*, a cuyo efecto *"las autoridades en el mismo acto del recibo de la participación deberán estampar en el ejemplar que entregan a los organizadores, la aceptación del sitio o itinerario y hora."* (art. 43).

En caso de haber *"razones fundadas para temer que la celebración simultánea de manifestaciones en la misma localidad pueda provocar trastornos del orden público,"* la autoridad ante quien deba hacerse la participación puede disponer, *"de acuerdo con los organizadores, que aquellos actos se celebren en sitios suficientemente distantes o en horas distantes."* En estos casos la autoridad civil debe dar "preferencia para la elección del sitio y la hora quienes hayan hecho la participación con anterioridad" (art. 44).

Segundo, el requisito de la "autorización" previa que las asociaciones políticas deben solicitar ante la misma autoridad civil (primera autoridad civil de la jurisdicción) para la realización de manifestaciones en *"sitios prohibidos"* que *"no afecten el orden público, el libre tránsito u otros derechos ciudadanos"* (art. 46). La determinación de esos "sitios prohibidos" para manifestaciones, corresponde hacerla a los gobernadores de estado y los alcaldes de municipios o de distritos metropolitanos, quienes deben fijar *"periódicamente mediante resoluciones publicadas en las respectivas Gacetas, los sitios donde no podrán realizarse reuniones públicas o manifestaciones, oyendo previamente la opinión de los partidos"* (art. 46).

La técnica de intervención administrativa establecida por el Legislador como mecanismo de restricción al ejercicio del derecho a manifestar, por tanto, en los mencionados artículos de la Ley de Partidos Políticos, Reuniones Públicas y Manifestaciones se basó en el establecimiento de dos grados de intervención administrativa según su incidencia en el ejercicio del derecho:

Primero, una técnica de "participación" previa a la autoridad civil, al disponer el artículo 43 de la Ley que para ejercer el derecho político a manifestar, basta que los organizadores de la manifestación "notifiquen" o "participen" a la autoridad civil el evento, con "indicación de lugar o itinerario escogido, día, hora y objeto general" de la misma, limitándose la acción de la administración (la autoridad civil) a dar "recibo de la participación," estampando en copia de la misma, *"la aceptación del sitio o itinerario y hora."* La autoridad civil no tiene poder alguno para "autorizar" o no el ejercicio del derecho a manifestar, ni puede negar el ejercicio de tal derecho. La "aceptación" a la cual se refiere la norma no es en relación con el ejercicio del derecho (que sería lo propio de tratarse de una autorización) sino única y exclu-

---

  [2] Véase en *Gaceta Oficial* N° 6.013 Extra. de 23 de diciembre de 2010. El principio de la reserva legal se ratifica en el Artículo 41 de la Ley, en el cual se dispone que *"Todos los habitantes de la República tienen el derecho de reunirse en lugares públicos o de manifestar, sin más limitaciones que las que establezcan las leyes".*

  [3] Véase en *Gaceta Oficial* N° 27.620 de 16 de diciembre de 1964.

sivamente del "sitio o itinerario y hora" del evento. Ello es lo único que podría cuestionar la autoridad civil al dar recibo de la "participación." El régimen del artículo 46 no es por tanto el de una "autorización" para el ejercicio del derecho político de manifestar, el cual es libre, sino de una "notificación" previa al ejercicio del derecho, respecto de la cual no cabe aceptar o negar el ejercicio del derecho constitucional, siendo la "aceptación" mencionada en la Ley solo respecto del sitio o itinerario y hora.

Segundo, una técnica de solicitud de una "autorización" a ser otorgada por parte de la autoridad civil, solo a solicitud de "asociaciones políticas" para el ejercicio del derecho político de manifestar en "sitios" que hubiesen sido previamente declarados como sitios prohibidos para realizar manifestaciones mediante actos administrativos de efectos generales dictados por la autoridad competente. En esos casos, conforme al artículo 46 de la ley, la prohibición no implica la negación del derecho a manifestar en tales sitios, sino que el ejercicio de dicho derecho esta sujeto a la obtención de una autorización por parte de la autoridad administrativa correspondiente.

Ese régimen de restricciones al derecho a manifestar que está en la Ley de 2010, se estableció con la misma redacción en la Ley de 1964, en la cual estaba la misma distinción entre una "participación" y una "autorización" para supuestos distintos, como incluso lo advertimos hace ya cincuenta años, cuando recién se sancionó la Ley de 1964.[4]

---

[4]   En 1965, expresamos lo siguiente: "-La participación previa. "La ley, a pesar de que ha podido someter la realización de manifestaciones públicas al requisito de autorización o permiso previo por parte de la autoridad administrativa, sólo ha establecido la obligación para los organizadores de manifestaciones de *participar,* con veinticuatro horas de anticipación por lo menos, la realización de la manifestación, a la primera autoridad civil de la jurisdicción (Artículo 38 de la Ley de Partidos Políticos y artículo 129 de la Ley Electoral). Esta participación debe hacerse por escrito duplicado, donde debe indicarse el lugar o itinerario escogido para la manifestación, además del día, hora y objeto general que se persiga. // La primera autoridad civil de la jurisdicción en el mismo acto del recibo de la participación deberá estampar en el ejemplar que entregará a los organizadores, la *aceptación* del sitio o itinerario y hora. // Esta necesaria aceptación del lugar o itinerario y hora de la manifestación que se proyecta, implica la facultad de la Administración de objetarlos. Y en efecto, el artículo 39 de la ley establece que cuando hubiere razones fundadas para temer que la celebración simultánea de manifestaciones en la misma localidad pueda provocar trastornos del orden público, la autoridad ante quien deba hacerse la participación previa, podrá disponer, de acuerdo con los organizadores de las manifestaciones, que aquéllas se realicen en sitios suficientemente distantes o en horas distintas. En este caso, consagra el artículo 39 de la Ley de Partidos Políticos, "tendrán preferencia para la elección del sitio y la hora quienes hayan hecho la participación con anterioridad." Para ello el artículo 40 de la Ley de Partidos Políticos prevé que la autoridad civil llevará un libro en el cual irá anotando, en riguroso orden cronológico, las participaciones de reuniones públicas y manifestaciones que vaya recibiendo. // En todo caso, la ley autoriza a las autoridades de policía para tomar todas las medidas preventivas, tendientes a evitar las manifestaciones para las cuales no se haya hecho la debida participación o las que pretendan realizarse en contravención de las disposiciones de la ley (art. 44). // - Limitaciones. La Ley consagra determinadas limitaciones a la realización de manifestaciones. Así, el artículo 43 de la misma prohíbe las manifestaciones de carácter político con uso de uniformes, estableciendo, además, que los infractores serán sancionados con arresto de quince a treinta días, sin perjuicio de las acciones a que dichos actos pudieren dar lugar. // Por otra parte se autoriza expresamente a los Gobernadores de la entidad política respectiva, para fijar periódicamente, mediante resoluciones publicadas en las respectivas Gacetas, y oyendo previamente la opinión de los partidos, los sitios donde no podrán realizarse manifestaciones (art. 41). Sin embargo, a solicitud de las asociaciones políticas, la autoridad civil podrá autorizar manifestaciones en aquellos sitios prohibidos, cuando no afecten el orden público, el libre tránsito u otros derechos ciudadanos." Véase en Allan R. Brewer-Carías, *El régimen jurídico de la nacionalidad y ciudadanía venezolanas*, Publicaciones del Instituto de Derecho Público, Universidad Central de Venezuela, Cara-

II. LA INTERPRETACIÓN "A LA CARTA," CONFORME A LOS DESEOS DEL GO-
BIERNO, MEDIANTE UNA SENTENCIA QUE RESOLVIÓ UN SUPUESTO "RE-
CURSO DE INTERPRETACIÓN DE NATURALEZA CONSTITUCIONAL Y LE-
GAL"

La clara distinción, antes comentada, establecida en la Ley desde 1964, y el claro régimen general de la sola exigencia de una "participación previa" ante la autoridad civil para la
realización de manifestaciones, ha sido radicalmente modificado por la Sala Constitucional
del Tribunal Supremo de Justicia, supuestamente actuando como "máxima y última intérprete
del Texto Fundamental," mediante sentencia N° 276 de 23 de abril de 2014,[5] dictada a solicitud del Alcalde del Municipio Guacara del Estado Carabobo, miembro del partido político
oficial.

En dicha sentencia, la Sala procedió a realizar una supuesta "interpretación abstracta"
del artículo 68 de la Constitución, que es evidente que no requiere de interpretación –basta
leer su texto-, solo para trastocar o mutar lo establecido en el artículo 43 de la Ley de Partidos Políticos, Reuniones Públicas y Manifestaciones, ejerciendo como legislador positivo.
Para ello, la Sala procedió, inconstitucional e ilegítimamente, a "reformar" dicho artículo,
estableciendo, como lo anunció el propio Tribunal Supremo en la "Nota de Prensa" que se
publicó a raíz de la decisión adoptada, al contrario de lo que dice la norma, que:

> "resulta *obligatorio* para las organizaciones políticas así como para todos los ciudadanos,
> *agotar el procedimiento administrativo de autorización* ante la primera autoridad civil de la
> jurisdicción correspondiente, *para poder ejercer cabalmente su derecho constitucional a la
> manifestación pacífica.*"[6]

Ello, por supuesto no es lo que establece el artículo 43 de la Ley.

La solicitud de interpretación que se resolvió en la sentencia había sido formulada un
mes antes por el Alcalde del Municipio Guacara del Estado Carabobo, asistido de abogado,
en forma irregular, al presentar un *"Recurso de Interpretación de Naturaleza Constitucional
y Legal,"* no sobre el antes mencionado artículo 68 de la Constitución, que no tiene nada de
dudoso o de ambiguo que amerite ser interpretado, sino en realidad sobre los artículos 41, 43,
44, 46 y 50 de la Ley de Partidos Políticos, Reuniones Públicas y Manifestaciones; cuando,
como es sabido, la Sala Constitucional no tiene competencia para conocer de recursos de
interpretación abstracta de las leyes, sino únicamente de la Constitución.

La Sala Constitucional olvidó que en principio, solo el Legislador, es decir, la Asamblea
Nacional, tiene competencia conforme a la Constitución, para "interpretar" con efectos generales las leyes, mediante su reforma; y excepcionalmente, las otras Salas del Tribunal Supremo de Justicia, en relación con las leyes, en los casos de ejercicio de recursos de interpretación de la leyes conforme a lo establecido en el artículo 31.15 de la Ley Orgánica del Tribunal Supremo de Justicia. Por ello, la Sala, consciente de su irregular proceder, al tratar de
justificar la usurpación en la que estaba incurriendo, indicó en la sentencia que "la Sala Constitucional ha sido siempre muy cuidadosa de no usurpar con su interpretación competencias

cas 1965, pp. 104 ss. Véase igualmente Allan R. Brewer-Carías, "Sobre las manifestaciones públicas",
en *El Universal*, Caracas 17 de septiembre de 2000, pp. 1-1 y 1-14, donde denunciábamos la conducta
autoritaria de funcionarios del Estado al desconocer lo regulado en el artículo 68 de la Constitución.

[5] Véase en http://www.tsj.gov.ve/decisiones/scon/abril/163222-276-24414-2014-14-0277.HTML

[6] Véase Nota de Prensa de 24 de abril de 2014 en http://www.tsj.gov.ve/informacion/notasde
prensa/notasdeprensa.asp?codigo=11828

de otras Salas (por ejemplo, el recurso de interpretación de textos legales)," lo que no pasó de ser una afirmación vacía, pues lo que hizo con su sentencia fue precisamente eso: usurpar la competencia de las otras Salas y, además, del Legislador.

En este caso, en efecto, no se ejerció recurso de interpretación "constitucional" alguno (pues la norma del artículo 68 no requiere de interpretación), ni tampoco el recurso de interpretación "de leyes" previsto en la norma referida (art. 31.15 de la ley Orgánica del Tribunal), ni la Sala hizo siquiera referencia a dicha norma.

En este caso, en concreto, lo que el Alcalde recurrente solicitó de la Sala Constitucional –como una especie de procedimiento de interpretación a la carta- fue que mediante el conocimiento de un "recurso de interpretación de la Constitución," le precisara si, conforme al artículo 43 de la Ley de Partidos Políticos, el sello que debía ponerle la autoridad municipal a la participación de realización de una manifestación como *"aceptación del sitio o itinerario y hora" de la misma*, significaba que el Alcalde podía denegar la realización de la manifestación, como si se tratase de una solicitud de "autorización previa" que debía otorgar la autoridad municipal para la realización de cualquier manifestación, y no de tomar conocimiento de una participación, como lo dispone la Ley.

En definitiva el Alcalde, en su recurso de interpretación de la Constitución, lo que destacó fue que del artículo 43 de la Ley y de todas las otras normas legales citadas, le surgía una supuesta "duda" en cuanto a la "posibilidad autorizatoria" establecida en todas esas normas. Por eso, al final de su argumentación, como lo destacó la Sala, el Alcalde se limitó a identificar su recurso como un "Recurso de Interpretación Legal" para que la Sala "declare con certeza -otorgando la debida Seguridad Jurídica- el contenido y alcance del artículo 68 de la Constitución de la República Bolivariana de Venezuela y de los artículos 41, 43, 44, 46, 50 de la Ley de Partidos Políticos, Reuniones Públicas y Manifestaciones."

Para justificar su supuesta competencia para conocer del recurso de interpretación intentado, la Sala citó su sentencia N° 1077 del 22 de septiembre de 2000 (caso: *Servio Tulio León*),[7] en la cual ella misma auto-determinó su competencia "para interpretar el contenido y alcance de las *normas y principios constitucionales*, de conformidad con lo establecido en el artículo 335 de la Constitución, en concordancia con el artículo 336" de la misma; es decir, solo de normas y principios constitucionales, no de normas legales. Tal y como lo precisó en otra sentencia, también citada por la Sala, la interpretación que puede hacer la Sala Constitucional es de una norma que "esté contenida en la Constitución (sentencia N° 1415/2000 del 22 de noviembre caso: *Freddy Rangel Rojas*, entre otras) o integre el sistema constitucional (sentencia N° 1860/2001 del 5 de octubre, caso: *Consejo Legislativo del Estado Barinas*)." Precisamente por esa limitante, la Sala señaló que en el caso sometido a su consideración, se había solicitado "la interpretación del artículo 68 de la Constitución de la República Bolivariana de Venezuela c*on el objeto de determinar su contenido y alcance, así como de los artículos 41, 43, 44, 44, 46 y 50 de la Ley de Partidos Políticos, Reuniones Públicas y Manifestaciones."*

Ello, por supuesto, no fue más que una confesión de que el objeto del recurso no era la interpretación del artículo 68 de la Constitución, que nada tiene de dudoso o ambiguo, sino solo determinar el contenido y alcance de unas normas legales. El Alcalde recurrente en realidad no señaló la existencia de ninguna "ambigüedad sobre el contenido y alcance del

---

7   Véase en *Revista de Derecho Público*, N° 83, Editorial Jurídica Venezolana, Caracas 2000, pp. 247 ss.

artículo 68 de la Constitución" como falsamente indicó la Sala, de manera que la cita del artículo 68 no fue más que una simple excusa para que la Sala procediera, ilegítima e inconstitucionalmente, a legislar, con el pretexto de interpretar los artículos 41, 43, 44, 46 y 50 de la Ley de Partidos Políticos, Reuniones Públicas y Manifestaciones, considerando que "a pesar de tener tales disposiciones rango legal, ellas guardan una estrecha vinculación con la norma constitucional." Usurpó así la Sala las competencias y funciones del legislador.

La ilegítima actuación de la Sala Constitucional se confirma por el hecho de que para "justificar" su competencia, la Sala citó los artículos 25.17 y 31.3 de la Ley Orgánica del Tribunal Supremo de Justicia, incurriendo en realidad en una nueva confesión de "incompetencia," pues si bien la primera norma le atribuye a la Sala competencia para "conocer la demanda de interpretación de normas y principios que integran el sistema constitucional," la segunda norma sólo contiene una atribución común de todas las Salas para "conocer los juicios en que se ventilen varias pretensiones conexas, siempre que al Tribunal esté atribuido el conocimiento de alguna de ellas." En este caso, por supuesto, no había varias pretensiones, sino una sola claramente de interpretación de una ley, que no podía ni puede asumir la Sala Constitucional. Por lo demás, admitir este simple razonamiento para justificar la competencia de la Sala significa que la misma podría conocer de cualquier interpretación de cualquier norma legal, en forma abstracta, bastando mencionar alguna norma constitucional que en última instancia pueda ser el sustento del orden jurídico.

La decisión, además, se adoptó sin "proceso" judicial alguno, desconociendo el artículo 257 de la Constitución que considera que el "proceso constituye un instrumento fundamental para la realización de la justicia," y fue dictada en un "procedimiento" clandestino en el cual no hubo contradictorio alguno, pues la Sala lo decidió como un "asunto de mero derecho", "sin necesidad de abrir procedimiento alguno," violando el derecho ciudadano a la participación, y además, sin convocar mediante edicto a los interesados, es decir a la ciudadanía en general, a las organizaciones políticas o al menos a los otros 337 Alcaldes del país. Recuérdese que el procedimiento relativo al recurso de interpretación constitucional está expresamente regulado en la Ley Orgánica del Tribunal Supremo de Justicia (artículos 128 y 166) y, en ninguna parte, como es lógico, está prevista la posibilidad de una interpretación sin juicio previo.

Violó, así, la Sala, con su decisión, los principios más elementales del debido proceso que garantiza el artículo 49 de la Constitución.

III. LA INCONSTITUCIONAL "REFORMA" DE LA LEY DE PARTIDOS POLÍTICOS, REUNIONES Y MANIFESTACIONES PÚBLICAS MEDIANTE UNA ILEGITIMA "INTERPRETACIÓN" O "MUTACIÓN" POR PARTE DE LA SALA CONSTITUCIONAL

Para supuestamente "determinar el alcance y el contenido del artículo 68 de la Constitución" que en realidad resultó ser una mutación, no del texto constitucional, sino del artículo 44 y siguientes de la Ley de Partidos Políticos, Reuniones Públicas y Manifestaciones en cuanto a "la actuación de los Alcaldes como primeras autoridades político territoriales frente al requerimiento de manifestaciones públicas dentro de sus referidos Municipios"; la Sala, en su sentencia, citó su anterior decisión N° 1309 del 19 de julio de 2001 (caso: *Hermann Escarrá*), en la cual había "explicado" el sentido de la interpretación constitucional, e interpretado "la noción y alcance de su propia potestad interpretativa," indicando, en definitiva, que el artículo 68 constitucional establecía el derecho a la manifestación pacífica, como uno de los derechos políticos de los ciudadanos, afirmando sin embargo, que "no es un derecho absoluto," sino que "admite válidamente restricciones para su ejercicio... al limitar su ejercicio a las previsiones que establezca la Ley", lo que no es novedad alguna ya que es como reza el texto mismo del artículo 68. Es precisamente por ello que la Ley de Partidos Políticos, Reuniones Públicas y Manifestaciones prevé "una serie de disposiciones de cumplimiento obligatorio no sólo para los partidos políticos, sino también para todos los ciudadanos, cuando estos decidan efectuar reuniones públicas o manifestaciones". Realmente nada nuevo, se insiste, "descubrió" la Sala, pues la posibilidad de establecer restricciones al derecho a manifestar mediante las leyes es texto expreso en el artículo 68 de la Constitución.

Es decir, en cuanto al artículo 68 de la Constitución, nada "interpretó" la Sala sobre "su alcance y contenido" que no fuera decir lo que sin duda y sin ambigüedad alguna la propia norma dice en forma expresa, es decir, que el derecho a manifestar está sometido a los requisitos que establezca la ley. Dicha norma, por tanto, en términos de la propia sentencia no requería interpretación alguna.

Y en cuanto al verdadero objeto de la sentencia, que era "interpretar" la Ley de Partidos Políticos, Reuniones Públicas y Manifestaciones para "reformarla" o "mutarla," la Sala confesó que se limitaba "a efectuar dos precisiones" para lo cual, se insiste, carecía de competencia:

"1.- *La verificación del contenido* de los artículos 41, 43, 44, 46 y 50 de la Ley de Partidos Políticos, Reuniones Públicas y Manifestaciones, publicada en la *Gaceta Oficial* N° 6.013 Extraordinario del 23 de diciembre de 2010 a la luz de lo dispuesto en el artículo 68 de la Constitución de la República Bolivariana de Venezuela, y de los planteamientos del solicitante de autos"[…].

"2.- *Aclarar las dudas* que tiene el accionante sobre el procedimiento pautado en la Ley de Partidos Políticos, Reuniones Públicas y Manifestaciones, publicada en la *Gaceta Oficial de la República Bolivariana de Venezuela* N° 6.013 Extraordinario del 23 de diciembre de 2010".

1. *La supuesta verificación del contenido de normas legales*

En cuanto a la "verificación del contenido" de los artículos 41, 43, 44, 46 y 50 de la Ley de Partidos Políticos, Reuniones Públicas y Manifestaciones, la Sala "descubrió" que efectivamente con dichas normas el legislador había dado cumplimiento al artículo 68 de la Constitución, regulando el "ejercicio del derecho a la protesta pacífica de una manera pormenorizada," previendo "las pautas adecuadas para el ejercicio cabal y efectivo del derecho a la manifestación pacífica sin que ello implique en modo alguno una limitación total y absoluta de su ejercicio." La Sala expresó esto solo para realizaren forma ilegítima e inconstitucional una "reforma" de la Ley, al "verificar" de manera completamente errada la supuesta previsión de: "el lapso del cual disponen los organizadores *para solicitar autorización para realizar la reunión pública o manifestación (veinticuatro horas de anticipación a la actividad)."* Con esta sola "verificación" inicial, la Sala Constitucional trastocó la normativa legal, y "convirtió" una "participación" que debe ser hecha a la autoridad civil por los organizadores de una manifestación, que es lo previsto en el artículo 43 de la Ley, en supuesta solicitud de "autorización" por parte de los mismos ante dicha autoridad, que no está regulada en el artículo 43 de la Ley, cambiando de raíz el régimen legal para el ejercicio del derecho político a manifestar.

En su ilegítima "verificación" del contenido de las normas legales citadas, la Sala Constitucional, por supuesto, se cuidó de no "verificar" que al contrario del artículo 43 de la Ley que solo prevé un "participación," en el artículo 46 de la misma Ley sí se establece un régimen de "autorización" de manifestaciones cuando se prevea realizarlas en sitios prohibidos. Es decir, la Sala en su ilegítima "verificación" del contenido de las normas que pretendió "interpretar," no hizo la distinción que sí hizo el legislador entre una "participación" a la autoridad para ejercer un derecho y una "solicitud de autorización" previa para poder ejercer un derecho. La distinción es abismal, pero la Sala se cuidó de no darse cuenta de ella, y convirtió la "participación" en una solicitud de autorización, ignorando el texto expreso de la Ley.

2. *El supuesto esclarecimiento de las "dudas" del Alcalde recurrente*

En segundo lugar, después de supuestamente "verificar" el contenido del artículo 43 de la Ley de Partidos Políticos, Reuniones Públicas y Manifestaciones, trastocando su contenido y reformándolo, la Sala pasó en su sentencia a supuestamente "aclarar las dudas que tiene el accionante sobre el procedimiento pautado" en la Ley, que desde el comienzo calificó erradamente como "procedimiento de autorización," ignorando deliberadamente que era una simple notificación o participación.

A. *Primera duda sobre la "existencia" de una autorización para ejercer el derecho político a manifestar, no prevista en la Ley*

Así, frente a la supuesta primera "duda" del Alcalde recurrente y su abogado, sobre si "para ejercer el derecho a manifestar, en los términos previstos en el artículo 68 de la Constitución de la República Bolivariana de Venezuela, debe el o los manifestantes solicitar autorización," la Sala Constitucional concluyó pura y simplemente, como lo anunció en su "Nota de Prensa" sobre la sentencia, antes indicada, que supuestamente de acuerdo con la Ley:

"resulta obligatorio para los partidos y/o organizaciones políticas así como para todos los ciudadanos, -cuando estos decidan efectuar reuniones públicas o manifestaciones- *agotar el procedimiento administrativo de autorización ante la primera autoridad civil de la jurisdicción correspondiente, para de esta manera poder ejercer cabalmente su derecho constitucional a la manifestación pacífica".*

Es decir, una técnica de notificación o participación para establecer el lugar o itinerario y hora del ejercicio de un derecho constitucional, lo convirtió la Sala en una técnica autorizatoria para el ejercicio del derecho que no está establecida legalmente

B. *Segunda duda sobre el alcance de la "autorización" para el ejercicio del derecho a manifestar como "limitación" legal al mismo*

En la misma línea de distorsión y reforma de la Ley, frente a la segunda "duda" del Alcalde recurrente y su abogado, sobre si "constituye la *autorización* -de ser necesaria- un requisito legal o limitación legal al derecho a manifestar al que hace referencia tanto el artículo 68 de la Constitución de la República Bolivariana de Venezuela como el artículo 41 de la Ley de Partidos Políticos, Reuniones Públicas y Manifestaciones, respectivamente," la Sala sostuvo que

"*la autorización* emanada de la primera autoridad civil de la jurisdicción de acuerdo a los términos de la Ley de Partidos Políticos, Reuniones Públicas y Manifestaciones, constituye un requisito de carácter legal, cuyo incumplimiento limita de forma absoluta el derecho a la manifestación pacífica, impidiendo así la realización de cualquier tipo de reunión o manifestación".

Es decir, una simple "notificación" o "participación" previa como requisito para el ejercicio de un derecho constitucional, lo convirtió la Sala en una "limitación absoluta" al derecho mismo a la manifestación pacífica, "regulando" *contra legem* que el mismo simplemente no puede ejercerse sin dicha autorización, "impidiendo así la realización de cualquier tipo de reunión o manifestación" sin la obtención de la misma.

De allí, la conclusión a la cual llegó la Sala, de que "*cualquier concentración*, manifestación o *reunión* pública que no cuente con el *aval previo de la autorización por parte de la respectiva autoridad competente* para ello, podrá dar lugar a que los cuerpos policiales y de seguridad en el control del orden público a los fines de asegurar el derecho al libre tránsito y otros derechos constitucionales (como por ejemplo, el derecho al acceso a un instituto de salud, derecho a la vida e integridad física), actúen dispersando dichas concentraciones con el uso de los mecanismos más adecuados para ello, en el marco de los dispuesto en la Constitución y el orden jurídico".

Con ello, el Juez Constitucional le dio carta blanca a la represión de las manifestaciones, violando no sólo el contenido del artículo 68 de la Constitución,[8] sino además, el derecho constitucional de reunión, ya que en su sentencia no sólo se refirió a manifestaciones, sino a "cualquier concentración" o "reunión", por lo cual la Sala con su sentencia también violó el artículo 53 de la Constitución Nacional, que garantiza el derecho de "toda persona [...] de *reunirse, pública* o privadamente, *sin permiso previo*, con fines lícitos y sin armas. Las reuniones en lugares públicos se regirán por la ley".

    C. *Tercera duda sobre los poderes del Alcalde para aprobar, modificar o negar la "autorización" para el ejercicio del derecho político a manifestar*

En cuanto a la tercera "duda" del Alcalde recurrente, sobre si "el órgano administrativo que actúe en el marco de la Ley de Partidos Políticos, Reuniones Públicas y Manifestaciones, específicamente con base en los artículos 43, 44, 46 y 50 de esa ley, puede denegar, modificar o aprobar esa autorización mediante acto administrativo expreso," la Sala, siguiendo el "nuevo régimen legal" que estableció en su sentencia, concluyó que "la primera autoridad civil de la jurisdicción -donde se desee realizar la concentración, manifestación o reunión pública- no se encuentra limitada a los términos en que se efectúe la solicitud, pudiendo no sólo negar la autorización, sino también modificarla en caso de acordarla o autorizarla en cuanto a la indicación del lugar y el itinerario escogido (el día y hora)".

La Sala, sin embargo, recordó que en su arbitraria "nueva regulación" no podía soslayar la obligación de la autoridad administrativa de motivar sus actos administrativos conforme a lo que dispone la ley Orgánica de Procedimientos Administrativos, por lo que al menos dispuso que el pronunciamiento que en relación con la "solicitud de autorización" haga la autoridad civil, éste "deberá ser emitido mediante acto administrativo expreso, en el cual se haga alusión a las razones o fundamentos de su decisión."

    D. *Cuarta duda sobre los poderes del Alcalde en relación con el contenido de sus decisiones en materia de "autorización" de manifestaciones*

En cuanto a la cuarta "duda" del Alcalde recurrente sobre si la autorización en materia de manifestaciones públicas "tiene como finalidad autorizar o no la manifestación pública o versa solamente acerca de la posibilidad que tiene la autoridad de señalar el sitio donde deba realizarse la reunión o manifestación pública," de nuevo, violentando lo dispuesto en el artículo 44 de la Ley de Partidos Políticos, Reuniones Públicas y Manifestaciones, la Sala

---

[8]   Como lo destacó el Programa Venezolano de Educación Acción en Derechos Humanos (Provea): "con esta decisión, el máximo Tribunal del país avala la represión por parte de los cuerpos armados del Estado contra los ciudadano." Véase Nota de Prensa, "La Sala Constitucional del Tribunal Supremo de Justicia suprimió, mediante una sentencia publicada ayer, las garantías para el ejercicio del derecho a la manifestación pacífica, tal como lo consagra la Constitución Nacional y la Ley de Partidos Políticos, Reuniones Públicas y Manifestaciones," en *el nacional web* 25 de abril 2014.

Constitucional le precisó al Alcalde recurrente que la supuesta "autorización "prevista en la Ley" –que como resulta de la norma no está prevista-, comprendería "dos aspectos importantes" que son: primero, el "relacionado con la habilitación propiamente dicha para permitir la concentración, reunión pública o manifestación y el segundo, vinculado con las condiciones de modo, tiempo y lugar en que se podrá llevar a cabo dicha actividad."

Con ello, la Sala, usurpando de nuevo la función legislativa, reguló en contra de lo dispuesto en el texto del artículo 43 de la Ley, amplios poderes de limitación del derecho constitucional por parte de la autoridad municipal no previstos en ley alguna.

E. *Quinta duda sobre los poderes de orden público de la policía municipal para reprimir las manifestaciones públicas*

En cuanto a la quinta "duda" del Alcalde recurrente sobre las "facultades que en materia de orden público posee el órgano competente si fuesen desobedecidas las limitaciones o condiciones al derecho de manifestar," la Sala Constitucional se refirió a la previsión constitucional que atribuye a los Municipios competencia en materia de policía (art. 178.7), y a las previsiones de la Ley Orgánica del Servicio de Policía y del Cuerpo de Policía Nacional Bolivariana de 2009 (artículos 34.4, 44 y 46), sobre los servicios de policía municipal para el mantenimiento del orden público en materias propias del municipio y de protección vecinal; imponiéndole de paso, a las policías municipales," la "obligación de coadyuvar con el resto de los cuerpos de seguridad (policías estadales, Policía Nacional Bolivariana y Guardia Nacional Bolivariana) en el control del orden público que resulte alterado con ocasión del ejercicio ilegal del derecho a la manifestación."

La Sala en esta forma, como lo destacó la Mesa de la Unidad Democrática, "alude con amplitud y generosidad o laxitud a los poderes policiales destinados a disolver reuniones o concentraciones en espacios públicos, mientras que omite la referencia a los principios constitucionales e internacionales que limitan el control policial de cualquier manifestación pacífica, autorizada o no,"[9] procediendo además, a igualar la acción de las policías municipales a las policías nacional y estadal, e incluso, a las fuerzas militares, para la utilización de medios represivos que no les está permitido utilizar. Lo que la Sala ha pretendido es "legalizar" un Estado represivo que es contrario a la Constitución, que fue el que se quiso incorporar en la reforma constitucional de 2007, que fue rechazada por el pueblo.[10]

F. *Sexta duda sobre los poderes sancionatorios en materia de desobediencia a las limitaciones impuestas al derecho a manifestar*

En cuanto a la sexta "duda" del Alcalde recurrente sobre las "facultades sancionatorias que posee el órgano competente si fuesen desobedecidas las limitaciones o condiciones al derecho a manifestar," la Sala Constitucional le indicó que:

"ante la desobediencia de la decisión tomada por la primera autoridad civil de la jurisdicción, bien por el hecho de haberse efectuado la manifestación o reunión pública a pesar de haber sido negada expresamente o por haber modificado las condiciones de tiempo, modo y lugar que fueron autorizadas previamente, la referida autoridad deberá remitir al Ministerio Públi-

---

[9]   Véase "Comunicado de la Mesa de la Unidad Democrática sobre inconstitucional y antidemocrático fallo del TSJ," Caracas, 24 de abril de 2014

[10]   Véase Allan R. Brewer-Carías, *Hacia la consolidación de un Estado Socialista, Centralizado, Policial y Militarista. Comentarios sobre el sentido y alcance de las propuestas de reforma constitucional 2007*, Colección Textos Legislativos, N° 42, Editorial Jurídica Venezolana, Caracas 2007

co, a la mayor brevedad posible toda la información atinente a las personas que presentaron la solicitud de manifestación pacífica, ello a los fines de que determine su responsabilidad penal por la comisión del delito de desobediencia a la autoridad previsto en el artículo 483 del Código Penal, además de la responsabilidad penal y jurídica que pudiera tener por las conductas al margen del Derecho, desplegadas durante o con relación a esas manifestaciones o reuniones públicas."

Con ello, lo que logró la Sala Constitucional fue, ni más ni menos, que "regularizar" la criminalización de la protesta,[11] para justificar la represión, haciendo de los Acaldes cómplices obligatorios de tácticas persecutorias; y siempre con la "espada de Damocles" establecida por la propia Sala en las decisiones de marzo de 2014, de los casos de revocación del mandato de los Alcaldes de San Diego y San Cristóbal por supuesto desacato, de que ante cualquier acción de amparo que se intente contra ellos porque no persiguen y denuncian penalmente, suficientemente, a los manifestantes "desobedientes," entonces ellos mismos pueden ser encarcelados y despojados de su investidura popular en un juicio sumario por la propia Sala Constitucional.

IV. LA VIOLACIÓN DEL PRINCIPIO DE LA PROGRESIVIDAD EN MATERIA DE DERECHOS HUMANOS

Como puede derivarse de lo anteriormente señalado, y de cómo la Sala Constitucional, al resolver el "recurso de interpretación" intentado (sin decir si era de la Constitución o de la Ley), y que buscaba una "reforma" o "mutación" legal "a la carta"; en una forma evidentemente regresiva y limitante, al supuestamente precisar "el contenido y alcance del artículo 68 de la Constitución [...], así como las dudas generadas con ocasión de la aplicación de los artículos 41, 43, 44, 46 y 50 de la Ley de Partidos Políticos, Reuniones Públicas y Manifestaciones," en realidad, además de usurpar las funciones del Legislador, asumiendo ilegítimamente una función de "legislador positivo" que no tiene, lo que hizo fue violar el artículo 19 de la Constitución.

Esta norma, en efecto, como la misma Sala Constitucional lo declaró en otros tiempos: "reconoce de manera expresa el *principio de progresividad* en la protección de los derechos humanos," conforme al cual no solo "el Estado se encuentra en el deber de garantizar a toda persona natural o jurídica, sin discriminación de ninguna especie, el goce y ejercicio irrenunciable, indivisible e interdependiente de tales derechos," sino que "tal progresividad se materializa en el *desenvolvimiento sostenido, con fuerza extensiva, del espectro de los derechos fundamentales en tres dimensiones básicas, a saber, en el incremento de su número, en el desarrollo de su contenido, y en el fortalecimiento de los mecanismos institucionales para su protección.* En este ámbito cobra relevancia la necesidad de que la creación, interpretación y

---

[11] Al contrario, como con razón ha señalado Provea que "Los derechos consagrados en nuestra Carta Magna no pueden ser convertidos en delitos por la acción arbitraria de las instituciones del Estado, la protesta es un mecanismo legítimo que tienen los ciudadanos en las sociedades democráticas para reclamar y conquistar derechos o para defenderse frente a los posibles abusos de poder." Véase Nota de Prensa, "La Sala Constitucional del Tribunal Supremo de Justicia suprimió, mediante una sentencia publicada ayer, las garantías para el ejercicio del derecho a la manifestación pacífica, tal como lo consagra la Constitución Nacional y la Ley de Partidos Políticos, Reuniones Públicas y Manifestaciones," en el nacional web 25 de abril 2014-.

aplicación de las diversas normas que componen el ordenamiento jurídico, se realice *respetando el contenido de los derechos* fundamentales."[12]

Por ello, en otra sentencia (sentencia N° 1.654/2005, del 13 de julio de 2005), la misma Sala Constitucional expresó que "la progresividad de los derechos humanos *se refiere a la tendencia general de mejorar cada vez más la protección y el tratamiento de estos derechos;"* lo que luego volvió a ratificar en sentencia N° 74 de 25 de enero de 2006, al recordar que: "mal podría esta Sala, cúpula de la jurisdicción constitucional, olvidar que, de conformidad con el principio de progresividad de los derechos fundamentales que recoge el artículo 19 de la Constitución, *el Constituyente lo que puede es mejorar y ampliar la protección y el tratamiento de estos derechos, no así lograr su mutación en detrimento de su contenido y atributos.*"[13]

Con mayor razón, ese es también el principio que ha de regir respecto de las sentencias de la Sala Constitucional, como máxima intérprete de la Constitución, en el sentido de que mediante las mismas no pueden mutar las disposiciones legales en detrimento del contenido y atributos de los derechos, como ocurrió con el derecho a manifestar.[14] Al contrario, en este caso, como lo resumió José Ignacio Hernández, "la Sala Constitucional creó una prohibición que impide el derecho a manifestar sin autorización. Además, advirtió que obviar esa autorización implica un delito penal. Es decir, los ciudadanos pueden ir presos por manifestar sin autorización de los Alcaldes."[15]

---

[12]   Véase sentencia N° 1114 de 25-5-2006, Caso: *Lisandro Heriberto Fandiña Campos*, en *Revista de Derecho Público* N° 106, Caracas 2006, pp. 138 ss.

[13]   Véase sentencia No. 74 de 25-1-2006, Caso: *Acción Democrática vs. Consejo Nacional Electoral y demás autoridades electorales*, en *Revista de Derecho Público*, N° 105, Caracas 2006, pp. 124 ss.

[14]   Cuán diferente fue, por ejemplo, la posición del Tribunal Constitucional Español, cuando en sentencia STC 36?1982, al interpretar la Ley 17/1976 sobre reuniones en lugares de transito público, que establecía el requisito de autorización, a la luz del artículo 21 de la Constitución de 1978 que nada disponía en tal sentido, interpretó conforme al principio de la progresividad, que de lo que se trataba era sólo de una "comunicación". Véase las referencias en José Luis López González, "El derecho de reunión y manifestación en a jurisprudencia del Tribunal Constitucional," en *Revista de Estudios Políticos* (Nueva Etapa), N° 96, Madrid 1997, pp. 179 ss.

[15]   Véase José Ignacio Hernández, "Sobre la decisión del TSJ y el derecho a la protesta, "en Prodavinci, abril 2014, en http://prodavinci.com/blogs/sobre-la-decision-de-la-sala-constitucional-y-el-derecho-a-la-protesta-por-jose-ignacio-hernandez/ En el mismo sentido, el Colegio de Abogados del Distrito Federal expresó que con "esta decisión, la Sala Constitucional creó, fabricó en forma inconstitucional e ilegal una prohibición que impide ejercer el derecho a la manifestación sin autorización. Además, advirtió que obviar esa autorización implica un delito penal, lo cual a su vez es inconstitucional, por cuanto viola la reserva legal para los delitos al crear un delito que no existe en la legislación venezolana vigente. Es decir: los ciudadanos pueden ir presos por manifestar sin autorización de la Primera Autoridad Civil del Municipio." Concluye el Colegio observando que: "En consecuencia, estamos en presencia de una sentencia radicalmente nula por mandato de los artículos 25 y 350 constitucionales, ya que entre otros graves vicios: a) conculca de hecho el derecho a la protesta cívica pacifica, b) suspende garantías constitucionales ad infinitum y viola convenios internacionales vinculantes c) crea un delito penal que no existe, d) somete a la libre voluntad del funcionario competente no solo el ejercicio del derecho a la protesta, sino también el lugar y tiempo para su realización, además, e) ordena a las policías municipales a violar la propia Constitución al imponerles el deber de disolver manifestaciones sin poder legalmente tener los equipos necesarios para ellos." Véase "Pronunciamiento del Ilustre Colegio de Abogados de Caracas sobre la sentencia de la Sala Constitucional del Tribunal Supremo de Justicia que interpreta el derecho a manifestar", Caracas 26 de abril de 2014.

Este inconstitucional proceder de la Sala Constitucional, al secuestrar dicho derecho constitucional, imponiendo requisitos y limitaciones para su ejercicio que no están previstos en la ley, vicia de ilegitimidad dicha sentencia N° 257 de 25 de abril de 2014, y como cualquier otro acto legítimo de cualquier órgano del Estado, los ciudadanos tienen el derecho a desconocerlo en los términos del artículo 350 de la Constitución,[16] sobre todo porque la Sala, en su actuación, no tiene quien la controle. Es por ello que solo el pueblo puede hacerlo.

---

[16] Es en definitiva lo planteado por Cipriano Heredia, Diputado al Consejo Legislativo del Estado Miranda: "A los venezolanos lo único que nos queda es aplicar por la vía de los hechos la Constitución y continuar manifestando con la simple notificación que es lo que exige la Ley, amparados en el artículo 68 de nuestra Carta magna", en "Heredia: Sentencia del TSJ apuntala talante dictatorial del Gobierno," en *El Universal*, Caracas 28 de abril de 2014.

UNA NUEVA MUTACIÓN CONSTITUCIONAL: EL FIN DE LA PROHIBICIÓN DE LA MILITANCIA POLÍTICA DE LA FUERZA ARMADA NACIONAL, Y EL RECONOCIMIENTO DEL DERECHO DE LOS MILITARES ACTIVOS DE PARTICIPAR EN LA ACTIVIDAD POLÍTICA, INCLUSO EN CUMPLIMIENTO DE LAS ÓRDENES DE LA SUPERIORIDAD JERÁRQUICA

Allan R. Brewer-Carías

Profesor de la Universidad Central de Venezuela

Resumen: *Este comentario jurisprudencial tiene por objeto analizar la sentencia de la Sala Constitucional del Tribunal Supremo Nº. 651 de 11 de junio de 2014, en la cual, mediante una ilegítima mutación constitucional, puso fin a la tradicional prohibición de tener militancia política impuesta a los miembros de la fuerza armada nacional, y admitió como derecho de los militares activos, el de participar en actividades políticas, incluso en cumplimiento de las órdenes de la superioridad jerárquica.*

Palabras Clave: *Militares. Actividad política. Militares. Militancia política.*

Abstract: *This article has the purpose of comment the decision of the Constitucional Chamber of the Supreme Tribunal Nº 651 of June 11, 2014, by which, through a constitucional mutation, the Tribunal eliminated the traditional prohibition imposed upon the members of the Armed Forces to have political militancy, admitting, in addition, as a right of the military personnel in service, to participate in political activities, even following orders of the hierarchy.*

Key words: *Military personnel. Political Activity. Military personnel. Political militancy.*

Apenas se publicó la Constitución de 1999 y sobre la base de mi participación como Constituyente en los trabajos de la Asamblea Nacional Constituyente, en un trabajo denominado "Reflexiones Críticas sobre la Constitución venezolana de 1999" que se publicó en 2000 con ocasión de diversas presentaciones que hice sobre el nuevo texto constitucional,[1] advertí sobre el "acentuado esquema militarista" que se había incorporado en la Constitución,

---

[1]   Véase Allan R. Brewer-Carías, "Reflexiones críticas sobre la Constitución de Venezuela de 1999", en Diego Valadés, Miguel Carbonell (Coordinadores), *Constitucionalismo Iberoamericano del Siglo XXI*, Cámara de Diputados. LVII Legislatura, Universidad Nacional Autónoma de México, México 2000, pp. 171-193; en *Revista de Derecho Público*, Nº 81, Editorial Jurídica Venezolana, Caracas, enero-marzo 2000, pp. 7-21; en *Revista Facultad de Derecho, Derechos y Valores*, Volumen III Nº 5, Universidad Militar Nueva Granada, Santafé de Bogotá, D.C., Colombia, Julio 2000, pp. 9-26; y en el libro *La Constitución de 1999*, Biblioteca de la Academia de Ciencias Políticas y Sociales, Serie Eventos 14, Caracas 2000, pp. 63-88.

y cómo, al agregarse dicho esquema, "al presidencialismo [extremo] como forma de gobierno, y a la concentración del Poder en la Asamblea Nacional," resultaba una "combinación que podía "conducir fácilmente al autoritarismo"[2] como lamentable, pero efectivamente ocurrió.

En particular, sobre el régimen militar en la Constitución, ya en 2000 destacábamos que:

"en el texto constitucional quedó eliminada toda idea de sujeción o subordinación de la autoridad militar a la autoridad civil, consagrándose, al contrario, una gran autonomía de la autoridad militar y de la Fuerza Armada Nacional, unificadas las cuatro fuerzas, con la posibilidad de intervenir en funciones civiles.

Ello se evidencia de las siguientes regulaciones: primero, de la eliminación de la tradicional prohibición de que la autoridad militar y la civil no pueden ejercerse simultáneamente, que establecía el artículo 131 de la Constitución de 1961; segundo, de la eliminación del control, por parte de la Asamblea Nacional, respecto de los ascensos de los militares de alta graduación, que en el constitucionalismo histórico siempre se había previsto, disponiéndose en el texto constitucional, al contrario, que ello es competencia exclusiva de la Fuerza Armada (art. 331); tercero, de la eliminación del carácter no deliberante y apolítica de la institución militar, como lo establecía el artículo 132 de la Constitución de 1961, lo que abre la vía para que la Fuerza Armada, como institución militar, comience a deliberar políticamente y a intervenir y dar su parecer sobre los asuntos de los que estén resolviendo los órganos del Estado; cuarto, de la eliminación de la obligación de la Fuerza Armada de velar por la estabilidad de las instituciones democráticas que preveía el artículo 132 de la Constitución de 1961; quinto, lo que es más grave aún, de la eliminación de la obligación de la Fuerza Armada de respetar la Constitución y las leyes "cuyo acatamiento estará siempre por encima de cualquier otra obligación", como lo decía el artículo 132 de la Constitución de 1961; sexto, de la atribución a los militares, en forma expresa, del derecho al sufragio (art. 330), lo cual podría ser incompatible, políticamente, con el principio de obediencia; séptimo, del establecimiento del privilegio procesal, tradicionalmente reservado a los altos funcionarios del Estado, a los altos oficiales de la Fuerza Armada de que para ser enjuiciados se requiera una decisión del Tribunal Supremo sobre si hay o no méritos para ello (art. 266,3); octavo, del sometimiento a la autoridad de la Fuerza Armada de todo lo concerniente con el uso de armas y no sólo las de guerra, lo que se le quita a la Administración civil del Estado (art. 324); noveno, de la atribución, en general, a la Fuerza Armada de competencias en materia de policía administrativa (art. 329); y décimo, de la adopción en el texto constitucional del concepto ya histórico de la doctrina de la seguridad nacional, por ser esta de carácter globalizante, totalizante y omnicomprensiva, conforme a la cual todo lo que acaece en el Estado y la Nación, concierne a la seguridad del Estado, incluso el desarrollo económico y social (art. 326)."

Esta situación —concluía- da origen a un esquema militarista que constitucionalmente es una novedad, pero que puede conducir a un apoderamiento de la Administración civil del Estado por la Fuerza Armada, a la cual, incluso se le atribuye en la Constitución "la participación activa en el desarrollo nacional" (art. 328).

---

[2]   Ya en nuestro pronunciamiento sobre las "Razones del voto "NO" en el referéndum sobre la Constitución," que publicamos el 30 de noviembre de 1999, expresamos: "en cuanto a la Constitución *política* en el Proyecto de Constitución, cuando se analiza globalmente, particularmente en los elementos antes mencionados, pone en evidencia un esquema institucional para el autoritarismo, que deriva de la combinación del centralismo de Estado, del presidencialismo exacerbado, de la partidocracia y del militarismo que constituyen los elementos centrales diseñados para la organización del Poder del Estado." Véase en Allan R. Brewer-Carías, *Debate Constituyente (Aportes a la Asamblea Nacional Constituyente), Tomo III (18 octubre-30 noviembre 1999)*, Fundación de Derecho Público-Editorial Jurídica Venezolana, Caracas 1999, p. 325.

Todo lo anterior, muestra un cuadro de militarismo realmente único en nuestra historia constitucional que ni siquiera se encuentra en las Constituciones de los regímenes militares."[3]

A pesar de ese cuadro de acentuado militarismo, sin embargo, en el texto constitucional se logró preservar en forma expresa, sobre la relación entre la Fuerza Armada nacional y sus integrantes y la actividad política, lo siguiente: primero, que "la Fuerza Armada Nacional constituye una institución esencialmente profesional, sin militancia política, organizada por el Estado para garantizar la independencia y soberanía de la Nación y asegurar la integridad del espacio geográfico" (Artículo 328.); segundo, que "en el cumplimiento de sus funciones, está al servicio exclusivo de la Nación y en ningún caso al de persona o parcialidad política alguna" (Artículo 328.); tercero, que a los integrantes de la Fuerza Armada Nacional no "les esté permitido optar a cargo de elección popular (Artículo 330); y cuarto, que a los integrantes de la Fuerza Armada Nacional, tampoco les está permitido "participar en actos de propaganda, militancia o proselitismo político" (Artículo 330).

Estos postulados esenciales, por supuesto, sólo podrían cambiarse mediante una reforma del texto constitucional, como se pretendió hacer con la rechazada reforma constitucional de 2007, cuando por ejemplo, respecto de la norma del artículo 328, en primer lugar, se buscaba eliminar la previsión constitucional de que la Fuerza Armada es "institución esencialmente profesional, sin militancia política", y en su lugar se proponía establecer que constituye "un cuerpo esencialmente patriótico popular y antiimperialista". Con ello, hubiera desaparecido la institución militar como institución profesional, y desaparecido la prohibición de que la misma no tenga militancia política, definiéndosela como "patriótico popular y antiimperialista," lo que buscaba abrir como lo expresamos en 2007, "el camino constitucional para la integración de la Fuerza Armada Bolivariana en el partido político de su Comandante en Jefe, quien ejerce la Suprema Autoridad Jerárquica en todos sus Cuerpos, Componentes y Unidades, como se propuso en la reforma del artículo 236,6 de la Constitución."[4]

Sin embargo, como ya ha ocurrido con tantos otros aspectos de la fallida rechazada reforma de 2007, ha sido la Sala Constitucional del Tribunal Supremo de Justicia, como ha sucedido en otras ocasiones, el órgano del Estado encargado de implementar dicha reforma, en fraude a la Constitución y además, en fraude a la voluntad popular que la rechazó el 7 de diciembre de 2007, lo que se ha materializado mediante sentencia N°. 651 de 11 de junio de 2014 (Caso *Rafael Huizi Clavier y otros*).[5] Esta sentencia, en efecto, ha producido una nueva e ilegítima mutación constitucional,[6] impuesta impunemente a través de un *obiter dictum*

---

[3]   *Idem.*, pp. 327-329

[4]   Véase Allan R. Brewer-Carías, *Hacia la Consolidación de un Estado Socialista, Centralizado, Policial y Militarista. Comentarios sobre el sentido y alcance de las propuestas de reforma constitucional 2007*, Colección Textos Legislativos, N° 42, Editorial Jurídica Venezolana, Caracas 2007, p. 94; y en *La reforma constitucional de 2007 (Comentarios al Proyecto inconstitucionalmente sancionado por la Asamblea Nacional el 2 de noviembre de 2007)*, Colección Textos Legislativos, N° 43, Editorial Jurídica Venezolana, Caracas 2007, p. 150.

[5]   Véase en http://www.tsj.gov.ve/decisiones/scon/junio/165491-651-11614-2014-14-0313.HT ML

[6]   Una mutación constitucional ocurre cuando se modifica el contenido de una norma constitucional de tal forma que aún cuando la misma conserva su contenido, recibe una significación diferente. Véase Salvador O. Nava Gomar, "Interpretación, mutación y reforma de la Constitución. Tres extractos" en Eduardo Ferrer Mac-Gregor (coordinador), *Interpretación Constitucional*, Tomo II, Ed. Porrúa, Universidad Nacional Autónoma de México, México 2005, pp. 804 ss. Véase en general sobre el tema, Konrad Hesse, "Límites a la mutación constitucional", en *Escritos de derecho constitucional*, Centro de Estudios Constitucionales, Madrid 1992.

pronunciado con ocasión de negar la homologación de un desistimiento y de declarar la improcedencia *in limene lítis* de una acción de amparo que habían intentado en 28 de marzo de 2014 un grupo de militares retirados, alegando la violación por parte de la Ministro de Defensa, de los derechos de los militares en servicio activo de "mantenerse al margen de participar en actos de propaganda, militancia o proselitismo político," garantizados entre otros en los artículos citados 328 y 330 de la Constitución, al haber sido obligados a:

> "participar uniformados en marchas partidistas (15 de marzo de 2014), confeccionar pancartas con mensajes políticos y ordenarles mediante comunicación escrita hacerse acompañar con sus familiares a tales actos; a proferir como mensajes institucionales, expresiones tales como *"patria, socialismo o muerte", "Chávez vive", "la lucha sigue", "hasta la victoria siempre"*, y *"plagar"* las instalaciones operacionales, administrativas y sociales militares, con innumerables expresiones escritas y gráficas de proselitismo del partido político *"PSUV"* y de quien fuera Presidente de la República y presidente fundador del mencionado partido político; así como, de igual forma, que ordenen a los subalternos izar en cuarteles y dependencias militares la bandera de la República de Cuba y difundir, publicar y exhibir en cuarteles y otras instalaciones fotografías del *"dictador cubano Fidel Castro y del reconocido asesino internacional el 'che' Guevara, lo que configura una burla al honor del militar venezolano y la una (sic) violación a la nacionalidad, que podría calificarse como traición a la patria"*.

Frente a estos alegatos, la Sala Constitucional comenzó por recordar que "en todos los ejércitos del mundo existe el saludo militar, cuya manifestación responde a la idiosincrasia o cultura del país o al momento histórico, social y político por las que hayan atravesado," lo que inevitablemente me hizo recordar el saludo de los ejércitos nazis al Fuhrer, propio de la "idiosincrasia" o "cultura" de Alemania en el "momento histórico, social y político por la que estaba atravesando" a partir de la caída de la República de Weimar en 1933, hasta la conclusión de la segunda guerra mundial, que fue el más negro de su historia.

Pasó luego a agregar la Sala que el saludo militar además, "indica una muestra simbólica, profesional e institucional, de respeto, disciplina, obediencia y subordinación ante la superioridad jerárquica y a la comandancia en jefe a la cual responde," lo que está bien si el comandante en jefe fuera sólo el Jefe del Estado, y el respeto, disciplina, obediencia y subordinación se refirieran a la Nación venezolana; pero no es admisible cuando el jefe de Estado, al ser jefe de un partido político, es decir, de una parcialidad política, el saludo militar, como "muestra simbólica, profesional e institucional, de respeto, disciplina, obediencia y subordinación" se hace ante la "superioridad jerárquica" de dicho partido político.

Hacer este tipo de manifestaciones, como las denunciadas, no puede considerarse en forma alguna, como lo hizo la Sala Constitucional, pues nada tiene que ver con ello, la representación de:

> "una expresión, gestual u oral, del sentimiento patriótico que involucra, para el caso de la República Bolivariana de Venezuela, el cumplimiento del deber fundamental *"de honrar y defender a la patria, sus símbolos y, valores culturales, resguardar y proteger la soberanía, la nacionalidad, la integridad territorial, la autodeterminación y los intereses de la Nación"*, tal y como lo consagra el artículo 130 de nuestro Texto Fundamental."

Luego de hacer referencia a normas generales de la Ley Orgánica de la Fuerza Armada Nacional Bolivariana, a las líneas generales definidas por el Ejecutivo Nacional respecto del "Plan de Desarrollo Económico y Social de la Nación (hoy en día reconocido como el Plan de la Patria 2013-2019), y que, además, se encuentra debidamente aprobado por el órgano del Poder Legislativo Nacional para su implementación en toda la República," y al Reglamento Orgánico del Ministerio del Poder Popular para la Defensa, sobre las funciones del Ministro para la Defensa, la Sala destacó que los accionantes no sólo no habían probado –cuando no era necesario por ser público y notorio y además, comunicacional en los términos de la doctrina judicial de la Sala válida para otros casos- que lo denunciado implicara "un fin de propaganda o de proselitismo político," sino que declaró, en contra lo que dispone la Constitución, que supuestamente "la participación de los integrantes de la Fuerza Armada Nacional Bolivariana en actos con fines políticos no constituye un menoscabo a su profesionalidad," y que más bien es "un baluarte de participación democrática y protagónica" derivado del derecho a la participación sin discriminación que tiene todo ciudadano, incluyendo los militares en situación de actividad. Estos, afirmó la Sala, tendrían el derecho, como cualquier ciudadano, "de participar libremente en los asuntos políticos y en la formación, ejecución y control de la gestión pública," al punto de considerar que el "ejercicio de este derecho se erige como un acto progresivo de consolidación de la unión cívico-militar, máxime cuando su participación se encuentra debidamente autorizada por la superioridad orgánica de la institución que de ellos se apresta."

Con las consideraciones que ha formulado la Sala Constitucional en esta sentencia sobre la relación de la actividad militar con la actividad política, los principios esenciales establecidos en la Constitución han sido modificados sin que haya habido una reforma constitucional, en lo que sin duda ha sido una mutación ilegítima más de la misma.

A partir de la sentencia, por tanto, en primer lugar, a pesar de que la Constitución diga que la Fuerza Armada Nacional es una institución "esencialmente sin militancia política" (art. 328), con el reconocimiento generalizado en la sentencia del derecho de los militares activos "de participar libremente en los asuntos políticos y en la formación, ejecución y control de la gestión pública," pero sometidos como están al "respeto, disciplina, obediencia y subordinación" respecto de la "superioridad jerárquica," si esta superioridad es la que preside un partido político, los integrantes de la Fuerza Armada Nacional están sin duda obligados a seguir disciplinadamente lo que la misma ordene desde el punto de vista político, pasando automáticamente a tener la institución, la militancia política del Comandante en Jefe de la misma.

En segundo lugar, y como consecuencia de lo anterior, a pesar de que la Constitución disponga que la Fuerza Armada Nacional "en el cumplimiento de sus funciones, está al servicio exclusivo de la Nación y en ningún caso al de persona o parcialidad política alguna" (Artículo 328.), al reconocer la sentencia y declarar en forma general que los militares activos tienen derecho de "participar libremente en los asuntos políticos y en la formación, ejecución y control de la gestión pública," en la forma "debidamente autorizada por la superioridad orgánica de la institución que de ellos se apresta," lo que ha establecido la Sala Constitucional es que estando los militares activos sometidos a la "superioridad jerárquica," y a los principios de "respeto, disciplina, obediencia y subordinación" respecto de la misma, están en consecuencia obligados a estar al servicio de la parcialidad política que la superioridad les indique, conforme a las instrucciones del Comandante en Jefe de la Fuerza Armada Nacional.

Y en tercer lugar, a pesar de que la Constitución establezca que a los integrantes de la Fuerza Armada Nacional, no les está permitido "participar en actos de propaganda, militancia o proselitismo político" (Artículo 330), al reconocerse en la sentencia el derecho de los integrantes de la Fuerza Armada Nacional "de participar libremente en los asuntos políticos y en la formación, ejecución y control de la gestión pública," sometidos incluso a las instrucciones de la superioridad jerárquica a la cual deben respeto, disciplina obediencia y subordinación, los mismos tienen derecho e incluso la obligación de participar en cuanto acto de propaganda, militancia y proselitismo político decidan o se les ordene o instruya.

De todo lo anterior resulta que a partir de la sentencia, simplemente la Constitución dejó de decir lo que decía, y pasó a decir lo que a la Sala Constitucional se le ocurrió que dice, con lo cual, sin ser reformada y con la misma fraseología, pasó en esta materia a decir otra cosa, es decir, su texto fue mutado. Al hacer esto, la Sala Constitucional usurpó el Poder Constituyente que sólo el pueblo tiene para poder reformar o enmendar la Constitución conforme a los procedimientos previstos en ella, no existiendo mecanismo alguno para controlar lo que hace el guardián de la Constitución.

El resultado, en todo caso, es que por ejemplo, cuando la Constitución prescribe que la Fuerza Armada Nacional no puede tener "militancia política," según lo dispuesto por la Sala Constitucional, lo que dice es que si puede tener dicha militancia, conforme lo ordene la superioridad jerárquica, incluso expresada en el uso de símbolos partidistas; cuando la Constitución prescribe que la Fuerza Armada Nacional no puede estar al servicio de "parcialidad política alguna," según lo dispuesto por la Sala Constitucional, lo que dice es que sí puede o debe tener la parcialidad política del Comandante en Jefe de la misma; y cuando la Constitución dice que los integrantes de la Fuerza Armada Nacional no pueden "participar en actos de propaganda, militancia o proselitismo político," según lo dispuesto por la Sala Constitucional, lo que ello significa es que si pueden "participar libremente en los asuntos políticos y en la formación, ejecución y control de la gestión pública." Tan simple como eso.

En esa forma la Constitución se violó abiertamente, y lo inconstitucional se convirtió en constitucional, mediante una ilegítima mutación constitucional hecha por el juez constitucional, realizada no sólo en fraude a la Constitución, sino en fraude a la voluntad popular expresada en el rechazo de la reforma constitucional de 2007, que tenía la misma finalidad de eliminar la prohibición constitucional de que la Fuerza Armada pudiera tener "militancia política."

LA ILEGÍTIMA E INCONSTITUCIONAL REVOCACIÓN DEL MANDATO POPULAR DE ALCALDES POR LA SALA CONSTITUCIONAL DEL TRIBUNAL SUPREMO, USURPANDO COMPETENCIAS DE LA JURISDICCIÓN PENAL, MEDIANTE UN PROCEDIMIENTO "SUMARIO" DE CONDENA Y ENCARCELAMIENTO

(El caso de los Alcaldes Vicencio Scarano Spisso y Daniel Ceballo)

Allan R. Brewer-Carías

Profesor de la Universidad Central de Venezuela

Resumen: *Este comentario analiza la sentencias de la Sala Constitucional N° 138 de 17 de marzo de 2014, y N° 245 de 9 de abril de 2014 mediante las cuales usurpando las competencias de la Jurisdicción Penal, se arrogó la potestad sanciona-toria penal en materia de desacato a sus decisiones de amparo, violando todas las garantías al debido proceso, condenando a dos alcaldes prisión y revocándoles su mandato popular en contra del principio democrático.*

Palabras Clave: *Amparo, Desacato. Revocación de Mandato. Principio democrá-tico.*

Abstract: *This comment analyses the Constitutional Chamber decisions N° 138 of March 17, 2014, and N° 245 of April 9, 2014, through which the Supreme Tribunal, usurping the jurisdiction of Criminal Courts, sanctioned two Mayors because their noncompliance of an injunction issued against them, in violation of the due process of law guaranties, sending the mayors to prison and revoking their popular man-date, against the democratic principle.*

Key words: *Injunction, Noncompliance. Popular Mandate. Revocation; Democra-tic principle.*

I.   SOBRE LA OBLIGATORIEDAD DE LAS SENTENCIA DE AMPARO

Ley Orgánica de Amparo sobre Derechos y Garantías Constitucionales de 1988, aún cuando formulado en forma indirecta, repitió en su artículo 29 lo que es una característica de toda decisión judicial y es la obligatoriedad de los fallos en materia de amparo, precisando que los jueces que las dicten, cuando acuerden "el restablecimiento de la situación jurídica infringida," en el dispositivo del fallo de la sentencia siempre deben ordenar "que el manda-miento sea acatado por todas las autoridades de la República, so pena de incurrir en desobe-diencia a la autoridad" (art. 29).

Adicionalmente, como secuela de dicha obligatoriedad, dispuso el artículo 30 de la Ley Orgánica, que cuando "la acción de amparo se ejerciere con fundamento en violación de un derecho constitucional, por acto o conducta omisiva, o por falta de cumplimiento de la auto-ridad respectiva," la sentencia debe siempre ordenar "la ejecución inmediata e incondicional del acto incumplido."

En consecuencia, en cuanto a los efectos de la decisión de amparo en relación con su carácter obligatorio, el principio es que como todas las decisiones judiciales, la sentencia es obligatoria no sólo para las partes del proceso, las cuales están obligadas a acatarla de inmediato, sino también respecto de todas las otras personas y funcionarios públicos que deben aplicarlas. Así se establece, además, en casi todas las legislaciones de amparo, como ocurre en las leyes que regulan la acción de amparo de Bolivia (art. 102), Colombia (arts. 27, 30), Costa Rica (art. 53), Ecuador (art. 58), Honduras (art. 65), Nicaragua (art. 48), Paraguay (art. 583) y Perú (arts. 22, 24).[1]

El juez respectivo, además, a los efectos de asegurar la ejecución de la decisión, puede *ex officio*, o a petición de parte, tomar todas las medidas necesarias dirigidas a lograr su cumplimiento, estando facultado, por ejemplo, en la ley guatemalteca, para decretar órdenes y librar oficios a las autoridades y funcionarios públicos de la administración pública o a las personas obligadas (art. 55). Los tribunales de amparo según lo dispuesto en las leyes de amparo de Guatemala (art. 105), Ecuador (art. 61), El Salvador (art. 61) y Nicaragua (art. 77) también están facultados incluso para usar los medios de fuerza pública para asegurar el cumplimiento de sus decisiones. En tal sentido, la Ley Orgánica de Amparo de Venezuela de 1988, su artículo 32.B relativo a la sentencia, también dispone que en la misma, el juez debe especificar en forma precisa "la orden a cumplirse, con las especificaciones necesarias para su ejecución."

II. EL DESACATO DE LAS SENTENCIAS DE AMPARO Y LA AUSENCIA DE PODERES SANCIONATORIOS DEL JUEZ DE AMPARO

En relación con la obligatoriedad de las sentencias de amparo, en los casos de desacato al dispositivo de las mismas, la Ley Orgánica de 1988 lo único que prevé como delito tipificado es el incumplimiento del mandamiento de amparo, para cuyo efecto el artículo 31 prevé que "quien incumpliere el mandamiento de amparo constitucional dictado por el Juez, será castigado con prisión de seis (6) a quince (15) meses."

Ello implica que la Ley Orgánica de 1988, como sucede en general en América Latina, no le otorga al juez de amparo potestad sancionatoria directa alguna frente al desacato respecto de sus decisiones, teniendo el juez de amparo limitada su actuación en los casos de incumplimiento de las sentencias de amparo, sólo a procurar el inicio de un proceso penal ante la jurisdicción penal ordinaria, a cuyo efecto debe poner en conocimiento del asunto al Ministerio Público para que sea éste el que de inicio al proceso penal correspondiente, tendiente a comprobar (o no) la existencia del delito y a imponer (de ser el caso) la sanción penal legalmente establecida, a que ya se ha hecho referencia.

La ley venezolana, por lo demás, sigue la orientación de las leyes reguladoras del amparo en América Latina, en las cuales no se prevé para los jueces de amparo facultad directa de castigar, mediante la imposición de sanciones penales, el desacato a sus órdenes; lo que sin duda contrasta con los poderes de los jueces norteamericanos frente al desacato de las *injunction*, tan características del sistema de protección de derechos en los sistemas anglosajones.

---

[1]   Para el estudio de todas las leyes de amparo de América Latina véase: Allan R. Brewer-Carías, *Constitutional Protection of Human Rights in Latin America. A Comparative Study of the Amparo Proceedings*, Cambridge University Press, New York, 2008; y *Leyes de Amparo de América Latina*, Instituto de Administración Pública de Jalisco y sus Municipios, Instituto de Administración Pública del Estado de México, Poder Judicial del Estado de México, Academia de Derecho Constitucional de la Confederación de Colegios y Asociaciones de Abogados de México, 2 Vols., Jalisco 2009.

Ello fue admitido en los Estados Unidos de América a partir de la sentencia de la Corte Suprema dictada el caso *In Re Debs* (158 U.S. 564, 15 S.Ct. 900, 39 L.Ed. 1092 (1895)), donde de acuerdo con el Juez Brewer -quien pronunció la sentencia-, se decidió que:

"el poder de un tribunal de emitir una orden también lleva consigo el poder de sancionar la desobediencia a tal orden y la pregunta acerca de la desobediencia ha sido, desde tiempos inmemoriales, la función especial del tribunal. Y esto no es un tecnicismo. Para que un tribunal pueda compeler obediencia a su orden debe tener el derecho a precisar si ha habido desobediencia a su orden. El someter la cuestión de la desobediencia a otro tribunal, sea un jurado u otra corte, equivaldría a privar los procedimientos de la mitad de su eficacia." [2]

En otro caso, *Watson v. Williams*, 36 Miss. 331, 341, la Corte declaró lo siguiente:

"El poder de multar y encarcelar por contumacia ha sido considerado, desde la historia más antigua del derecho, como la necesaria faceta y atributo de un tribunal, sin el cual no podría existir más de lo que pudiera existir sin un juez. Es un poder inherente a todos los tribunales de los que se tiene cuenta y coexistente con ellos por las sabias disposiciones del Common Law. Un tribunal sin el poder efectivo de protegerse a si mismo contra los asaltos de los desaforados o de ejecutar sus órdenes, sentencias o decretos contra los rebeldes a sus disposiciones, sería una desgracia al derecho y un estigma a la era que lo produjo." [3]

Estas facultades de sancionar penalmente los desacatos a decisiones judiciales protectivas han sido las que precisamente han dado a las *injunctions* en los Estados Unidos de América su efectividad en relación con la protección de derechos, estando el mismo tribunal que las dicta facultado para reivindicar su propio poder ante cualquier desobediencia, mediante la imposición de sanciones penales y pecuniarias, con prisión y multas.[4] Los tribunales latinoamericanos, en contraste, como hemos dicho, no tienen esas facultades o éstas son muy débiles.

En efecto, aun cuando el desacato a la sentencia de amparo sea sancionable en las leyes de amparo latinoamericanas, no está en poder del mismo tribunal de amparo el aplicar sanciones afectando personalmente al desobediente o rebelde. Estas facultades sancionatorias están atribuidas sea a la Administración Pública respecto de los funcionarios renuentes, o a un tribunal penal diferente al emisor del fallo, frente al desacato. Así, por ejemplo, en caso de desacato por funcionarios administrativos, a los efectos de las sanciones disciplinarias, al tribunal de amparo le corresponde notificar al superior jerárquico en la Administración para que inicie un procedimiento disciplinario administrativo contra el funcionario público rebelde que debe ser decidido por el órgano superior correspondiente en la Administración Pública, como está establecido en Colombia (art. 27), Perú (art. 59) y Nicaragua (art. 48).

Respecto de la aplicación de sanciones penales a quienes desacaten la decisión de amparo, los tribunales de amparo, o la parte interesada, deben procurar el inicio de un procedimiento judicial penal en contra de aquellos, el cual debe ser iniciado por ante la jurisdicción

---

[2]   Véase en. Owen M. Fiss and Doug Rendleman, *Injunctions*, The Foundation Press, 1984, p. 13. v. t. William M. Tabb and Elaine W. Shoben, *Remedies*, Thomson West, 2005, pp. 72 ss.

[3]   *Idem.*

[4]   En Filipinas, el Reglamento sobre el Recurso de Amparo, faculta al tribunal competente a "ordenar al accionado que se niega a responder, o que responda falsamente, o a cualquier persona que de cualquier otra manera desobedezca o se resista a un proceso legítimo u orden del tribunal, a ser sancionado por contumacia. El contumaz puede ser encarcelado o multado." Véase los comentarios en Allan R. Brewer-Carías, "The Latin American Amparo Proceeding and the Writ of Amparo in The Philippines," en *City University of Hong Kong Law Review*, Volume 1:1 October 2009, pp 73–90.

penal competente, como es la regla general establecida en las leyes reguladoras de la acción de amparo de Bolivia (art. 104); Colombia (arts. 27, 52, 53); Costa Rica (art. 71); Ecuador (art. 58); El Salvador (arts. 37, 61); Guatemala (arts. 32, 54, 92); Honduras (art. 62); México (arts. 202, 209); Nicaragua (art. 77); Panamá (art. 2632); Paraguay (art. 584) y Venezuela (art. 31). En algunos casos excepcionales, como en Colombia (art. 27), el juez de tutela puede imponer detenciones administrativas (y sólo eso) a la parte renuente.

Por lo tanto, los jueces de amparo en Latinoamérica no tienen el poder para directamente imponer sanciones disciplinarias o penales a aquellos que desacatan sus órdenes y sólo en algunos países tienen poder para directamente imponer multas (astreintes) a las partes continuamente renuentes hasta lograr el cumplimiento de la orden. Este es el caso de las leyes reguladoras de la acción de amparo en Colombia (art. 27); República Dominicana (art. 28); Guatemala (art. 53); Nicaragua, (art. 66); y Perú (art. 22).[5]

III. LAS PROPUESTAS DE REFORMA (NO SANCIONADAS) DE LA LEY ORGÁNICA DE AMPARO DE OCTUBRE 2013 SOBRE EL DESACATO EN MATERIA DE AMPARO

Ante esta carencia legislativa, en la propuesta de reforma de la Ley Orgánica de Amparo de Venezuela, que sólo se aprobó en primera discusión a finales de 2013, se buscaba introducir como una innovación importante, que al tribunal de amparo tendría competencia para sancionar con multa de una (1) a cincuenta (50) unidades tributarias a las personas y funcionarios, que "no acataren sus órdenes o decisiones o no le suministraren oportunamente las informaciones, datos o expedientes que solicitare de ellos, sin perjuicio de las sanciones penales, civiles, administrativas o disciplinarias a que hubiere lugar" (art. 27 del proyecto). La misma regulación también se buscaba establecer en el **artículo 66 del proyecto, al asignar al tribunal de amparo**, a los efectos de garantizar la ejecución del mandamiento de amparo, competencia para sancionar directamente con multa de diez (10) a quinientas (500) unidades tributarias a quienes lo incumplieren en el lapso señalado para ello, sin perjuicio de las sanciones penales a que hubiere lugar.

Además, en ese proyecto de reforma de la Ley Orgánica de 2013 se buscaba incorporar en su normativa un título dedicado a regular, en particular, "el desacato al mandamiento de amparo constitucional, de la protección para los derechos e intereses colectivos o difusos y de la libertad o seguridad personal," con disposiciones como las siguientes:

En primer lugar, la regulación general en el artículo 63 del proyecto, de un tipo delictivo más amplio para quienes incumplieren el mandamiento de amparo dictado por el tribunal, indicando que serían castigados con prisión de uno (1) a tres (3) años y la imposición de las siguientes penas accesorias por el mismo tiempo de la condena:

1. Si el agraviante fuese comerciante, se planteaba que quedaba inhabilitado para el ejercicio del comercio.

2. Si el agraviante fuese funcionario público se proponía que comportaría la destitución del cargo, salvo los funcionarios de elección popular.

3. Si el agraviante o la agraviante fuese una autoridad de elección popular quedaría inhabilitado para el ejercicio de funciones públicas en el período siguiente a la culminación de su mandato.

---

[5]   Véase Samuel B. Abad Yupanqui, *El proceso constitucional de amparo*, Gaceta Jurídica, Lima, 2004, p. 136.

4. Si el agraviante ejerciere alguna profesión, industria o arte se planteaba que quedaba inhabilitado para su ejercicio.

En estos casos de incumplimiento del mandamiento de amparo, el artículo 64 del proyecto también buscaba establecer como "procedimiento por desacato" que el tribunal de amparo remitiera copia certificada de las actuaciones al fiscal del Ministerio Público a fin de que se iniciase la investigación para la determinación del hecho punible de acuerdo a los procedimientos previstos a tales efectos. Igualmente, en el proyecto también se preveía que el juez de amparo debía remitir copia certificada a la Defensoría del Pueblo la cual podía participar de la investigación, y tener acceso al expediente y a sus actas o cualquier otra información que reposare en los archivos del Estado o en instituciones privadas, con el fin de hacer las recomendaciones a que hubiere lugar. En tales casos, también se contemplaba que el Fiscal General de la República, en el informe anual que debe presentar ante la Asamblea Nacional, debía indicar expresamente los desacatos a mandamientos de amparo que le hubieran sido remitidos por tribunales, con sus respectivas resultas (art. 65).

Por otra parte, como antes se dijo, en la misma orientación del artículo 27 del proyecto antes mencionado, el artículo 66 del mismo buscaba disponer, a los efectos de garantizar la ejecución del mandamiento de amparo, que el tribunal de amparo tenía competencia para sancionar directamente con multa de diez (10) a quinientas (500) unidades tributarias a quienes lo incumplieren en el lapso señalado para ello, sin perjuicio de las sanciones penales a que hubiere lugar.

En estos casos de multas, y en los otros supuestos regulados en la Ley, conforme al "principio de proporcionalidad de la multa," el mismo artículo 67 del proyecto de reforma disponía que el importe de la multa se debía determinar atendiendo al principio de proporcionalidad, para lo cual se debía tomar en consideración "la capacidad económica del sancionado, el bien jurídico protegido, los hechos controvertidos, y demás circunstancias concurrentes." En todo caso, agregaba el proyecto de reforma que si quien hubiere sido sancionado con arreglo a las disposiciones antes mencionadas no cumpliere con el mandato de amparo ni tampoco cumpliere la sanción, la multa se debía incrementar a razón de una unidad tributaria por cada día de incumplimiento (art. 68).

Por otra parte, conforme al artículo 69 del proyecto de reforma de la Ley Orgánica, el sancionado podía reclamar por escrito la decisión judicial que le hubiera impuesto las sanciones antes mencionadas, dentro de los tres (3) días siguientes a su notificación, oportunidad en la que debía exponer las circunstancias favorables a su defensa. El reclamo debía ser decidido por el Tribunal dentro de los tres (3) días siguientes al vencimiento del lapso anterior. El tribunal, en estos casos, podía ratificar, revocar o reformar la sanción, siempre y cuando no causase mayor gravamen al sancionado.

Por último, el artículo 70 del proyecto de reforma de la Ley Orgánica buscaba declarar expresamente que sin menoscabo de las multas y sanciones antes mencionadas, el agraviado podía exigir la reparación de los daños y perjuicios causados por el incumplimiento; a cuyo efecto, la sentencia de amparo se debía tener como plena prueba pre constituida y la reclamación debía ser tramitada por el procedimiento correspondiente ante el juez de municipio del domicilio del agraviado.

Sin embargo, como ya se ha dicho, el proyecto de reforma de la Ley Orgánica de Amparo de 2013, si bien fue aprobado en primera discusión en octubre de 2013, no fue siquiera sometido a segunda discusión en el curso de 2013.

IV. LA VIOLACIÓN AL DEBIDO PROCESO (DERECHO A LA DEFENSA, A LA PRESUNCIÓN DE INOCENCIA, AL JUEZ NATURAL) POR PARTE DE LA SALA CONSTITUCIONAL, AL USURPAR LAS COMPETENCIAS DE LA JURISDICCIÓN PENAL Y PRETENDER IMPONER SANCIONES PENALES SIN PROCESO, Y ACTUANDO COMO JUEZ Y PARTE

De lo anteriormente expuesto resulta, por tanto, que en Venezuela, el desacato a las sentencias de amparo es un delito tipificado en la propia Ley Orgánica de Amparo de 1988 (art. 31), el cual -como todos los delitos para cuyo juzgamiento no existe una jurisdicción penal especial-, sólo puede ser decidido y sancionado por los tribunales competentes de la jurisdicción penal ordinaria, mediante un proceso penal, con las garantías del debido proceso, no teniendo el juez de amparo competencia alguna para sancionar en forma alguna el desacato de sus decisiones.

Ello sin embargo ha sido trastocado por la Sala Constitucional del Tribunal Supremo de Justicia, en sentencia N° 138 de 17 de marzo de 2014,[6] en la cual, esa Sala usurpando las competencias de la Jurisdicción Penal, se arrogó la potestad sancionatoria penal en materia de desacato a sus decisiones de amparo, violando todas las garantías más elementales del debido proceso, entre las cuales están, que nadie puede ser condenado penalmente sino mediante un proceso penal, el cual es el "instrumento fundamental para la realización de la justicia" (art. 257 de la Constitución), en el cual deben respetarse el derecho a la defensa, el derecho a la presunción de inocencia, el derecho al juez natural (art. 49 de la Constitución), y la independencia e imparcialidad del juez (arts. 254 y 256 de la Constitución); juez que en ningún caso puede ser juez y parte, es decir, decidir en causa en la cual tiene interés.

En efecto, luego de que un conjunto de asociaciones y cooperativas de comerciantes interpusieron una denominada demanda "por derechos e intereses colectivos o difusos" conjuntamente con una petición de medida cautelar innominada contra el Alcalde y el Director de la Policía Municipal de un Municipio del Estado Carabobo (San Diego),[7] para que removieran supuestas obstrucciones en las vías públicas del Municipio que se habían producido por protestas populares contra las políticas del Gobierno, la Sala Constitucional, mediante sentencia

---

[6]   Véase en http://www.tsj.gov.ve/decisiones/scon/marzo/162025-138-17314-2014-14-0205. HTML

[7]   Una demanda similar se intentó simultáneamente ante la Sala Constitucional por un abogado a título personal contra los Alcaldes de los Municipios Baruta y El Hatillo, originando una medida de amparo cautelar (sentencia N° 135 de 12 de marzo de 2014, en http://www.tsj.gov.ve/de cisiones/scon/marzo/161913-135-12314-2014-14-0194.HTML); la cual, a petición del mismo abogado formulada a título personal, originó una decisión judicial de aplicación por efectos extensivos de la anterior medida judicial de amparo cautelar contra los Alcaldes de los Municipios Chacao, Lechería, Maracaibo y San Cristóbal (sentencia 137 de 17 de marzo de 2014 en http://www.tsj.gov.ve/decisio nes/scon/marzo/162024-137-17314-2014-14-0194.HTML). Ello se anunció en la Nota de Prensa del Tribunal Supremo de Justicia de 24 de marzo de 2014. Véase en http://www.tsj.gov.ve/informa cion/notasdeprensa/notasdeprensa.asp?codigo=11777. debe destacarse, sin embargo, que en la Nota de Prensa oficial del Tribunal Supremo informando sobre la primera decisión de detención del Alcalde del Municipio San Diego, se afirmó, que "Los alcaldes a quienes se sancionan son de los municipios donde presuntamente se han cometido mayor número de hechos delictivos como homicidios, destrucción de organismos públicos y privados, destrucción del ambiente, incendio de vehículos y cierre de vías, desde que se iniciaron las manifestaciones violentas en el país." Véase en http://www.tsj.gov.ve/infor macion/notasdeprensa/notasdeprensa.asp?codigo=11768. Con ello, el Tribunal Supremo expresó claramente el propósito de su sentencia de amparo, que en definitiva no era el de proteger algún derecho ciudadano, sino el de sancionar a los Alcaldes de oposición, precisamente por ser de oposición.

N° 136 de 12 de marzo de 2014, que les "fue notificada vía telefónica" a dichos funcionarios, acordó el amparo constitucional cautelar solicitado, y en líneas generales ordenó a los Alcaldes, entre múltiples actividades de tipo administrativo que son propias de la autoridad municipal como velar por la ordenación de la circulación, la protección del ambiente, el saneamiento ambiental, la prevención y control del delito, y en particular que debían realizar acciones y utilizar los recursos materiales y humanos necesarios:

> "a fin de evitar que se coloquen obstáculos en la vía pública que impidan, perjudiquen o alteren el libre tránsito de las personas y vehículos; se proceda a la inmediata remoción de tales obstáculos que hayan sido colocados en esas vías, y se mantengan las rutas y zonas adyacentes a éstas libres de basura, residuos y escombros, así como de cualquier otro elemento que pueda ser utilizado para obstaculizar la vialidad urbana y, en fin, se evite la obstrucción de las vías públicas del referido municipio."[8]

Cinco días después de dictada la referida sentencia acordando la medida de amparo cautelar, la Sala Constitucional, en sentencia N° 138 de 17 de marzo de 2014, sin que nadie se lo solicitara ni advirtiera, es decir, actuando de oficio, y con el propósito de sancionar directamente a los destinatarios de la medida cautelar por presunto desacato a la medida cautelar decretada, procedió a fijar un procedimiento *ad hoc* para ello, a los efectos de determinar "el presunto incumplimiento al mandamiento de amparo," identificando a su vez a la persona que habría incurrido en delito, anunciando además que "en caso de quedar verificado el desacato," verificación procesal que la propia Sala haría en sustitución del juez penal, en contra lo dispuesto en la Ley Orgánica de Amparo, la misma Sala impondría:

> "la sanción conforme a lo previsto en el artículo 31 de la Ley Orgánica de Amparo sobre Derechos y Garantías Constitucionales y remitirá la decisión para su ejecución a un juez de primera instancia en lo penal en funciones de ejecución del Circuito Judicial Penal correspondiente."

Es decir, la Sala Constitucional resolvió usurpar la competencia de la Jurisdicción Penal y anunció que verificaría la comisión del delito de desacato, identificando a los autores que habían incumplido el mandamiento de amparo constitucional que había dictado, por lo que les impondría directamente la pena de prisión de seis (6) a quince (15) meses, que es la sanción penal prevista en el mencionado artículo 31 de la Ley Orgánica. Ni más ni menos, el Juez Constitucional se erigió en el perseguidor de los funcionarios públicos electos responsables de los gobiernos municipales en los Municipios donde la oposición había tenido un voto mayoritario.

Para incurrir en este abuso de poder y usurpación de competencias exclusivas de los jueces de la Jurisdicción Penal, la Sala Constitucional, por supuesto, violó todos los principios más elementales de la garantía del debido proceso enumerados en el artículo 49 de la Constitución, entre ellos, el derecho de toda persona a ser juzgado a través de un proceso penal desarrollado ante jueces penales, que son el juez natural en la materia; el derecho a la defensa y el derecho a la presunción de inocencia.

---

[8]   Contra esta decisión de mandamiento de amparo cautelar el Alcalde del Municipio se opuso a la misma mediante escrito de 18 de marzo de 2014, y al día siguiente, el día 19 de marzo de 2014, la Sala Constitucional con base en el argumento de que en el procedimiento de amparo no debe haber incidencias, declaró como "IMPROPONIBLE en derecho la oposición al mandamiento de amparo constitucional cautelar planteada por el ciudadano Vicencio Scarano Spisso." Véase la sentencia N° 139 de 19 de marzo de 2014 en http://www.tsj.gov.ve/decisiones/scon/marzo/162073-139-19314-2014-14-0205.HTML

1. *Violación del derecho a la defensa por falta de actividad probatoria, y a la presunción de inocencia por inversión de la carga de la prueba*

En efecto, la Sala comenzó violando el derecho a la defensa y a la presunción de inocencia al fundamentar su decisión en el simple "dicho" de que:

"por la prensa se ha difundido información de la que pudiera denotarse el presunto incumplimiento del mandato constitucional librado en la sentencia N° 136 de 12 de marzo de 2014, lo cual esta Sala califica como un hecho notorio y comunicacional (*vid.* Sentencia N° 98 del 15 de marzo de 2000).

Esta supuesta motivación inicial, por supuesto, es absolutamente violatoria al debido proceso legal, pues implica que la Sala pasó a tomar una decisión sin desarrollar actividad probatoria alguna, de lo que resulta de los siguientes hechos: primero, que no indicó qué era lo que "la prensa" supuestamente había "difundido"; segundo, que no identificó a qué "prensa" se refería, es decir, cuál o cuáles periódicos o medios de comunicación, y en qué fecha, habrían sido publicados; tercero, que no hizo mención a la existencia de una supuesta "noticia" de hechos que hubieran acaecido que habría sido publicada; y que cuarto, no precisó por qué, de lo que supuestamente se habría "difundió" en la "prensa," que no dijo, podía "denotarse el presunto incumplimiento" de un mandato de amparo constitucional.

Todo ello pone en evidencia, no sólo la violación del debido proceso legal, por violación al derecho a la defensa, sino además, el grave vicio de inmotivación de la sentencia, que la hace nula en los términos del Código de Procedimiento Civil.

Pero además, por el hecho de calificar un "dicho" como "hecho notorio y comunicacional" en ese caso, lo que pretendió la Sala Constitucional fue dar por probados unos inexistentes "hechos" publicitados que no mencionó, pretendiendo invertir la carga de la prueba y violando con ello la presunción de inocencia al compeler a los Alcaldes que "probaran" lo contrario a algo que ni siquiera se decía que era. Como lo resolvió la Sala Constitucional en la sentencia N° 8 de 2000 que la misma Sala cita, el "hecho comunicacional" sólo puede ser "acreditado por el juez o por las partes con los instrumentos contentivos de lo publicado, o por grabaciones o videos, por ejemplo, de las emisiones radiofónicas o de las audiovisuales, que demuestren la difusión del hecho, su uniformidad en los distintos medios y su consolidación; es decir, lo que constituye la noticia." Nada ello ocurrió en este caso, donde la Sala no indicó "hecho" alguno concreto y específico, limitándose a afirmar que en la *prensa se ha difundido información de la que pudiera denotarse el presunto incumplimiento del mandato constitucional.*" De esa afirmación, es realmente imposible deducir que pudiera haber algo que al calificarse como "hecho notorio y comunicacional" se haya dado "por probado" que los Alcaldes sin embargo, en violación a su derecho a la defensa y a la presunción de inocencia, debían desvirtuar.

La Sala Constitucional, al dictar la sentencia N° 136 de 12 de marzo de 2014, en realidad, lo que hizo fue violar el contenido de la sentencia que invocó, la N° 98 del 15 de marzo de 2000, al pretender calificar "como un hecho notorio y comunicacional," algo que como se dijo, primero, no es ningún "hecho"; segundo, que no es nada "notorio"; y tercero, que es imposible que sea "comunicacional," pues afirmar simplemente que "por la prensa se ha difundido información de la que pudiera denotarse el presunto incumplimiento del mandato constitucional" no puede considerarse como un "hecho" y menos como un "hecho notorio y comunicacional."

En efecto, conforme a la mencionada sentencia N° 98 de 2000 que fijó la doctrina del "hecho notorio y comunicacional," y sobre la concepción del "hecho notorio", la misma Sala Constitucional consideró que para poder ser aplicada, ante todo tenía que existir un "hecho", es decir, un acontecimiento, un suceso o un acaecimiento *que efectivamente hubiera tenido lugar*, y que por haberse conocido habría entrado a formar parte de la cultura, se habría integrado a la memoria colectiva, se habría constituido en referencia en el hablar cotidiano de las personas, parte de sus recuerdos y de las conversaciones sociales. El "hecho notorio," por tanto, para la Sala Constitucional en aquella sentencia, ante todo tiene que ser un suceso o acaecimiento *cierto, real, que ha sucedido indubitablemente*, y que por su conocimiento por el común de la gente debido a su divulgación (ya que no todo el común de la gente pudo haber presenciado el hecho), entonces no requiere ser probado. De allí los precisos ejemplos que utilizó la Sala Constitucional en dicha sentencia N° 98 de 2000, todos referidos a *hechos ciertos, reales, que efectivamente sucedieron o acaecieron*, como: "el desastre de Tacoa" referido al hecho del incendio de tanques de combustible en la Planta de la Electricidad de Caracas en Tacoa (Litoral Central); "la caída de un sector del puente sobre el lago de Maracaibo", referido al hecho del choque de un barco tanquero contra una sección del puente sobre el Lago de Maracaibo y la caída de dicha sección que interrumpió el tránsito; "los eventos de octubre de 1945" referidos al hecho conocido como la "Revolución de octubre" de 1945 que originó el derrocamiento del gobierno del Presidente Isaías Medina Angarita y la instalación de una Junta de Gobierno; y "la segunda guerra mundial", hecho acaecido desde 1939 hasta 1945.

Pero además de tratarse de un "hecho" para que se trate de un "hecho publicitado" o "hecho comunicacional", el mismo debe haber adquirido "difusión pública uniforme por los medios de comunicación social," que por ello, "forma parte de la cultura de un grupo o círculo social en una época o momento determinado, después del cual pierde trascendencia y su recuerdo solo se guarda en bibliotecas o instituciones parecidas, pero que para la fecha del fallo formaba parte del saber mayoritario de un círculo o grupo social, o a el podía accederse." En esos casos, sostuvo la Sala, "los medios de comunicación social escritos, radiales o audiovisuales, *publicitan un hecho como cierto, como sucedido, y esa situación de certeza se consolida cuando el hecho no es desmentido* a pesar que ocupa un espacio reiterado en los medios de comunicación social."[9]

En el caso de la sentencia N° 136 de 12 de marzo de 2014, la "calificación" como un "hecho notorio y comunicacional" al dicho de que "*por la prensa se ha difundido información de la que pudiera denotarse el presunto incumplimiento del mandato constitucional*" equivale a considerar como un "hecho" a nada, y de la nada, como una grotesca burla al derecho y a la propia doctrina contenida en la sentencia citada N° 98 del 15 de marzo de 2000 de la misma Sala.

Y en todo caso, quedaba por resolver qué fue lo que pretendió la Sala con declarar como tal "hecho notorio y comunicacional," al dicho de que "*por la prensa se ha difundido información de la que pudiera denotarse el presunto incumplimiento del mandato constitucional.*" La consecuencia directa de la declaratoria era que la Sala habría dado por probado, no un "hecho," sino un "dicho," y por tanto, los Alcaldes supuestamente debían entonces tratar de

---

[9]   Véase Allan R. Brewer-Carías, "Sobre el tema del "hecho notorio" me he referido al comentar la doctrina jurisprudencial en la materia sentada por el Tribunal Supremo de Justicia de Venezuela, en los trabajos: "Consideraciones sobre el 'hecho comunicacional' como especie del 'hecho notorio' en la doctrina de la Sala Constitucional del Tribunal Supremo," en *Revista de Derecho Público*, N° 101, enero-marzo 2005, Editorial Jurídica Venezolana, Caracas 2005, pp. 225-232; y "Sobre el llamado 'hecho comunicacional' como fundamento de una acusación penal", en *Temas de Derecho Penal Económico, Homenaje a Alberto Arteaga Sánchez* (Compiladora Carmen Luisa Borges Vegas), Fondo Editorial AVDT, Obras colectivas OC N° 2, Caracas 2007, pp. 787-816.

"desvirtuar" el "dicho" ya que no había ningún "hecho," todo lo cual significa una grave violación al derecho a la defensa, pues equivalía a compelir a alguien a "defenderse" de un "hecho" que ni siquiera se identificó.

2. *El procedimiento para determinar el desacato al mandamiento de amparo*

Después del desaguisado cometido por la Sala a propósito del inexistente "hecho notorio y comunicacional", la Sala Constitucional pasó a constatar que en la Ley Orgánica de Amparo de 1988 "no está contemplado procedimiento alguno para la valoración preliminar del posible incumplimiento de un mandamiento de amparo a efectos de su remisión al órgano competente," razón por la cual invocó el artículo 98 de la Ley Orgánica del Tribunal Supremo de Justicia a los efectos de establecer el procedimiento que juzgó "más conveniente para la realización de la justicia, siempre que tenga fundamento legal." Con base en ello, la Sala entonces procedió a establecer que para determinar el presunto incumplimiento al mandamiento de amparo cautelar decretado, "el procedimiento que más se adecua para la consecución de la justicia" era el estipulado en el artículo 26 de la propia Ley Orgánica de Amparo, razón por la cual en la misma sentencia procedió a convocar al Alcalde y al Director General de la Policía Municipal del Municipio San Diego del Estado Carabobo, a una audiencia pública que fijo para realizarse dentro de las 96 horas siguientes a que conste en autos su notificación, lo que fue el día 20 de mayo de 2014, para que los Alcaldes expusieran "los argumentos que a bien tuvieren en su defensa," pero sin indicarles de qué es que tenían que defenderse, o cuales eran los "hechos" que tenían que desvirtuar.

Con ello, de nuevo, la Sala Constitucional violó el derecho a la defensa de los Alcaldes notificados, al citarlos para que comparecieran a "defenderse" pero sin decirles cuales eran los hechos que se les imputaban y de los cuales debían defenderse, y lo más grave, afirmando que conforme al artículo 23 de la Ley Orgánica, la falta de comparecencia de los citados "funcionarios municipales a la audiencia pública se tendrá como aceptación de los hechos", pero se insiste, sin indicarles cuáles eran los supuestos hechos que se le "imputaban", que debían supuestamente contradecir, y respecto de los cuales debían "defenderse", de manera que si no acudían a la audiencia se daban por aceptados por ellos. Mayor arbitrariedad, realmente, es imposible encontrar en una sentencia: que se ordene citar a alguien para que bajo la presunción de certeza de un "dicho", que se califica como "hecho notorio y comunicacional" y que por tanto no requiere prueba, comparezca ante el tribunal a defenderse y desvirtuar el supuesto "hecho", pero sin saber exactamente de qué deben defenderse, y todo bajo la amenaza de que si no comparece, se debe tener como que acepta los "hechos" que no conoce.

3. *La sanción penal al desacato: competencia exclusiva de la Jurisdicción Penal mediante un proceso penal*

Como hemos señalado, el artículo 31 de la ley Orgánica de Amparo dispone como tipo delictivo el incumplimiento del mandamiento de amparo constitucional dictado por el Juez, previendo en tal caso una sanción de prisión de seis (6) a quince (15) meses. Sobre esta norma que sanciona el desacato, la antigua Corte Suprema de Justicia, en sentencia N° 789 de 7 de noviembre de 1995 de la Sala Política Administrativa,[10] estableció con toda precisión que la competencia en materia de desacato corresponde exclusivamente a la Jurisdicción penal. Conforme a esa sentencia, por tanto, al juez de amparo le está vedado siquiera apreciar y hacer una calificación del delito al remitir los autos al juez penal,[11] correspondiendo tal califi-

---

[10]   Véase Caso *Francisco González Aristiguieta v. Rafael Aníbal Rivas Ostos*. Véase en *Revista de Derecho Público*, N° 63-64, Editorial Jurídica Venezolana, Caracas 1995, pp. 370 ss.

[11]   Fue el vicio en el cual incurrió, según la Sala Político Administrativa, la Corte primera de lo Contencioso Administrativa en sentencia de 18 de octubre de 1995, cuando decidió como sigue: "Por tal

cación "al tribunal penal, en el contexto del debido proceso con la garantía del derecho a la defensa (artículo 68 Constitución)," no pudiendo el juez de amparo:

"ejecutar su propia sentencia conforme al procedimiento ordinario (artículo 523 del Código de Procedimiento Civil), *en lo que se refiere a lo previsto en el artículo 31 citado,* ya que en éste, el legislador consagró un tipo delictual (desacato) que requiere de un procedimiento, tal como lo prevé el artículo 60, ordinal 5° de la Constitución: "Nadie podrá ser condenado en causa penal sin antes haber sido notificado personalmente de los cargos y oído en la forma que indique la ley". Debe precisarse al respecto que la jurisdicción ordinaria en materia penal, conforme a la Ley Orgánica del Poder Judicial le compete a los Juzgados de Primera Instancia en lo Penal y a los Tribunales Superiores (Título IV, Capítulo IV D y Título IV Capítulo II D, respectivamente). Los jueces de dichos tribunales son entonces los jueces naturales para conocer del desacato en referencia y las personas supuestamente implicadas en este delito tienen el derecho constitucional de ser juzgadas por sus jueces naturales (artículo 69 Constitución)."

En definitiva, concluyó la Corte Suprema, que:

"Con el fin de que el acto de administración de justicia pueda realizarse en el marco del debido proceso y con base a las exigencias legales y constitucionales imperantes, del desacato de un "mandamiento de amparo constitucional dictado por el Juez" –artículo 31 de la Ley Orgánica de Amparo sobre Derechos y Garantías Constitucionales– debe conocer la jurisdicción penal."

Este ha sido, por lo demás, el criterio invariable del Tribunal Supremo luego de sancionada la Constitución de 1999, como resulta por ejemplo de la sentencia de la propia Sala Constitucional de 31 de mayo de 2001 (Caso: *Aracelis del Valle Urdaneta*):

"...Ahora bien, en relación con el desacato, ha señalado este Alto Tribunal que dado el carácter delictual del mismo, la calificación que de este delito se haga "*le compete al Tribunal Penal, en el contexto del debido proceso con la garantía del derecho a la defensa (artículo 68 de la Constitución)*" (*Vid.* Sentencias de la Sala Político-Administrativa del 7 de noviembre de 1995: Caso *Rafael A. Rivas Ostos* y del 11 de marzo de 1999: Caso *Ángel Ramón Navas*).

En aplicación de la jurisprudencia precedente y por cuanto en el escrito contentivo de la solicitud que dio origen al recurso de apelación la solicitante imputó la comisión de un hecho punible de acción pública como lo es el desacato, previsto y sancionado en el artículo 31 de la Ley Orgánica de Amparo sobre Derechos y Garantías Constitucionales*, esta Sala se declara incompetente para conocer del mismo, y ordena remitir copia certificada del mencionado escrito a la Fiscalía General de la República a los fines de que se inicie la investigación correspondiente...*".[12]

---

razón, y al no haber podido el ciudadano Francisco González Aristiguieta ejercer las funciones propias del cargo de Jefe de la Brigada Territorial Número 81, lo cual ciertamente le impidió la plena y perfecta reincorporación a tal cargo que fuese ordenada en el mandamiento de amparo otorgado, esta Corte considera que el ciudadano Rafael Aníbal Rivas Ostos incurrió en abierto desacato al mandamiento de amparo, subsumiéndose tal conducta en el artículo 31 de la Ley que rige la materia. Así se declara. En consecuencia, esta Corte Primera de lo Contencioso Administrativo ordena remitir a los órganos de la jurisdicción penal copia de la presente decisión y de todas las actas contentivas del procedimiento de desacato a los fines previstos en el artículo 31 de la Ley Orgánica de Amparo sobre Derechos y Garantías Constitucionales." Véase en *Revista de Derecho Público*, N° 63-64, Editorial Jurídica Venezolana, Caracas 1995, pp. 373 y ss.

[12]   Citada en sentencia N° 74 de enero de 2003, en http://www.tsj.gov.ve/decisiones/scon/enero/74-240102-01-0934.HTM

En otra decisión, N° 74 del 24 de enero de 2002 de la misma Sala Constitucional, al revisar la sentencia de un juez penal de control del Estado Portuguesa que se había declarado "incompetente para conocer el desacato" que le había solicitado una juez de primera instancia del Trabajo y Agrario del Circuito Judicial del mismo Estado, "por considerar que no se trata de un delito sino de una sanción administrativa, que corresponde aplicarla al juez que dictó la decisión de amparo incumplida," la Sala consideró errado dicho criterio, "ya que conforme al artículo 31 de la Ley Orgánica de Amparo sobre Derechos y Garantías Constitucionales, quien incumpla el mandamiento de amparo constitucional dictado por el juez, será castigado con prisión de seis (6) a quince (15) meses. Se trata de una pena corporal que se prescribe para toda aquella persona que incurra en el supuesto de desacato del contenido de un mandamiento de amparo, y esto es propio de la jurisdicción penal." La Sala Constitucional agregó que "así lo ha ratificado la jurisprudencia, al considerar que **es dicha jurisdicción, la encargada de conocer las causas iniciadas por incumplimiento de mandamiento de amparo.**"[13]

Ello implica que conforme a los principios constitucionales particularmente desarrollados en la Constitución de 1999, y a lo dispuesto en el Código Orgánico Procesal Penal, en Venezuela nadie puede ser condenado penalmente y a nadie se le puede imponer una pena, "sin un juicio previo, oral y público, realizado, sin dilaciones indebidas, ante un juez imparcial," conforme a las disposiciones de dicho Código, "y con salvaguarda de todos los derechos y garantías del debido proceso, consagrados en la Constitución de la República, las leyes, los tratados, convenios y acuerdos internacionales suscritos por la República" (art. 1), correspondiendo en todo caso, a "los tribunales juzgar y hacer ejecutar lo juzgado" (art. 2), y en los términos del artículo 7 del mismo Código, y correspondiendo "exclusivamente [...] a los jueces y tribunales ordinarios o especializados establecidos por las leyes, con anterioridad al hecho objeto del proceso," que son los tribunales penales de la jurisdicción ordinaria, que son los únicos que tienen "la potestad de aplicar la ley en los procesos penales."[14]

---

[13]   Véase en http://www.tsj.gov.ve/decisiones/scon/enero/74-240102-01-0934.HTM. En reseña de Juan Francisco Alonso, en *El Universal* de 21 de marzo de 2014, el periodista incluso informa que "Al revisar los archivos del TSJ, *El Universal* verificó que en los años posteriores ese criterio fue ratificado en decisiones como las número 728 del 2 de abril de 2002, la 662 del 4 de abril de 2003 y la 530 del 5 de abril de 2005, en las cuales reiteró que tan pronto se verifique un incumplimiento de un amparo se debe notificar al Ministerio Público sobre el mismo para que investigue al señalado y decida si pide su enjuiciamiento."Véase Juan Francisco Alonso, "Con caso Scarano TSJ echó a la basura 12 años de jurisprudencia. Juristas alertan que Sala Constitucional no puede condenar a nadie", en *El Universal* viernes 21 de marzo de 2014 12:00 AM, en http://www.eluniversal.com/nacional-y-politica/140321/con-caso-scarano-tsj-echo-a-la-basura-12-anos-de-jurisprudencia

[14]   Como lo ha dicho con razón el profesor Román José Duque Corredor, en este caso: "Se consideró el incumplimiento del mandamiento del amparo como un delito, pero sin embargo, el enjuiciamiento del Alcalde del Municipio San Diego no se tramitó por el procedimiento ordinario penal, sino por el de una falta, por lo que no se efectuó la fase previa de averiguación, el enjuiciado no participó en esta fase y no se le acusó formalmente sino simplemente se le citó sumariamente para la audiencia oral. Siendo un delito se le juzgó, sin embargo, en una sola instancia, sin derecho a recurrir contra la sentencia condenatoria." Véase en su artículo: "Garantías constitucionales violadas por la Sala Constitucional del Tribunal Supremo de Justicia en el caso del enjuiciamiento penal del Alcalde del Municipio San Diego, Estado Carabobo, Venezuela," Caracas 20 de marzo de 2014 (Consultado en original)

4. *La inconstitucional asunción de la competencia de la Jurisdicción Penal por la Sala Constitucional, como juez y parte, violando las garantías de la presunción de inocencia, al juez natural y a la doble instancia*

Ahora bien, contrariamente a la anteriormente expuesto, la Sala Constitucional en la sentencia N° 138 de 17 de marzo de 2014, que comentamos, luego de establecer un inconstitucional procedimiento para verificar el desacato a una sentencia cautelar que dictó en materia de amparo, concluyó afirmando que:

"Esta Sala Constitucional, en caso de quedar verificado el desacato, impondrá la sanción conforme a lo previsto en el artículo 31 de la Ley Orgánica de Amparo sobre Derechos y Garantías Constitucionales y remitirá la decisión para su ejecución a un juez de primera instancia en lo penal en funciones de ejecución del Circuito Judicial Penal correspondiente."

Ni más ni menos, la Sala Constitucional, decidió que una vez ella misma verificara la conducta penal de desacato, ella misma impondría directamente a los culpables la sanción penal de prisión de seis (6) a quince (15) meses prevista en el artículo 31 de la Ley Orgánica; verificación y sanción penal que sólo puede corresponder ser impuesta por un juez penal. Al contrario, en este caso, la Sala Constitucional usurpó la competencia de los tribunales de la jurisdicción penal, que son el juez natural en esos casos, previendo que sólo remitiría los autos, al juez penal "para le ejecución de la decisión," es decir, para decidir lo conducente al lugar de detención del condenado. Con ello, mediante la sentencia comentada, la Sala Constitucional usurpó la competencia de los jueces penales no sólo para "verificar el delito de desacato," sino para imponer la sanción penal prevista en la mencionada norma de la Ley Orgánica de Amparo, todo lo cual es abiertamente violatorio del artículo 49,4 de la Constitución que garantiza el derecho de "toda persona a ser juzgada por sus jueces naturales en la jurisdicción ordinaria," y del artículo 49.1 de la misma Constitución que a la garantía judicial de la doble instancia, es decir, que "toda persona declarada culpable tiene derecho a recurrir del fallo."[15]

En este caso, dicha norma fue violada al erigirse la Sala Constitucional en un tribunal *ad hoc*, de excepción, ni siquiera creado mediante ley antes de la comisión del supuesto hecho punible, violando la más elemental de las garantías al derecho proceso; y todo ello, para desarrollar un proceso sumario, alejado totalmente de las garantías del proceso penal, donde la Sala incluso actúa como juez y parte agraviada (cuyas decisiones supuestamente se han desacatado), con el único objetivo de encarcelar rápidamente a quienes "incumplan" sus propias decisiones, sin prueba alguna del supuesto incumplimiento, invirtiendo la carga de la

---

[15]   Con razón, Juan Manuel Raffalli consideró que "este 'precedente' no solo supone el fin de un criterio reiterado sino que representa "una violación a la doble instancia, porque si el TSJ ya tomó una decisión ante quién puede apelar el Alcalde". Véase en Juan Francisco Alonso, "Con caso Scarano TSJ echó a la basura 12 años de jurisprudencia. Juristas alertan que Sala Constitucional no puede condenar a nadie", en *El Universal* viernes 21 de marzo de 2014 12:00 AM, en http://www.eluniversal.com /nacional-y-politica/140321/con-caso-scarano-tsj-echo-a-la-basura-12-anos-de-jurisprudencia. Por todo ello, con razón, el profesor Alberto Arteaga explicó que lo decidido "no tiene precedentes en el país. Es tan absurdo como una condena a pena de muerte. Si lo hizo la sala Constitucional, cuyas sentencias tienen carácter vinculante, cualquier tribunal que conozca de un procedimiento de amparo puede hacer lo mismo. Si damos por buena esta decisión cualquier alcalde puede ser destituido sin formula de juicio, como ocurrió con Scarano." Véase Edgard López, "Cualquier alcalde puede ser destituido como Scarano. Los penalistas Alberto Arteaga y José Luis Tamayo consideran que la Sala Constitucional violó la carta magna," en *El Nacional*, Caracas 21 de marzo de 2014, 12.01am, en http://www.el-nacional. com/poli-tica/Cualquier-alcalde-puede-destituido-Scarano_0_376162596.html.

prueba y la presunción de inocencia, e incluso, con la posibilidad de condenar en ausencia, al "presumir" la culpabilidad del supuestamente "imputado" cuando no compareciera a una audiencia fijada.

V. LA CRIMINALIZACIÓN DEL EJERCICIO DE LA FUNCIÓN ADMINISTRATIVA Y LA VIOLACIÓN DEL PRINCIPIO DEMOCRÁTICO

Mayor aberración jurídica que la antes reseñada es inconcebible, y más aún, proviniendo del juez constitucional el cual debería ser el garante de la supremacía e integridad de la Constitución.

Con ella, además, se ha abierto la puerta a la criminalización del ejercicio de la función administrativa al permitirse que mediante el simple expediente de que cualquiera puede acudir ante la Sala Constitucional y demandar a un funcionario administrativo basado en la protección de "derechos e intereses colectivos o difusos" para que ejerza sus funciones propias como lo pautan las leyes, la Sala, inventando un desacato y mediante un procedimiento breve y sumario, invirtiendo la carga de la prueba, pueda rápidamente sancionar por desacato y encarcelar al funcionario por el mal ejercicio de sus funciones. Y si se trata de un funcionario electo, como es el caso de los alcaldes, la Sala, sin ser juez penal, pueda llegar a declarar la inhabilitación política del funcionario, al encarcelarlo y separarlo de su cargo violando el principio democrático.

Y algo parecido, pero más grave fue lo que precisamente ocurrió, como estaba anunciado, en el caso del Alcalde y del Director de la Policía Municipal del Municipio San Diego, luego de efectuada la audiencia que la sentencia N° 138 de la Sala Constitucional había inconstitucionalmente fijado para el día 19 de marzo de 2014, para decidir sobre el supuesto desacato por parte de los mismos al mandamiento de amparo cautela dictado por la propia Sala mediante sentencia N° 136 de 12 de marzo de 2014.

La audiencia, en efecto, se realizó ante la Sala Constitucional con una duración de más de 8 horas, y al final de la noche del mismo día 19 de marzo de 2014, según se informó oficialmente en la Nota de Prensa difundida por el Tribunal Supremo,[16] como había sido anunciado, la Sala Constitucional sancionó al Alcalde Vicencio Scarano Spisso y el Director de la Policía Municipal Salvatore Lucchese Scaletta, a cumplir diez meses y quince días de prisión, más las accesorias de Ley; y además, no sólo le impuso al Alcalde la "pena" accesoria de separarlo del ejercicio de su cargo por ese tiempo, sino más grave, de "cesarlo" definitivamente "en el ejercicio de sus funciones en el cargo de Alcalde del municipio San Diego del estado Carabobo," cuando no hay ley alguna que autorice a la Sala Constitucional a "revocarle" el mandato a un Alcalde como funcionario electo popularmente.

Lo que es definitivo en esta materia es el principio establecido en el artículo 23.1 de la Convención Americana de Derechos Humanos (que conforme al artículo 23 de la Constitución tiene jerarquía constitucional en el país, a pesar de que -violando la propia Constitución- el gobierno haya denunciado la Convención en 2013) en el sentido de que toda restricción al ejercicio de derechos políticos debe estar basada en una "condena, por juez competente, en proceso penal." Ello significa que para eliminarle a un ciudadano sus derechos democráticos, consistentes por ejemplo, en el derecho a ejercer cargos públicos de elección popular, que es de la esencia de la democracia representativa, es necesario primero, que se produzca una "condena" judicial; segundo, que la misma sea pronunciada por un "juez competente", y

---

[16]   Véase en http://www.tsj.gov.ve/informacion/notasdeprensa/notasdepren-sa.asp?codigo=1771.

tercero que ello ocurra "en un proceso penal." Es lo que precisamente lo que no ocurrió en el caso de la decisión que comentamos de la Sala Constitucional.

Pero teniendo en cuenta que efectivamente la Sala Constitucional usurpó las potestades de la Jurisdicción penal ordinaria, y procedió ella misma, directamente, a condenar penalmente a unos funcionarios, aún cuando sin seguir proceso penal alguno, a una pena de prisión; la pena accesoria que podía dictar sólo podía ser la "inhabilitación política" establecida en el artículo 24 del Código Penal, que establece que la misma "no podrá imponerse como pena principal, sino como accesoria a las de presidio o prisión y produce como efecto la privación de los cargos o empleos públicos o políticos que tengan el penado y la incapacidad, durante la condena, para obtener otros y para el goce del derecho activo y pasivo del sufragio." Pero no. En este caso, la Sala ni siquiera aplicó esta pena accesoria de suspensión del ejercicio de sus funciones durante la condena (10 meses), sino que procedió a despojar al funcionario electo de su cargo, el cual como consecuencia de la cesación decidida, no podrá volver a ejercerlo. Ello por supuesto es inconstitucional, pues la Sala Constitucional no tiene competencia para declarar la "falta absoluta" del Alcalde, es decir, revocarle en este caso su mandato.[17]

Pero así lo hizo, lo que quedó corroborado con el rápido anuncio que al día siguiente de la famosa decisión de cesar al Alcalde en el ejercicio de su cargo de elección popular, hizo en rueda de prensa la Vicepresidenta del Consejo Nacional Electoral, de la cual la Agencia Venezolana de Noticias informó que dijo lo siguiente: "Al ser notificados por el Tribunal Supremo de Justicia sobre el cese en el ejercicio de funciones del ciudadano alcalde del municipio San Diego y, en consecuencia, su falta absoluta, la Junta Nacional Electoral ha convocado a los técnicos de este organismo para la elaboración de una propuesta de cronograma, que deberá ser discutida en las próximas horas en el Consejo Nacional Electoral."[18] El anuncio se concretó el día 21 de marzo de 2014, al anunciar a la prensa la misma vicepresidente del Consejo Nacional Electoral, Sra. Oblitas que el organismo había decidido "convocar perentoriamente elecciones en el municipio San Diego del estado Carabobo," en vista de la "notificación realizada por los magistrados del Tribunal Supremo de Justicia (TSJ) quienes

---

[17]   Sobre esto, el profesor José Ignacio Hernández ha señalado con razón, que "al margen de las irregularidades del proceso que condujo a la detención del Alcalde Scarano, lo cierto es que él sigue siendo Alcalde, pues el mandato popular no se extingue por la sola detención judicial. Tanto más, acoto, cuando esa detención fue producto de un proceso violatorio derechos fundamentales.

Al pretender convocar a elecciones en el Municipio San Diego, se está violando, por ello, el mandato popular, al crearse una ausencia absoluta que no está indicada expresamente.

Ni el TSJ ni el CNE pueden crear nuevas causales de ausencia absoluta distintas a las establecidas en la Ley, pues ello implicaría desconocer, ilegítimamente, ese mandato popular. Eso es lo que está sucediendo, precisamente, con el Alcalde Scarano." Véase en, José Ignacio Hernández, "Es constitucional que el CNE convoque elecciones en el Municipio San Diego?, 20 de Marzo de 2014, en http://prodavinci.com/blogs/es-constitucional-que-el-cne-convoque-elecciones-en-el-municipio-san-diego-jose-ignacio-hernandez/.

[18]   Así lo informó la Agencia Venezolana de Noticias (AVN), Jueves, 20/03/2014 01:00 PM. Otra reseña de lo informado por la Sra. Sandra Oblitas, indica que dijo que "el ente electoral se encuentra en proceso de preparación del cronograma electoral para el municipio de San Diego" y que "ante la detención y destitución del alcalde Vicencio Scarano, emitida por Tribunal Supremo de Justicia (TSJ), la rectora del ente electoral informó que en las próximas horas se convocará a nuevos comicios." Véase la reseña en http://www.lapatilla.com/site/2014/03/20/cne-prepara-cronograma-para-elecciones-en-san-diego/.

declararon la falta absoluta e inhabilitación de Scarano," lo que por lo demás, parece que no debía haber sabido porque la sentencia no había sido publicada.[19]

En todo caso, lo decidido por el Consejo Nacional Electoral, además, viola abiertamente el artículo 87 de la ley Orgánica del Poder Público Municipal de 2010 que establece expresamente que "cuando la falta del alcalde se deba a detención judicial, la suplencia la ejercerá el funcionario designado por el Concejo Municipal, dentro del alto nivel de dirección ejecutiva", agregando que es el Consejo Municipal el que puede decidir convertir la falta temporal en absoluta cuando la "falta temporal se prolonga por más de noventa días consecutivos."[20]

En todo caso, la consecuencia inmediata de la decisión de la Sala fue que los funcionarios, es decir, el Alcalde Vicencio Scarano Spisso y el Director de la Policía Municipal Salvatore Lucchese Scaletta, fueron detenidos en el acto, por decisión nada menos que del Juez Constitucional, y puestos "a la orden del Servicio Bolivariano de Inteligencia Nacional (Sebin)," estableciéndose Caracas "como sitio de reclusión [...] hasta tanto un juez de primera instancia en funciones de ejecución determine el sitio definitivo de reclusión." Eso fue lo que leyó en la audiencia la Presidenta de la Sala Constitucional, indicándose además, en la Nota de Prensa que al haber oído a las partes en la audiencia y estar presente representantes del Ministerio Público y de la Defensoría del Pueblo "el TSJ da cumplimiento estricto al debido proceso."[21] Y la Defensora del Pueblo, obviando todo análisis jurídico y olvidándose de su función de velar por que en los procesos se garanticen los derechos humanos por los órganos del Estado, se limitó a afirmar que "Es imposible que con la presencia de todos los poderes públicos (en la audiencia contra Scarano) se cometa una ilegalidad."[22] Allí está la clave de

---

[19] Véase en Eugenio Martínez, "CNE prepara comicios para elegir sustituto en San Diego," en *El Universal,* 21 de marzo de 2014, Como lo escribió el periodista en la reseña de la rueda de prensa que se hizo sin preguntas: "La ausencia de preguntas no permitió aclarar interrogantes técnicas y legales sobre este proceso [...] Desde la perspectiva legal no fue posible precisar por qué el CNE admite la ausencia absoluta de Scarano cuando esta no fue dictada por un juez penal o por qué se avala la inhabilitación política del alcalde a través de un procedimiento especial no previsto taxativamente en las leyes." Véase en http://www.eluniversal.com/nacional-y-politica/140321/cne-prepara-comicios-para-elegir-susti tuto-en-san-diego.

[20] Véase la Ley Orgánica del Poder Público Municipal en *Gaceta Oficial* N° 6.015 Extra. del 28 de diciembre de 2010.

[21] Véase en http://www.tsj.gov.ve/informacion/notasdeprensa/notasdepren-sa.asp?codigo=11 771. Sin embargo, el abogado defensor del Alcalde de San Diego, indicó sobre la audiencia, que "la Sala Constitucional actuó como un tribunal penal. Se desarrolló un juicio sumarísimo, en el cual ni siquiera hubo una acusación de parte del Ministerio Público. Teníamos 47 testigos y, sin criterio alguno, se nos dijo que solo aceptarían 5. Apenas se nos concedió 10 minutos, compartidos entre el alcalde y yo, para exponer los alegatos de defensa. El TSJ avaló los testimonios de 5 guardias nacionales, una vecina de San Diego y un video con señalamientos del presidente de la Asamblea nacional, Diosdado cabello, contra Scarano. Todo se resolvió al final de una audiencia de 8 horas." Véase Edgard López, "Cualquier alcalde puede ser destituido como Scarano. Los penalistas Alberto Arteaga y José Luis Tamayo consideran que la Sala Constitucional violó la carta magna," en *El Nacional*, Caracas 21 de marzo de 2014, 12.01am, en http://www.el-nacional.com/politica/Cualquier-alcalde-puede-destituido-Scaran0376162596.html

[22] "La defensora del Pueblo, Gabriela Ramírez, le salió al paso a las críticas que desde distintos sectores se le han formulado al procedimiento realizado por la Sala Constitucional contra Scarano y defendió su legalidad," limitándose dicha funcionara a decir que "Es imposible que con la presencia de todos los poderes públicos se cometa una ilegalidad", afirmó, al tiempo que aseguró que el hoy exalcalde tuvo la oportunidad de defenderse de los señalamientos en una "audiencia muy larga". Véase en Juan Francisco Alonso, "Con caso Scarano TSJ echó a la basura 12 años de jurisprudencia. Juristas alertan que Sala Constitucional no puede condenar a nadie", en *El Universal* viernes 21 de marzo de 2014 12:00

tanta violación al ordenamiento jurídico en un régimen autoritario: pretender que una acción inconstitucional es "legal" porque se comete por todos los órganos del Estado.[23]

En todo caso, con el Tribunal Supremo como instrumento para someter y encarcelar los alcaldes de oposición, quien ejerce la Presidencia de la República (N. Maduro) al día siguiente de la sentencia del Tribunal Supremo, y antes de que su texto se hubiese publicado, el día 20 de marzo de 2014 ya había comenzado a amenazar directamente a los demás Alcaldes, de que usaría al Tribunal Supremo para eliminarlos,[24] y lo mismo hizo dos días más tarde el Gobernador del Estado Barinas en relación con Alcaldes de esa entidad.[25]

Las amenazas se comenzaron a concretar de inmediato, y así, la Sala Constitucional del Tribunal Supremo de Justicia, muy obediente y diligentemente, mediante sentencia N° 150 de ese mismo día 20 de marzo de 2014, con base en las mismas solicitudes de "demandas de protección por intereses colectivos o difusos," y en vista de la extensión de la medida cautelar de amparo dictada por la sentencia N° 135 de 12 de marzo de 2014, al Alcalde del Municipio San Cristóbal del Estado Táchira, Sr. Daniel Ceballos, mediante sentencia N° 137 de 17 de marzo de 2014; resolvió, con la misma motivación de que "por la prensa se ha difundido información de la que pudiera denotarse el presunto incumplimiento del mandato de amparo constitucional" mencionado, lo cual la Sala igualmente lo calificó "como un hecho notorio y comunicacional," convocar al Alcalde, a quien además se había detenido acusado de rebelión,[26] a que concurriera a la misma y famosa "audiencia oral" preconstituida[27] para en todo

---

AM, en http://www.eluniversal.com/nacional-y-politica/140321/con-caso-scarano-tsj-echo-a-la-basura-12-anos-de-jurisprudencia

[23]   Habría que recordarle a la defensora del Pueblo lo que el político español Iñaki Ianasagasti, destacaba en su comentario a la traducción del profesor Carlos Armando Figueredo del libro de Ingo Müller, *Los Juristas del Horror*, (1987) sobre el comportamiento de los jueces durante el nazismo en Alemania, en el sentido de que "la terrible conclusión que saca del libro es que los atropellos, las prisiones, las torturas y aún el exterminio en masa se hicieron de manera legal y apegada a la norma."

[24]   El día 20 de marzo de 2014, a las pocas horas de haber la Sala Constitucional dictado su decisión encarcelando al Alcalde del Municipio San Diego del Estrado Carabobo, Nicolás Maduro como Presidente de la República, refiriéndose al Alcalde del Municipio Chacao del Estado Miranda, le dijo: "Ramón Muchacho póngase las pilas, porque si el Tribunal Supremo de Justicia (TSJ) toma acciones con estas pruebas, usted se va de esa alcaldía ¿oyó? llamaríamos a elecciones, para que el pueblo de Chacao tenga un alcalde o una alcaldesa que de verdad lo represente" […] Alertó que los manifestantes pueden protestar "todos los días que quieran, pero no pueden trancar las vías. En lo que lo hagan, entraremos y formará parte del expediente de desacato de Ramón Muchacho. Mírese en el espejo". Véase en "Maduro amenaza con elecciones en el municipio Chacao", en *El Universal*, jueves 20 de marzo de 2014 05:53 PM, en http://www.eluniversal.com/nacional-y-politica/140320/maduro-amenaza-con-elecciones-en-el-municipio-chacao

[25]   Véase en Walter Obregón, "Adán Chávez amenazó con poner presos a dos alcaldes de Barinas. En un acto, el gobernador de Barinas advirtió al alcalde José Luis Machín (Barinas) y Ronald Aguilar (Sucre) que "podrían acabar como Scarano y Ceballos", en *El Universal* viernes 21 de marzo de 2014 12:31pm, en http://www.eluniversal.com/nacional-y-politica/protestas-en-venezuela/140321/adan-chavez-amenazo-con-poner-presos-a-dos-alcaldes-de-barinas

[26]   El día 19 de marzo de 2013 oficialmente se informó de la detención del Alcalde Daniel Ceballos por parte del Servicio Bolivariano de Inteligencia (Sebin) por supuesta decisión del Tribunal 1ro de Control de Táchira, el cual había ordenado su captura para juzgarlo por rebelión civil, en la cárcel militar de Ramo Verde (Caracas). Véase en http://www.vtv.gob.ve/articulos/2014/03/19/detenido-alcalde-de-san-cristobal-daniel-ceballos-por-rebelion-civil-y-agavillamiento-2064.html y en http://www.el-nacional.com/politica/Detenidos-Sebin-Daniel-Ceballos-Scarano_0_376162385.html. El 22 de marzo, incluso, se anunciaba en los medios que sería presentado ante dicho juez penal de San Cristóbal.

caso considerarlo culpable de desacato, condenarlo sin juicio penal en violación de todas las garantías del debido proceso, encarcelarlo y revocarle inconstitucionalmente su mandato popular. Y así ocurrió en una audiencia que tuvo lugar el 25 de marzo de 2014, en la cual como lo anunció la Nota de Prensa del Tribunal Supremo "se sancionó a Daniel Ceballos a cumplir 12 meses de prisión," decidiéndose además que "cesa en el ejercicio del cargo de alcalde del municipio San Cristóbal del Estado Táchira."[28]

El Alcalde Ceballos, en todo caso, en la Audiencia del 25 de marzo de 2014 ante la Sala Constitucional, le expresó a los magistrados directamente, entre otras cosas, que estaba allí "porque no existe estado de derecho y justicia," que de esa Sala, no esperaba justicia, y que estaba "preparado para recibir una sentencia de unos verdugos que están a punto de consumar un Golpe de Estado contra el Pueblo de San Cristóbal." Se identificó como "un civil secuestrado en una prisión militar que comparte celdas con Enzo Scarano, un alcalde legítimo y depuesto y Leopoldo López, el hombre que con dignidad y valentía despertó al pueblo. Soy perfectamente consciente de por qué estoy aquí. Tengo muy claro las razones que me traen a este patíbulo." Y dichas razones, las resumió en la siguiente forma:

"Estoy aquí porque el 8 de diciembre, los dignos ciudadanos de San Cristóbal me dieron el honor y el privilegio de gobernar a la capital del Táchira, otorgándome un mandato incuestionable: me eligieron con el 70% de los votos.

Estoy aquí, porque durante 77 días he trabajado sin descanso durante día y noche, para ser digno de ese mandato que el pueblo me confirió: El de acatar las leyes y llevar a mi ciudad hacia un camino de prosperidad. Han sido los mejores 77 días de mi vida: gobernar a un pueblo valiente y libre que se resiste ante todas las dificultades.

Estoy aquí porque he manifestado públicamente mi rechazo frente a un régimen que ha empobrecido a mi patria, que ha desfalcado sus arcas, que ha encarcelado a inocentes, que ha torturado a estudiantes, que ha asesinado a mis compatriotas. Es un régimen que no merece estar un minuto más en el Poder y contra el que siempre me opondré.

Estoy aquí porque he defendido la Constitución que ha sido violentada en sus principios por una tiranía que ha burlado el sagrado principio de la separación de poderes."[29]

Lamentablemente, sin embargo, en el texto de la sentencia publicada diecisiete días después, la Sala Constitucional no recogió todo lo expresado por el Alcalde.

VI. EL FALLIDO INTENTO DE LA SALA CONSTITUCIONAL DE JUSTIFICAR LO INJUSTIFICABLE: LA VIOLACIÓN DE TODOS LOS PRINCIPIOS DEL DEBIDO PROCESO EN EL CASO DE LAS SENTENCIAS DICTADAS CONTRA LOS ALCALDES, REVOCÁNDOLES SU MANDATO POPULAR

La anunciada y esperada sentencia en el caso de *Vicencio Scarano Spisso*, Alcalde del Municipio San Diego del estado Carabobo y de *Salvatore Lucchese Scaletta* Director General

---

[27]   Véase en http://www.tsj.gov.ve/decisiones/scon/marzo/162286-150-20314-2014-14-0194. HTML

[28]   Véase en http://www.tsj.gov.ve/informacion/notasdeprensa/notasde-prensa.asp?codigo=11 784. En la Nota de Prensa se informa que se habría dado "estricto cumplimiento al debido proceso" por el hecho de que se oyó al encausado y a la Asociación Civil que accionó contra él. Se le olvidó a la Sala Constitucional que conforme al artículo 49 de la Constitución, el debido proceso no se agota en el derecho a ser oído, sino a la defensa, a la presunción de inocencia, al juez natural, a la doble instancia entre otros, todos violados en dicha audiencia.

[29]   http://cifrasonlinecomve.wordpress.com/2014/03/28/alcalde-daniel-ceballos-le-da-hasta-por-la-cedula-a-los-magistrados-del-tsj/

de la Policía Municipal de San Diego del Estado Carabobo, que se adoptó en la audiencia de fecha 19 de marzo de 2014, y que fue publicada con el N° 245 el día 9 de abril de 2014,[30] enjuiciándolos, condenándolos penalmente y encarcelándolos, y en cuanto al Alcalde Scarano, revocándole su mandato popular, es un compendio de violaciones al debido proceso que está garantizado en el artículo 49 de la Constitución, y que el "máximo garante de la misma" simplemente violó impunemente.

Igualmente repite el compendio de dichas violaciones, la sentencia adoptada en la audiencia del día 25 de marzo de 2014, y publicada con el N° 263 el 11 de abril de 2014[31] dictada en contra del Alcalde del Municipio San Cristóbal del Estado Táchira, Daniel Ceballos, en la cual se aplicó la "doctrina vinculante" que se estableció inconstitucionalmente en la primera, e igualmente, se lo enjuició, condenó penalmente, encarceló y se le revocó su mandato popular en contra de todos los principios del debido proceso.

En las líneas que siguen son referiremos básicamente a la primera de dichas sentencias, en el entendido que todos los razonamientos y críticas que formulamos a la misma se aplican también a la segunda, pues tienen idéntico contenido.

1.   *Sobre el debido proceso*

En efecto, la garantía constitucional al debido proceso[32] que se ha desarrollado detalladamente en el artículo 49 de la Constitución, ha sido analizada extensamente por el Tribunal Supremo de Justicia, siendo calificada por la Sala Constitucional como una "garantía suprema dentro de un Estado de Derecho"[33], configurada por un conjunto de derechos como son: el derecho al Juez natural (numeral 4 del artículo 49); el derecho a la presunción de inocencia (numeral 2 del artículo 49); el derecho a la defensa y a ser informado de los cargos formulados (numeral 1 del artículo 49); el derecho a ser oído (numeral 3 del artículo 49); el derecho a un proceso sin dilaciones indebidas (numeral 8 del artículo 49); el derecho a utilizar los medios de prueba pertinentes para su defensa (numeral 1 del artículo 49); el derecho a no confesarse culpable y no declarar contra sí misma (numeral 5 del artículo 49); y el derecho a la tutela judicial efectiva de los derechos e intereses del procesado (artículo 26 de la Constitución).[34]

---

[30]   Véase en http://www.tsj.gov.ve/decisiones/scon/abril/162860-245-9414-2014-14-0205.HTML. Véase también en *Gaceta Oficial* N° 40.391 de 10 de abril de 2014.

[31]   Véase en http://www.tsj.gov.ve/decisiones/scon/abril/162992-263-10414-2014-14-0194.HTML

[32]   Véase en general, Antonieta Garrido de Cárdenas, "La naturaleza del debido proceso en la Constitución de la República Bolivariana de Venezuela de 1999", en *Revista de Derecho Constitucional*, N° 5 (julio-diciembre), Editorial Sherwood, Caracas, 2001, pp. 89-116; Antonieta Garrido de Cárdenas, "El debido proceso como derecho fundamental en la Constitución de 1999 y sus medios de protección", en *Bases y principios del sistema constitucional venezolano (Ponencias del VII Congreso Venezolano de Derecho Constitucional realizado en San Cristóbal del 21 al 23 de Noviembre de 2001)*, Volumen I, pp. 127-144.

[33]   Véase sentencia N° 123 de la Sala Constitucional (Caso: *Sergio J. Meléndez*) de 17 de marzo de 2000, en *Revista de Derecho Público*, N° 81, (enero-marzo), Editorial Jurídica Venezolana, Editorial Jurídica Venezolana, Caracas 2000, p. 143.

[34]   Véase sentencia de la Sala Político Administrativa del Tribunal Supremo en sentencia N° 157 de 17 de febrero de 2000, (Caso: *Juan C. Pareja P. vs. MRI*), en *Revista de Derecho Público*, N° 81, Editorial Jurídica Venezolana, Caracas 2000, p. 136 ss.

Por tanto, conforme lo ha decidido Sala Constitucional del Tribunal Supremo de Justicia, por ejemplo, en sentencia N° 97 de 15 de marzo de 2000 (Caso: *Agropecuaria Los Tres Rebeldes, C.A. vs. Juzgado de Primera Instancia en lo Civil, Mercantil, Tránsito, Trabajo, Agrario, Penal, de Salvaguarda del Patrimonio Público de la Circunscripción Judicial del Estado Barinas*), "se denomina *debido proceso* a aquél proceso que reúna las garantías indispensables para que exista una tutela judicial efectiva," de manera que "cualquiera sea la vía procesal escogida para la defensa de los derechos o intereses legítimos, las leyes procesales deben garantizar la existencia de un procedimiento que asegure el derecho de defensa de la parte y la posibilidad de una tutela judicial efectiva."[35]

En el caso del enjuiciamiento y condena sin proceso, a los Alcaldes de los Municipios San Diego del Estado Carabobo y San Cristóbal del Estado Táchira, es precisamente un caso de violación flagrante del debido proceso, al haberse a "juzgado," condenado y encarcelado a los mismos por el "delito" de desacato de una decisión cautelar de amparo, por un tribunal incompetente por no ser parte de la Jurisdicción penal, es decir, violándose el derecho al juez natural, sin proceso penal alguno cuando al tratarse de un hecho punible de acción pública se requería de la iniciativa del Ministerio Público, mediante un procedimiento sumarísimo en el cual la Sala Constitucional actuó como juez y parte, invirtiendo la carga de la prueba, al presumir la culpabilidad de los encausados, violándose el derecho a la presunción de inocencia, y además, el mismo derecho a la defensa.

2.   *La inconstitucional "presunción" de desacato al mandamiento de amparo y su declaración final"*

Esas violaciones ocurrieron en particular, en la antes mencionada sentencia en el caso de Vicencio Scarano Spisso, Alcalde del Municipio San Diego del estado Carabobo y de Salvatore Lucchese Scaletta Director General de la Policía Municipal de San Diego del estado Carabobo, dictada a raíz de una la "acción autónoma de amparo constitucional para la defensa de derechos e intereses colectivos y difusos de la población venezolana", intentada el 7 de marzo de 2014 por varias asociaciones y organizaciones contra dichos ciudadanos, por omisión de acciones tendentes a prevenir desórdenes públicos dentro del Municipio San Diego"

La Sala Constitucional del Tribunal Supremo de Justicia mediante sentencia N° 136, del 12 de marzo de 2014, había admitido la acción y acordado una medida de "amparo constitucional cautelar." Posteriormente, mediante sentencia N° 138, del 17 de marzo de 2014, la Sala advirtió el posible desacato del amparo cautelar impuesto, convocando a los demandados a audiencia pública que se efectuó el 19 de marzo de 2014, al final de la cual la Sala declaró "el desacato y sancionó a los nombrados ciudadanos a cumplir diez (10) meses y quince (15) días de prisión," de conformidad con lo dispuesto en el artículo 31 de la Ley Orgánica de Amparo sobre Derechos y Garantías Constitucionales, acordando además, "en consecuencia, el cese en el ejercicio de los cargos públicos que ostentaban ambos ciudadanos."

Después de hacer un recuento de la audiencia y su objeto, de las pruebas y de las exposiciones de los intervinientes en la misma, entre ellos de la representante del Ministerio Público (Roxana Orihuela) quien aclaró que ella no había venido a la misma "a imputar o acusar sino a que se restituya la situación jurídica infringida," promoviendo sin embargo los testimonios de cinco oficiales de la Guardia Nacional," limitándose sólo a solicitar de "la

---

[35]   Véase en *Revista de Derecho Público*, N° 82, Editorial Jurídica Venezolana, Caracas, 2000.

Sala que haga lo conducente para que se cumpla el amparo," pero no sin antes afirmar "Que todas estas acciones desestabilizadoras lo que persiguen es un golpe de estado."

Sobre el "hecho probado" la Sala Constitucional de nuevo ratificó que su sentencia N° 138 de 17 de marzo de 2014, había apelado a lo que "... *por la prensa se ha difundido información de la que pudiera denotarse el presunto incumplimiento del mandato constitucional librado"* lo que calificó como *"un hecho notorio y comunicacional"* en los términos expuestos en su de sus sentencias sentencia N° 98 del 15 de marzo de 2000 (caso: *"Oscar Silva Hernández"*), ratificada en la sentencia N° 280 del 28 de febrero de 2008 (caso: *Laritza Marcano Gómez*), ignorando sin embargo que en las mismas la propia Sala dispuso que la figura del "hecho público comunicacional" no podía invocarse como medio para eludir la carga probatoria, si el mismo había sido *desmentido* por las personas implicadas en el hecho, tal como se expresa en esas sentencias, en las partes que la sala omitió transcribir. La Sala, con base en ello, declaró en la sentencia que fue "el hecho notorio comunicacional [el] que generó la presunción del desacato del fallo dictado por esta Sala Constitucional," de manera que con base en ello, en su recuento de las pruebas que hizo, lo que apreció fue que las aportadas, en su criterio, no desvirtuaban esa ilegítima e inconstitucional "presunción" de culpabilidad que ella misma había construido y que a su juicio, en violación al derecho a la presunción de inocencia, eran los "imputados" quienes debían desvirtuarla. De ello concluyó entonces la Sala, como estaba ya previsto, declarando que las pruebas apreciadas que "acreditaban" el "hecho notorio comunicacional", "le dan certeza y convencimiento de que los ciudadanos Vicencio Scarano Spisso y Salvatore Lucchese Scaletta son responsables del desacato al amparo cautelar decretado en sentencia dictada el 12 de marzo de 2014," y que "aun después de dictado el mandamiento de amparo cautelar se ha mantenido la abstención u omisión de los prenombrados ciudadanos en ejercer las competencias que por la Constitución y las leyes de la República Bolivariana de Venezuela le han sido atribuidas." De todo ello, la Sala concluyó que "quedó demostrada la falta de acatamiento del amparo cautelar dictado por esta Sala, por parte de los encartados de autos, quienes incumplieron las órdenes contenidas en el mismo."

Luego pasó la Sala a analizar "el derecho", partiendo del contenido y de las órdenes impartidas en su "mandamiento de amparo constitucional cautelar" considerando que "en la audiencia de autos quedó demostrado que los demás cuerpos de seguridad del Estado no tuvieron respuesta de la Policía y de la Alcaldía del Municipio San Diego, en materia de prevención y control de acciones violentas," y que "el Alcalde del Municipio San Diego del estado Carabobo no cumplió cabalmente con la inmediata remoción de los obstáculos ubicados en varias vías públicas que se encuentran en el Municipio," ni de "evitar, según la ley y el mandato de esta Sala, la obstrucción total y parcial de vías públicas en el territorio de ese Municipio," considerando en definitiva como co-responsable en esos hechos al ciudadano Salvatore Lucchese Scaletta, todo conforme a "lo previsto en los artículos 34, 44 y 46 de la Ley Orgánica del Servicio de Policía y del Cuerpo de Policía Nacional Bolivariana." En razón de todo lo expuesto, finalmente, la sala estimó

"demostrado que los ciudadanos Vicencio Scarano Spisso y Salvatore Lucchese Scaletta, omitieron cumplir el mandamiento de amparo cautelar dictado por esta Sala mediante sentencia N° 136, del 12 de marzo de 2014, en los términos ordenados por este Máximo Tribunal de la República, contraviniendo lo resuelto por el más alto nivel de la administración de justicia (*vid.* artículo 3 de la Ley Orgánica del Tribunal Supremo de Justicia), atentando contra su imagen, autoridad y adecuado acatamiento y funcionamiento, además de poner en riesgo los derechos de la comunidad cuya protección motiva la presente sentencia."

3. *La consecuencia del desacato y la usurpación de la competencia de la jurisdicción penal por la Sala Constitucional*

Luego de declarar el desacato al mandamiento de amparo, la Sala consideró "de manera definitiva" que la conducta de los ciudadanos Vicencio Scarano Spisso y Salvatore Lucchese Scaletta "encuadra en el supuesto de hecho del precepto establecido en el artículo 31 de la referida Ley Orgánica de Amparo sobre Derechos y Garantías Constitucionales." De allí pasó la Sala, después de considerar que los mencionados ciudadanos violaron los artículos 2, 131, 132 de la Constitución, a constatar que la Constitución dispone que corresponde al poder Judicial *"ejecutar o hacer ejecutar sus sentencias"* (art. 253), para lo cual el ordenamiento jurídico dispone de mecanismos "expeditos y eficaces", con el revestimiento "a la jurisdicción de la fuerza coercitiva necesaria para que ello pueda materializarse de manera efectiva," como resulta del citado artículo 31 de la Ley de Amparo.

Sobre esta norma, que prevé, como se ha visto, una sanción penal tipificada como delito con pena de prisión para quienes desacaten decisiones de amparo, que sólo puede aplicarse por la Jurisdicción Penal, luego de constatar que el artículo 28 de la Ley de Amparo le atribuye potestad sancionatoria de arresto al juez de amparo –inconstitucional por lo demás– en casos de amparos temerarios, pasó a hacer una afirmación insólita, sin base legal alguna, en el sentido de que:

"si bien no hace referencia expresa "al tribunal" como ente sancionador, lo que pudo estimarse innecesario por parte del legislador, [...] ello no es determinante para privar al juzgador de amparo, cuya decisión ha sido desacatada [...], de aplicar tal sanción en protección no sólo de los derechos que persigue tutelar mediante la misma y el proceso que la contiene, sino también de la labor del juez y del sistema de administración de justicia, pues si no hubiere una reivindicación inmediata de la decisión adoptada, la jurisdicción perdería la fuerza suficiente para cumplir las atribuciones que le asigna la Constitución y el resto del orden jurídico, dejando pasos a otras formas de control de los conflictos e interacciones sociales, que no sólo pudieran contrariar la parte orgánica de la Constitución, sino y sobre todo, su dimensión dogmática: valores, principios, derechos y garantías."

Lo cierto es que buenas intenciones o buenos deseos no pueden ser la premisa para que un juez de impartir justicia; además de ello, necesita tener el poder de hacerlo que sólo la Ley le puede atribuir; y no hay ley alguna en Venezuela que permita a juez alguno distinto a los de la jurisdicción penal, aplicar una sanción penal por ningún motivo ni siquiera por el desacato a sus decisiones; y las Salas del Tribunal Supremo no son ni pueden ser la excepción. Pero no.!! La Sala Constitucional en Venezuela, ante la Ley y la Constitución, se erige a sí misma, por su propia voluntad, en la suprema hacedora de leyes. Por ello, el simple razonamiento en el cual cayó la Sala Constitucional, al afirmar que el hecho de que la misma no tenga la posibilidad de sancionar los desacatos a sus mandamientos, aún existiendo una norma como la del artículo 31 de la Ley Orgánica de Amparo, implicaría en sí mismo "un desacato a la ley," como también lo sería el tener que dirigirse al Ministerio Público para que este, si lo estima iniciase la acción penal correspondiente, lo que podría hacer "completamente ilusorio el cumplimiento del mandamiento de amparo."

Pero es que el tema no es de buenos deseos o de buenas intenciones; sino que es de lo que la ley efectivamente establece, siendo que la misma obligatoria para todos, incluso para la Sala Constitucional. Pero ello, por supuesto no le importó a la Sala Constitucional, la cual concluyó que "para garantizar los artículos 31 de la referida Ley Orgánica de Amparo sobre Derechos y Garantías Constitucionales y 253 de la Constitución," reiteró en su sentencia que los ciudadanos Vicenso Scarano Spisso y Salvatore Lucchese Scaletta "efectivamente incurrieron en desacato del mandamiento de amparo constitucional decretado" por ella misma, y a juicio de la Sala, "subvirtieron la autoridad y el correcto funcionamiento de la Administración de Justicia," representada por la propia Sala Constitucional, razón simple por la cual concluyó imponiendo directamente a los mencionados ciudadanos la sanción de prisión en su término medio de diez (10) meses y quince (15) días, prevista en el mencionado artículo 31 de la Ley Orgánica de Amparo.

Ello por supuesto era totalmente contrario a la Constitución y a la ley e, incluso, a la propia jurisprudencia de la Sala Constitucional que había determinado que la imposición de dicha sanción es de la exclusiva competencia de los tribunales penales.

4.   *La pena accesoria de inhabilitación política*

Ahora bien, siendo que la sanción que impuso con usurpación de funciones, fue una de prisión, la Sala pasó a pronunciarse "respecto de las accesorias de ley," como si fuera un tribunal penal, partiendo de lo dispuesto en el artículo 16 del Código Penal, al disponer que es una pena accesoria a la de prisión "la inhabilitación política durante el tiempo de la condena." Para imponer esta pena accesoria sí se refirió la Sala Constitucional, en su argumentación, a que ello debía ser así porque su determinación "sólo le corresponde al legislador"; hecho que sin embargo no tuvo en cuenta la misma Sala Constitucional al imponer la pena principal, que precisamente el legislador la reserva a la Jurisdicción penal, y le impedía a la Sala aplicarla. Pero por lo visto eso no le importó a la Sala Constitucional: lo que el legislador disponía sí era bueno para imponer una pena accesoria de inhabilitación política, pero de nada valía para impedir que pudiera imponer la pena principal, para lo cual no tenía competencia.

Partiendo de esta premisa acomodaticia, pasó entonces la Sala a referirse al artículo 24 del Código Penal que se refiere a los efectos de la inhabilitación política como pena accesoria a la de prisión, en el sentido de que "produce como efecto la privación de los cargos o empleos públicos o políticos, que tenga el penado y la incapacidad durante la condena, para obtener otros y para el goce del derecho activo y pasivo del sufragio," aplicando en consecuencia dichos efectos a los señores Vicenso Scarano Spisso y Salvatore Lucchese Scaletta, a partir del día en que emitió el dispositivo de la sentencia, el día 19 de marzo de 2014. Para imponer esta pena accesoria sí lo basó la Sala Constitucional en "el irrevocable mandato de Ley" vinculado a "la voluntad del legislador, representante de la voluntad popular"; lo cual sin embargo ignoró totalmente al imponer la pena principal, para lo cual no tenía competencia alguna.

De allí de este doble estándar del valor de la ley, que la Sala aplica sólo cuando le conviene (y nada importa, que lo haga arbitrariamente, pues sus decisiones no tienen a nadie que las controle), que llevó a la misma Sala a afirmar que en este caso, la inhabilitación política que decretaba en contra de Vicenso Scarano Spisso y Salvatore Lucchese Scaletta, implicaba que los mismos

> "están privados y cesaron en el ejercicio del cargo Alcalde del Municipio San Diego del estado Carabobo, y Director de la Policía de ese Municipio, respectivamente, y no podrán, durante el cumplimiento de la sanción, obtener otros cargos públicos o políticos y gozar del derecho activo y pasivo del sufragio. Así se decide."

5.   *El intento de justificar lo injustificable: que un delito no es un delito y que una pena de prisión no es una pena "penal"*

La decisión de la Sala Constitucional en este caso, de aplicar estrictamente la Ley para imponer una pena accesoria pero ignorando lo que la ley dispone para aplicar la pena principal, que es la que origina la accesoria, la llevó a tratar de justificar lo injustificable, argumentando sobre la competencia para imponer dicha pena principal, que la misma Sala "en algunas decisiones" citando las N° 74 del 24 de enero de 2002 y N° 673 del 26 de marzo de 2002, le había dado correctamente el tratamiento que se le da a los ilícitos penales,

"en el sentido de que, al advertir el desacato, ordenaba oficiar al Ministerio Público para que investigara si se cometió o no el desacato y, si así lo estimare, acusara ante la jurisdicción penal o, en su defecto, solicitara el sobreseimiento de la causa o archivara el expediente. Actuación que se desplegaba aun a pesar de haber podido comprobar el hecho del desacato por notoriedad comunicacional o por medios de prueba que constaban en la causa."

Frente a ello, todo el argumento subsiguiente de la Sala Constitucional en su sentencia, se redujo a una rebuscado intento de ignorar su propia jurisprudencia, indicando que en este caso, la demanda de amparo había sido intentada ante la propia Sala Constitucional en protección de derechos e intereses colectivos, conforme a las previsiones de la Ley Orgánica del Tribunal Supremo de Justicia de 2010, y que la misma había dictado conforme a dicha Ley, una medida de amparo cautelar. Por ello, entonces, afirmó la Sala, que su propia doctrina "no puede permanecer estática" cuando la Ley Orgánica de Amparo no establece "procedimiento alguno para la valoración preliminar del posible incumplimiento de un mandamiento de amparo a efectos de su remisión al órgano competente," pasando luego a apelar al expediente de que conforme al artículo 98 de la Ley Orgánica del Tribunal Supremo de Justicia de 2010, "cuando en el ordenamiento jurídico no se preceptúe un proceso especial a seguir, se aplicará el que exclusivamente las Salas de este Alto Tribunal juzguen más conveniente para la realización de la justicia, siempre que tenga fundamento legal," ignorando por supuesto, que en materia de aplicación de una pena de prisión como pena principal, si hay un procedimiento establecido que es el del Código Orgánico Procesal Penal a ser desarrollado exclusivamente por los tribunales de la Jurisdicción penal.

En este marco de ignorancia deliberada de lo que la ley establecía, fue que la Sala en su sentencia N° 138 del 17 de marzo de 2014, considerando que la Ley del Tribunal Supremo era de 2010 y que aplicar la ley, es decir, el Código Orgánico Procesal Penal, no era el "tratamiento jurídico que debe dársele al referido ilícito" penal, apeló entonces inconstitucionalmente a la previsión del artículo 26 de la Ley Orgánica de Amparo para "determinar el presunto incumplimiento al mandamiento de amparo cautelar decretado," citando así a los "encausados" a una audiencia oral en la cual no se garantizaron en forma alguna los principios del debido proceso legal, para proceder de inmediato, como se lo exigía el poder político, a declarar su culpabilidad, condenarlos y encarcelarlos *ipso facto*, en un solo acto y momento en el cual supuestamente podían exponer "los argumentos que a bien tuvieren en su defensa." Y todo ello, tratando de justificar que la norma sancionatoria del artículo 31 de la Ley Orgánica de Amparo, a pesar de que fija un tipo delictivo de desacato y una sanción penal de prisión, supuestamente, "carece de carácter penal" porque ninguna norma la califica como "ilícito penal."

O sea que de acuerdo con la Sala, una tipificación de una conducta en una norma legal como "delito," sancionado con pena de "prisión," no sería un "delito," sino quién sabe qué otra cosa, lo que por tanto no amerita aplicar las garantías del debido proceso, que son entre otras, el derecho al juez natural (jurisdicción penal), y a la presunción de inocencia y el derecho a la defensa; y todo para tratar de tratar de justificar que en esos casos es el propio juez que lleva el proceso el que debe aplicar la sanción, máxime -a juicio de la Sala- cuando se trate de decisiones que "dicte este Máximo Tribunal de la República, en tutela de intereses y derechos constitucionales." Todo ello, por supuesto, es totalmente inconsistente con el régimen de protección de la libertad individual, que garantiza que sólo mediante decisión de un juez penal se puede imponer una pena privativa de libertad como la de prisión, siendo absolutamente falaz la argumentación que hizo la Sala Constitucional en su sentencia de que "no toda norma que contenga sanciones restrictivas de la libertad es necesariamente una norma penal." Ello es cierto, sólo referido a las sanciones de "arresto" establecida como sanción administrativa (incluso la impuesta por autoridades judiciales), pero simplemente no es cierto si se refiere a la pena de "prisión," que siempre, siempre, tiene carácter penal, por más que la Sala pretenda decir que "que hoy día, materialmente hablando, [el arresto] no reporta mayores diferencias con la prisión." A la luz de toda la doctrina citada y copiada en la sentencia, al contrario, si hay diferencia, por lo que la pena de "prisión" impuesta por desacato de una medida de amparo, por más que la Sala la considere anacrónica, si es una sanción que pertenece "al derecho penal" y no simplemente al derecho público," pues no es una simple sanción a una "desobediencia o conducta indebida ante un tribunal."

Por lo demás, se le olvidó a la Sala que el arresto, al no ser una pena, no conlleva la pena accesoria de inhabilitación política; en cambio la pena de prisión si la conlleva, como la propia Sala lo ha aplicado en este caso. No se entiende entonces cómo la Sala puede empeñarse en negarle el carácter de pena, de derecho penal a la sanción prevista en el artículo 31 de la Ley Orgánica de Amparo, pero a la vez empeñarse en aplicarle la pena accesoria de inhabilitación política que sólo procede cuando hay una "pena (penal) principal, como la de prisión.

Después de estos argumentos contradictorios, la argumentación de la Sala se quedó en rumiar sobre lo ineficaz que sería "la intervención penal en el caso del desacato de amparo," y sobre "la presencia de tal ilícito en una ley no penal" como la Ley Orgánica de Amparo; y todo para justificar el inconstitucional procedimiento establecido en su decisión para juzgar y condenar por tal delito de desacato, sin seguir el debido proceso penal, considerándolo como "una intervención jurisdiccional absolutamente legítima," y pretender "asimilar" la sanción penal al desacato en materia de amparo y la sanción penal de prisión, a las simples sanciones administrativas y jurisdiccionales de arresto que prevén muchas normas del ordenamiento procesal aplicables por los propios jueces, a las que se refirió la sentencia de la Sala N° 1184 del 22 de septiembre de 2009, que la Sala copió extensamente (diez páginas) en su sentencia.

Se le olvidó a la Sala Constitucional, sin embargo, hacer referencia y copiar su más reciente sentencia en la materia que fue la N° 1013 de 11 de julio de de 2012, en la cual cita a su vez la sentencia N° 341 de 1° de marzo de 2007 y otras decisiones anteriores, en la cual "expresamente se estableció lo siguiente sobre lo establecido en el artículo 31 de la Ley Orgánica de Amparo sobre Derechos y Garantías Constitucionales:

> "ha sido criterio de la Sala que lo señalado en el artículo anteriormente transcrito se trata de una *pena corporal* que se prescribe para toda aquella persona que incurra en el supuesto de desacato del contenido de un mandamiento de amparo, y *esto es propio de la jurisdicción penal.*
>
> *Así lo ha ratificado la jurisprudencia, al considerar que es dicha jurisdicción, la encargada de conocer las causas iniciadas por incumplimiento de mandamiento de amparo.*

En sentencia del 31 de mayo de 2001 (Caso: *Aracelis del Valle Urdaneta*) la Sala dijo:

> "(...) *Ahora bien, en relación con el desacato, ha señalado este Alto Tribunal que dado, el* **carácter delictual del mismo**, *la calificación que de* **este delito** *se haga "le* **compete al Tribunal Penal**, *en el contexto del debido proceso con la garantía del derecho a la defensa (artículo 68 de la Constitución)" (Vid. Sentencias de la Sala Político-Administrativa del 7 de noviembre de 1995: Caso Rafael A. Rivas Ostos y del 11 de marzo de 1999: Caso Ángel Ramón Navas).*

Por esta razón, la jurisprudencia citada dispuso que: "al alegarse el incumplimiento del mandamiento de amparo constitucional dictado por el Juez, conforme al artículo 31 *ejusdem*, **el Tribunal que actuó en la causa, no es el competente para realizar la calificación jurídica del mencionado incumplimiento.**"[36]

Por tanto, la jurisprudencia constante de la Sala Constitucional había sido la de considerar que como el artículo 31 de la Ley Orgánica de Amparo prevé un *delito* sancionado con *pena de prisión*, es decir, dijo la Sala, tipifica un "hecho punible de acción pública," decidió en el caso que conocía en apelación, que la Corte de Apelaciones que había actuado aplicando la mencionada norma, "*no es* el competente para realizar la calificación jurídica del mencionado incumplimiento" del mandamiento de amparo constitucional, razón por la cual, igualmente decidió:

"en aplicación de la jurisprudencia precedente y por cuanto en el escrito contentivo de la solicitud que dio origen al recurso de apelación la solicitante imputó la comisión de un hecho punible de acción pública como lo es el desacato, previsto y sancionado en el artículo 31 de la Ley Orgánica de Amparo sobre Derechos y Garantías Constitucionales, esta Sala se declara incompetente para conocer del mismo, y ordena remitir copia certificada del mencionado escrito a la Fiscalía General de la República a los fines de que se inicie la investigación correspondiente".[37]

Por todo ello, no puede sino causar asombro cómo la Sala Constitucional en la sentencia que comentamos del caso del Alcalde de san Diego, al contrario de su propia doctrina, concluyó afirmando que con la decisión ahora adoptada por ella misma de condenar y encarcelar a un Alcalde y a un alto funcionario municipal por el "delito" de desacato de una sentencia de amparo que según su propia calificación es un delito "de acción pública," imponerles una "pena de prisión" como "pena principal," y además la "pena accesoria" de inhabilitación política, -con ello dijo-:

"la Sala no pretende juzgar ilícito penal alguno vinculado a esta causa, pues lo que está siendo objeto de decisión es si hubo o no desacato a la decisión que dictó, y, al haberlo corroborado, imponer la consecuencia jurídica que le obliga atribuir, en estos casos, la ley (artículo 31 de la Ley Orgánica de Amparo)."

O sea que la Sala Constitucional in garantizar en forma alguna el debido proceso, juzga un ilícito penal sin proceso penal alguno, impone una sanción penal como pena principal (pena de prisión), e inhabilita políticamente a los condenados (pena accesoria a la principal), y con toda desfachatez, dice que no se está juzgando ilícito penal alguno vinculado a la causa. Y además, para justificar la inconstitucionalidad cometida, concluye que ello lo ha hecho "en ejercicio de la potestad sancionatoria de la jurisdicción constitucional," que supuestamente "no se contrapone a la competencia penal del Ministerio Público, de la policía de investigación penal y de la jurisdicción penal (*stricto sensu*), la cual no se extiende hasta este ilícito judicial constitucional de desacato."

Aparte de que para que exista una "potestad sancionatoria de la jurisdicción constitucional," se requiere texto legal expreso que la regule, la única forma de quitarle el carácter penal al supuesto "ilícito judicial constitucional de desacato" que no es nada más que en palabras de la corte "un hecho punible de acción pública" es mediante una reforma de la ley, y no mediante una sentencia de la Sala Constitucional.

---

[36] Véase Caso *Ramón Isidro Nava Aponcio*, en http://www.tsj.gov.ve/decisio-nes/scon/julio/1013-11712-2012-2011-1466.HTML

[37] Véase Caso *Ramón Isidro Nava Aponcio*, en http://www.tsj.gov.ve/deci-siones/scon/julio/1013-11712-2012-2011-1466.HTML

6. *Las violaciones a las garantías del debido proceso: violación al derecho a la presunción de inocencia*

No es más que una flagrante violación del debido proceso la que cometió en este caso la Sala Constitucional, en el cual procedió a condenar y encarcelar a unos funcionarios públicos, aplicándoles una pena de prisión prevista en la Ley Orgánica de Amparo y una pena accesoria de inhabilitación política prevista en el Código Penal, que sólo un juez penal puede juzgar, por la comisión de un hecho punible de acción pública, sin que haya habido proceso iniciado por el Ministerio Público quien tiene el monopolio de iniciar los procesos penales en estos casos. Como se indicó en la propia sentencia, en este caso, aún cuando la presencia pasiva de la representante del Ministerio Público en la audiencia pública avaló el inconstitucional procedimiento, la misma se cuidó de precisar que ella no había ido a la misma "a imputar o acusar," a nadie, lo que por supuesto no podía hacer sino ante la Jurisdicción Penal con las debidas garantías en aplicación del Código Orgánico Procesal Penal. Pero en lugar de denunciar la inconstitucionalidad que la Sala estaba en proceso de cometer, lo que simplemente expresó –como cualquier ciudadano, sin percatarse que era ella precisamente la representante del Ministerio Público– que lo que quería era que "se restituya la situación jurídica infringida," limitándose a solicitarle a la Sala, "que haga lo conducente para que se cumpla el amparo."

La decisión de la Sala Constitucional, en realidad, violó abiertamente todos los principios del debido proceso que regula el artículo 49 de la Constitución: *violó el derecho a la defensa* al desarrollar un procedimiento sumario "presumiendo la culpabilidad" de los funcionarios por unas informaciones de prensa, quienes sin embargo, no habían sido "imputadas" o " acusadas" formalmente, como para poder defenderse; *violó abiertamente la garantía de la presunción de inocencia*, al "presumir" más buen la culpabilidad de los encausados, sin aportar prueba alguna contra ellos; *violó la garantía de imparcialidad de la justicia*, al erigirse en parte "acusadora" de una parodia de "proceso penal" que ella misma juzgó, actuando por tanto como "juez y parte"; *violó la garantía del juez natural*, al usurpar con su decisión las competencias exclusivas de los tribunales de la Jurisdicción penal; *violó la garantía de la doble instancia* que tofo proceso penal en el cual se condene a alguien; y en fin *violó la esencia misma de la justicia*, al iniciar de oficio un proceso penal de un delito de acción pública, y condenar y encarcelar por un hecho punible a unos funcionarios públicos, pero sin haber "acusado" a nadie de delito, y sin haber desarrollado un verdadero proceso judicial entre partes, con las garantías del contradictorio, y que en materia penal se produce entre el Ministerio Público y los acusados.

Para tratar de justificar estas violaciones, la Sala Constitucional se limitó a afirmar que los "encausados" sabían del "contenido de este ilícito judicial" porque se los había convocado a una audiencia, simplemente informándoles que se había obtenido "información por notoriedad comunicacional," del "presunto incumplimiento del mandato constitucional librado en la sentencia N° 136 de 12 de marzo de 2014," para que allí expusieran "los argumentos que a bien tuvieren en su defensa." Con eso, dijo la Sala, se actuó:

"en garantía a los derechos a ser oídos y al debido proceso que les asisten, respetando en todo instante, hasta el momento inmediatamente anterior al pronunciamiento del dispositivo, el derecho a la presunción de inocencia."

No se percató la Sala, que en la misma sentencia, lo que antes había dicho era lo contrario, que un "el hecho notorio comunicacional" era el que había generado "la *presunción del desacato* del fallo dictado por esta Sala Constitucional," de manera que con base en ello, en el recuento de las pruebas presentadas que hizo la propia sala en el texto de la sentencia, lo que apreció fue que las mismas no desvirtuaban esa ilegítima e inconstitucional "presunción" de culpabilidad que ella misma había construido y que a su juicio, en violación al derecho a la presunción de inocencia, eran los "imputados" quienes debían desvirtuarla. Afirmar por tanto en la sentencia que a los encausados supuestamente se les respetó el derecho a la presunción de inocencia "hasta el momento inmediatamente anterior al pronunciamiento del dispositivo," no es más que una burla que la Sala se hace de sí misma, de derecho y de la propia jurisprudencia del Tribunal Supremo.

Debe recordársele a la Sala Constitucional, en efecto, que como lo precisó la Sala Político Administrativa del Tribunal Supremo, "la presunción de inocencia es el derecho que tiene toda persona de ser considerada inocente mientras no se pruebe lo contrario, el cual formando parte de los derechos, principios y garantías que son inmanentes al debido proceso,"[38] lo que implica el "derecho a no sufrir sanción que no tenga fundamento en una *previa actividad probatoria* sobre la cual el órgano *competente* pueda fundamentar un juicio razonable de culpabilidad."[39] En otros términos, "la presunción de inocencia debe abarcar todas las etapas del procedimiento sancionatorio, y ello implica que se de al investigado *la posibilidad de conocer los hechos que se le imputan, se le garantice la existencia de un contradictorio, la oportunidad de utilizar todos los elementos probatorios que respalden las defensas que considere pertinente esgrimir, y una resolución precedida de la correspondiente actividad probatoria* a partir de la cual pueda el órgano competente fundamentar un juicio razonable de culpabilidad".[40]

Por tanto, condenar a alguien por un delito, presumiéndolo desde el inicio como culpable, sin actividad probatoria previa y sin competencia jurisdiccional para ello, como ha ocurrido en este caso del Alcalde del Municipio San Diego, es una violación flagrante de dicho derecho.

7. *Las violaciones a las garantías del debido proceso: violación al derecho a la presunción de inocencia*

Otra violación flagrante al debido proceso en este caso, fue la violación de la garantía al juez natural, al haberse dictado una sentencia de condena penal por un tribunal incompetente para ello como lo es la Sala Constitucional.

Sin embargo, en otro intento de justificar las violaciones cometidas al debido proceso, la Sala Constitucional afirmó en la sentencia que comentamos, sin pudor alguno, que en este caso, la "Sala no sólo es el juez natural de la causa en la que dictó el amparo cautelar sino también en la presente incidencia," afirmando que "en ambos procesos el único interés de esta Sala estriba en la Administración de Justicia," siendo supuestamente por ello, que "es el Tribunal que debe declarar el desacato a la decisión que dictó y sancionar la conducta contraria a esta última, conforme a la norma vigente y válida prevista en el artículo 31 de la Ley Orgánica de Amparo," afirmando pura y simplemente que los "atributos en general de las garantías constitucionales del juez natural se mantienen incólumes (artículo 49.4 del Texto Fundamental)".

---

[38] Véase TSJ-SPA (5907) 13-10-2005, Caso: *Administradora Convida C.A., vs. Ministerio de la Producción y el Comercio, Revista de Derecho Público,* N° 104, Editorial Jurídica Venezolana, Caracas 2005, pp. 81-82.

[39] Véase TSJ-SPA (2189) 5-10-2006, Caso: *Seguros Altamira, C.A. vs. Ministerio de Finanzas, Revista de Derecho Público,* N° 108, Editorial Jurídica Venezolana, Caracas 2006, pp. 90-91.

[40] Véase TSJ-SPA (2673) 28-11-2006, Caso: *Sociedad Williams Enbeidge & Compañía (SWEC) vs. Ministerio de Energía y Minas, Revista de Derecho Público,* N° 108, Editorial Jurídica Venezolana , Caracas 2006, p. 91.

O sea, conforme a lo decidido por la sala, ello es lo mismo que decir que si en el curso de un proceso civil ante un juez de instancia surge una incidencia con motivo de una medida cautelar por ejemplo de prohibición de enajenar y gravar una propiedad, y un testigo o uno expertos llamados por la autoridad judicial comete un delito contra la administración de justicia, declarando falsamente o excusándose de comparecer sin motivo justificado en el proceso civil y su incidencia, que son delitos tipificados y penados en el Código Penal (arts. 239 y 243); entonces, supuestamente, conforme al absurdo criterio de la Sala Constitucional sería el propio el juez civil como supuesto "juez natural de la causa" en la cual se dictó la medida cautelar, el que luego de interpretar que la pena por dichos delitos de falso testimonio o excusa sin justificación en el curso de un juicio sería una "sanción judicial"; el que entonces tendría competencia para juzgar y condenar al presunto delincuente por la misma, sin proceso, simplemente después de presumirlos culpables, llamándolos a una audiencia para que pruebe, que no son culpables. Ello, por supuesto, sería una aberración jurídica, pues el juez natural para juzgar cualquier delito es el juez penal preexistente en la Jurisdicción penal.

En ese absurdo ejemplo, sin embargo, aplicando la misma fraseología que usó la Sala Constitucional en su sentencia, quizás la Sala pudiera llegar a afirmar que en ese hipotético caso, como la falsificación se habría cometido en el curso de un proceso civil, entonces se estaría "ante un ilícito judicial" cuya "conducta típica y sanción están descritas con precisión en la ley (principios de legalidad y reserva de ley), ante un proceso con todas las garantías orientado por la Constitución de la República Bolivariana de Venezuela e instrumentos internacionales en materia de derechos humanos (principios de exclusividad procesal y debido proceso), y ante una sanción impuesta por la jurisdicción," concretamente, en el hipotético caso, por la Jurisdicción Civil "(principios de exclusividad judicial, juez natural –preexistente al hecho, imparcial y competente [...] y tutela judicial efectiva)," y todo ello "a partir de una interpretación garantista" (en la absurda hipótesis de los artículos 239 o 243 del Código Penal), "debidamente ejecutada –como toda sanción judicial– por la jurisdicción."

Este ejemplo muestra en realidad que la argumentación de la Sala parece no haber tomado en cuenta que juez natural es el "órgano judicial creado por la Ley, al cual ésta le haya *investido de jurisdicción y competencia con anterioridad al hecho motivador de la actuación o proceso judicial.*"[41] Es decir, a juicio de la propia Sala Constitucional,

> "el derecho al juez natural consiste, básicamente, en la necesidad de que el proceso sea decidido por el juez ordinario predeterminado en la ley. Esto es, aquél al que le corresponde el conocimiento según las normas vigentes con anterioridad. Esto supone, en primer lugar, que el órgano judicial haya sido creado previamente por la norma jurídica; en segundo lugar, que esta lo haya investido de autoridad con anterioridad al hecho motivador de la actuación y proceso judicial; en tercer lugar, que su régimen orgánico y procesal no permita calificarlo de órgano especial o excepcional para el caso; y, en cuarto lugar, que la composición del órgano jurisdiccional sea determinado en la Ley, siguiéndose en cada caso concretó el procedimiento legalmente establecido para la designación de sus miembros, vale decir, que el Tribunal esté correctamente constituido. En síntesis, la garantía del juez natural puede expresarse diciendo que es la garantía de que la causa sea resuelta por el juez competente o por quien funcionalmente haga sus veces."[42]

---

[41]   Así lo estableció desde hace lustros la antigua CSJ-SPA (234) 8-5-97, *Revista de Derecho Público,* N° 69-70, Editorial Jurídica Venezolana, Caracas 1997 pp. 188-189.

[42]   Véase TSJ-SC (520) 7-6-2000, Caso: *Mercantil Internacional, C.A. vs. Decisión Juzgado Superior, Revista de Derecho Público,* N° 82, Editorial Jurídica Venezolana, Caracas 2000, pp. 265 y ss.

Por tanto, sobre la garantía del juez natural ha sido en la propia doctrina jurisprudencial de la Sala donde ha establecido que son jueces naturales sólo "los jueces a quienes *la ley ha facultado para juzgar a las personas en los asuntos correspondientes a las actividades que legalmente pueden conocer,*" de manera que "el órgano que ejerce la jurisdicción, en cuanto a la *competencia por la materia, es por excelencia el juez natural* de las personas que tengan que ventilar litigios relativos a esas materias", el cual "debe existir como órgano jurisdiccional *con anterioridad a los hechos litigiosos* sin que pueda crearse un órgano jurisdiccional para conocer únicamente dichos hechos después de ocurridos." De lo anterior concluyó la propia Sala Constitucional que "esta garantía judicial es una de las claves de la convivencia social y por ello confluyen en ella la condición de derecho humano de jerarquía constitucional y de disposición de orden público, entendido el orden público como un valor destinado a mantener la armonía necesaria y básica para el desarrollo e integración de la sociedad;"[43] insistiendo, en otra sentencia, que la garantía exige que "se asegure la presencia de un *juez competente de acuerdo a factores preestablecidos por la ley*, de orden material, territorial y funcional".[44]

Y ha sido precisamente esa garantía la que ha sido violada por la propia Sala en este caso, al usurpar la competencia del juez natural y aplicar una sanción penal a u hecho punible de acción pública, sin proceso ni competencia para ello. La consecuencia de ello, en todo caso, como lo resolvió la Sala Político Administrativa de la antigua Corte Suprema de Justicia, es que "la infracción a un factor de competencia de orden absoluto como lo son la competencia por la materia y la funcional –inderogables por las partes– acarrea la nulidad absoluta de lo actuado, pues constituye violación a un presupuesto esencial del acto procesal (artículo 206 del Código de Procedimiento Civil)".[45] En otras palabras, como la propia Sala Constitucional lo ha argumentado:

"La infracción de la garantía del Juez Natural, plantea el problema de las consecuencias que tiene en la sentencia dictada, la violación del orden público constitucional. Es decir, qué efectos produce en el fallo proferido, constatar que no intervinieron en su formación los jueces predeterminados en la Ley o dictado en un procedimiento en el cual no se siguieron las reglas previstas en la ley, para efectuar la sustitución de los jueces por sus ausencias absolutas, accidentales o temporales.

La respuesta se encuentra en el artículo 246 del Código de Procedimiento Civil, en el que se declara que no se considerará *como sentencia ni se ejecutará*, la decisión a cuyo pronunciamiento aparezca que no han concurrido todos los jueces llamados por la ley. Esta declaración, [...] pone de relieve *que el incumplimiento de la garantía del juez predeterminado en la Ley lo que incluye su legítima constitución, hace inexistente la actividad jurisdiccional, pues sólo puede dictar la sentencia quien tiene en la normativa vigente y de acuerdo a las reglas establecidas en ella la responsabilidad de administrar justicia.*"[46]

_____

   [43]   Véase TSJ-SC (144) 24-3-2000, Caso: *Universidad Pedagógica Experimental Libertador vs. Decisión Juzgado Superior Quinto del Trabajo de la Circunscripción Judicial del Área Metropolitana de Caracas, Revista de Derecho Público*, N° 81, Editorial Jurídica Venezolana, Caracas 2000, pp. 150 y ss.

   [44]   Véase TSJ-SC (3167)9-12-2002, Caso*: Interpretación del artículo 29 de la Constitución de la República Bolivariana de Venezuela, Revista de Derecho Público*, N° 89-90/ 91-92, Editorial Jurídica Venezolana, Caracas 2002, pp. 123 y ss.

   [45]   Véase CSJ-SPA (332) 04-07-91, *Revista de Derecho Público*, N° 47, 1991, pp. 87-88.

   [46]   Véase TSJ-SC (520) 7-6-2000, Caso: *Mercantil Internacional, C.A. vs. Decisión Juzgado Superior, Revista de Derecho Público*, N° 82, Editorial Jurídica Venezolana, Caracas 2000, pp. 265 y ss.

Y ese, y no otro, es el vicio que acompaña a la sentencia de condena y encarcelamiento del Alcalde de San Diego, que comentamos, que como la propia Sala Constitucional lo ha argumentado en su doctrina jurisprudencial, simplemente debe considerarse como inexistente.

8. *Las violaciones a las garantías del debido proceso: violación al derecho a la doble instancia*

Por último, siguiendo en su fallido intento de justificar lo injustificable en materia de violación de las garantías al debido proceso, la sala Constitucional se refirió al "principio de la doble instancia," afirmando simplemente que el mismo "al igual que la gran mayoría de los axiomas jurídicos, no son absolutos y encuentran excepciones, inclusive, dentro de la propia Constitución (*vid.*, entre otros, los artículos 335 Constitucional y 3 de la Ley Orgánica del Tribunal Supremo de Justicia)."

Efectivamente, al disponer el artículo 49.1 de la Constitución, que la Sala cita, que "Toda persona *declarada culpable* tiene *derecho a recurrir del fallo, con las excepciones establecidas en esta Constitución y la ley*", establece el parámetro exacto de la posible limitación a dicho derecho constitucional, y es que en la propia Constitución o en la Ley establezcan expresamente la excepción. No otra cosa resulta de la norma, siendo engañosa la referencia que hizo la Sala en su sentencia, a los dos artículos citados, en los cuales habría supuestas excepciones al principio, pues en los mismos lo único que se dice es que las decisiones del Tribunal Supremo no está sujetas a recurso alguno pues no hay tribunal superior al mismo. Ello lo único que implica es que habría una excepción al derecho a la doble instancia, en aquellos casos en los cuales la Constitución o la ley atribuyan expresamente al Tribunal Supremo, o sus Salas, la potestad jurisdiccional de condenar a alguien por algún delito, como los previstos en el artículo 266.3 de la Constitución y en el artículo 24.2 de la Ley Orgánica del Tribunal Supremo, luego de realizado el correspondiente antejuicio de mérito (A ello incluso se refirió la Sala, citando lo decidido por la Sala Plena en sentencia N° 1684 del 4 de noviembre de 2008).

La forma de evadir esta limitación constitucional, y la garantía constitucional de las personas que ratifica el Pacto Internacional de Derechos Civiles y Políticos en el sentido del derecho de "toda persona declarada culpable de un *delito* [...] a que el fallo *condenatorio* y la *pena* que se le haya impuesto sean sometidos a un tribunal superior" (art. 14.5); y que la Sala estaba obligada a interpretar conforme al principio de la progresividad como se lo imponía el artículo 19 de la Constitución; de nuevo fue simplemente ignorar que lo que establece el artículo 31 de la Ley Orgánica de Amparo es un delito" de acción pública" cuyo juzgamiento correspondía a la "jurisdicción penal," como ella mismo lo había decidido anteriormente, y convertirlo en una simple "sanción judicial," "reformando" ilegítimamente el texto de la ley Orgánica.[47]

---

[47]   Por ello, con razón, en la reseña hecha en el diario *El Universal* sobre lo decidido por la Sala Constitucional, el periodista *Juan Francisco Alonso,* se preguntó: "¿Pero esto no viola las normas básicas del proceso penal, según las cuales un ciudadano debe ser notificado de lo que se le investiga, se le debe garantizar el derecho a la defensa y a que una eventual condena sea revisada por una instancia de alzada? No, según el fallo redactado y firmado por los magistrados Gladys Gutiérrez (presidenta), Francisco Carrasquero, Arcadio Delgado, Luisa Estella Morales, Carmen Zuleta, Marco Tulio Dugarte y Juan José Mendoza, pues el desacato de un amparo no es un delito, sino una infracción judicial y el procedimiento para determinar que uno incurrió en esta infracción no es un juicio. / Asimismo dejaron en claro que el criterio que durante 12 años vinieron manteniendo, según el cual un eventual incumpli-

De allí concluyó la Sala olímpicamente que como "el caso de autos no es penal." y sólo en los casos penales existe la garantía de la doble instancia, al decidir esto la Sala Constitucional entonces "no existe" un tribunal superior, y por tanto "no existe" el derecho humano garantizado en la Constitución respecto de la Sala, porque supuestamente, "cuando ejerciere su potestad sancionatoria constitucional, como ocurre en este asunto, no vulneraría el principio de la doble instancia". Y de allí la lapidaria conclusión a la que llegó la Sala Constitucional al barrer de un plumazo el derecho constitucional a la doble instancia, resolviendo que:

"En razón de lo antes expuesto, es absolutamente evidente la imposibilidad constitucional y legal de recurrir de la sanción de la jurisdicción constitucional, que esta Sala debe imponer a los responsables de autos. Así se declara".

En definitiva, después de todos estos argumentos para justificar lo injustificable, y poner fin a cualquier discusión en la materia, y en virtud de la necesidad que tenía de enjuiciar y encarcelar a dos alcaldes de oposición en un momento particular de crisis política y manifestaciones callejeras, la Sala Constitucional procedió a "reformar" lo dispuesto en el artículo 31 de la Ley Orgánica de Amparo, estableciendo "con criterio vinculante":

"el carácter *jurisdiccional constitucional* de la norma establecida en el artículo 31 de la Ley Orgánica de Amparo sobre Derechos y Garantías Constitucionales, ello para garantizar el objeto y la finalidad de esa norma y, por tanto, para proteger los valores que ella persigue tutelar: los derechos y garantías constitucionales, el respeto a la administración de justicia, la administración pública, el funcionamiento del Estado, el orden jurídico y social, la ética, la convivencia ciudadana pacífica y el bienestar del Pueblo, junto a los demás valores e intereses constitucionales vinculados a éstos. *Por lo tanto, las reglas del proceso penal y de la ejecución penal no tienen cabida en este ámbito* (fijación de la competencia territorial respecto de la ejecución, intervención fiscal, policial y de la jurisdicción penal –la cual, valga insistir, encuentra su último control constitucional en esta Sala-, suspensión condicional de la pena, fórmulas alternas de cumplimiento de la pena, entre otras tantas), más allá de lo que estime racionalmente esta Sala, de caras al cumplimiento del carácter retributivo, reflexivo y preventivo de la misma y cualquier otra circunstancia que encuentre sustento en el texto fundamental. Así se decide."

¿Qué más se puede decir frente a una decisión tan inconstitucional como voluntarista? Nada más que el juez constitucional en Venezuela perdió la brújula en su misión de ser el máximo intérprete de la Constitución, sobre todo al habérsele olvidado, primero, que sólo está facultada para establecer interpretaciones "vinculantes" respecto de normas y principios constitucionales (art. 335); y segundo, que al establecer una que interpretación vinculante de una norma legal, así ello sea inconstitucional, la misma, al implicar una reforma de la norma, no podría tener nunca efectos retroactivos conforme a la garantía del artículo 24 de la Constitución, que también ignoró la Sala, y sólo se podría aplicar hacia el futuro, respecto de desacatos futuros de mandamientos de amparo.

Pero ello por lo visto tampoco le importa a la Sala Constitucional. Como sus decisiones no pueden ser controladas y no hay nadie que las controle, simplemente puede hacer lo que políticamente le venga en ganas.

---

miento de un mandato de amparo debía ser analizado por el Ministerio Público para que éste decidiera acusaba o no su presunto ejecutor, es "anacrónica" e "ineficaz". Véase *El Universal*, Caracas 10 de abril de 2014, en http://www.eluniversal.com/nacional-y-politica/140410/sala-constitu-cional-tambien-puede-enviar-gente-a-la-carcel

9. *La inhabilitación política, la ausencia absoluta, y el cese de funciones públicas y consecuencias*

Por último, la Sala Constitucional en su sentencia, finalizó con unas consideraciones sobre los efectos de la misma al argumentar sobre "la ausencia absoluta, y el cese de funciones públicas y consecuencias" en relación con el Sr. Vincencio Scarano, como Alcalde del Municipio San Diego del estado Carabobo a partir de la fecha "en que se celebró la presente audiencia y se dictó el dispositivo de esta sentencia firme.

Para ello, sin embargo, ignorando lo que antes había decidido en el texto de la misma sentencia, hizo caso omiso al hecho de que como si hubiera sido un tribunal penal a(que luego negó), luego de haberle impuesto al Alcalde una "pena principal" (prisión), procedió a aplicarle "las accesorias de ley" conforme al artículo 16 del Código Penal, entre ellas, "la inhabilitación política durante el tiempo de la condena," pasando a referirse al artículo 24 del Código Penal que establece los efectos de la misma, en el sentido de que "produce como efecto la privación de los cargos o empleos públicos o políticos, que tenga el penado y la incapacidad durante la condena, para obtener otros y para el goce del derecho activo y pasivo del sufragio," aplicando en consecuencia dichos efectos a los señores Vicenso Scarano Spisso y Salvatore Lucchese Scaletta, a partir del día en que emitió el dispositivo de la sentencia, el día 19 de marzo de 2014.

Sin embargo, ignorando que ya había impuesto al Alcalde una "pena accesoria" a una "pena principal" conforme al Código Penal, aplicándole los efectos dispuestos en el mismo, pasó a hacer caso omiso a sus propias consideraciones, y al final de su sentencia se fue a analizar el artículo 87 de la Ley Orgánica de Poder Público Municipal, que se refiere a las ausencias temporales y absolutas de los alcaldes, el cual en esencia para lo que interesa respecto del fallo, se dispone que las "faltas absolutas" sólo pueden ocurrir por "la muerte, la renuncia, la incapacidad física o mental permanente, certificada por una junta médica, por sentencia firme decretada por cualquier tribunal de la República y por revocatoria del mandato," las dos últimas, conforme a las normas que regulan ambos casos: por un tribunal penal "competente" para dictar la sentencia firme en un proceso penal con las debidas garantías; y conforme al procedimiento de referendo de revocación de mandatos populares que prevé la Constitución. Sólo en esos casos es que puede haber falta absoluta de un alcalde electo, y sólo en esos casos es que se pueden aplicar los efectos de corcovar una nueva elección si la ausencia absoluta se produce antes de cumplir la mitad de su período legal.

En este caso, a pesar de que la sentencia firme haya sido decretada por "el más alto tribunal de la República," el mismo no tiene competencia para condenar penalmente en única instancia a un Alcalde, e imponerle una pena de prisión y una pena accesoria de inhabilitación política. Solo una sentencia dictada por un tribunal penal competente, antes de que la sala Constitucional modificara la ley con esta sentencia, es que ello podría producir los efectos del artículo 87 de la Ley Orgánica del Poder Público Municipal. Pero de nuevo, esas minucias del principio de legalidad parecen no importar, cuando se trata de quien decide es el "máximo intérprete y garante" de la Constitución, así la distorsione. Eso es lo que precisamente implica "contrariar tanto la Constitución como la propia jurisprudencia de la Sala," como en nuestro criterio ha ocurrido en este caso. Con una sentencia firme sancionatoria dictada usurpando la jurisdicción penal, por más que sea dictada por la Sala Constitucional, simplemente no se puede producir "la materialización jurídica de la falta absoluta del Alcalde del Municipio San Diego del Estado Carabobo," conforme a lo dispuesto en el mencionado artículo 87 de la Ley Orgánica del Poder Público Municipal, y menos que la misma Sala disponga que en el caso decidido, por cuanto el Alcalde Vincencio Scarano no habría cumplido la mitad de su período legal, entonces "debe procederse a una nueva elección para proclamar al nuevo Alcalde, en la fecha que fije el organismo electoral competente," lo que casual y coordinadamente fijó el Consejo nacional Electoral el mismo día de publicarse la sentencia, el 9 de abril de 2014.

De paso, la Sala Constitucional, al considerar que como consecuencia de su inconstitucional decisión, se debía encargar de la Alcaldía el Presidente del Concejo Municipal del Municipio, procedió a "extenderle" al mismo "el amparo cautelar dictado en la presente causa," blandiendo la "espada de Damocles" de un sumarísimo enjuiciamiento, condena y encarcelamiento como el ya ocurrido con el Alcalde electo, a juicio de la Sala, cuando aparezcan noticias de prensa que hagan presumir un desacato.

Y por si no fuera poco, finalizó la Sala remitiendo los autos al Ministerio Público, ahora sí, pero para que persiguiera las conductas que pudieran haber vulnerado los intereses tutelados por el Código Penal y otras leyes penales, inclusive en comisión por omisión, y, por lo menos, en grado de co-intervención o co-participación, respecto de:

"los ciudadanos aquí sancionados y a otras personas, por los posibles atentados penalmente relevantes contra el libre tránsito, el medioambiente, el patrimonio público y privado, el orden público, la paz social e, inclusive, los Poderes Públicos, la seguridad de la Nación, la independencia nacional, entre otros que también han podido lesionar o poner en peligro pequeños grupos de personas, en especial ciertos voceros, que en algunos Municipios del país han venido generando hechos de violencia que, en algunos casos, no sólo han vulnerado derechos humanos individuales (incluyendo la vida, entre otros tantos) sino también colectivos, e, inclusive, han generado terror en la población."

Llegando incluso a afirmar que esos atentados

"probablemente, también han podido provenir, mediante inducción y otras formas de participación criminal, de personas que se han encontrado o se encuentran fuera del espacio geográfico de la República, y que, en algunos casos, la República Bolivariana de Venezuela tiene jurisdicción para su enjuiciamiento, conforme a las reglas de extraterritorialidad de la ley penal venezolana, contempladas en el artículo 4 del Código Penal y en otras normas previstas en otras leyes y normas penales de la República. Así se decide."

Como se dijo, dos días después de publicada la sentencia Nº 245 el día 9 de abril de 2014, revocándole su mandato popular al Alcalde *Vicencio Scarano Spisso*, se publicó la sentencia Nº 263 el 11 de abril de 2014, también revocándole el mandato al Alcalde *Daniel Ceballo,* en la cual se la aplicó el criterio "vinculante" sentado en la primera; siendo ambas – ya que tienen igual contenido– un compendio de las masivas violaciones a las garantías del debido proceso y al principio democrático que hemos comentado anteriormente. Todo parece responder a un libreto predeterminado de con un golpe más, continuar demoliendo el Estado de Derecho y la democracia, por lo que no es de extrañar las palabras que dijo el Alcalde Ceballos de San Cristóbal en la propia audiencia ante la Sala Constitucional el 25 de marzo de 2014, en el sentido de que estaba allí "porque no existe estado de derecho y justicia," y que por tanto, "no esperaba justicia" de esa Sala, diciéndoles a los magistrados que sin embargo "preparado para recibir una sentencia de unos verdugos que están a punto de consumar un Golpe de Estado contra el Pueblo de San Cristóbal."[48]

Quizás por ello, la pena de prisión que la Sala Constitucional le impuso al Alcalde de San Cristóbal, sin ningún razonamiento en el texto de la sentencia que lo justificara fue ma-

---

[48]   http://cifrasonlinecomve.wordpress.com/2014/03/28/alcalde-daniel-ceballos-le-da-hasta-por-la-cedula-a-los-magistrados-del-tsj/

yor a la impuesta al Alcalde de San Diego –lo que le agrega un vicio más–. Quizás fue producto de la reacción mezquina de un cuerpo en el cual ya nadie cree, contra el ejercicio de la libertad de expresión del pensamiento por parte del Alcalde, por haberla ejercido ante los propios magistrados.

COMENTARIO FINAL

Y así concluyó esta primera fase de la arremetida de la Sala Constitucional contra el mandato popular de Alcaldes, despojándolos inconstitucionalmente del mismo, mediante una "reforma" de la Ley Orgánica de Amparo, aplicada retroactivamente, con la consecuencia de permitir condenar penalmente a funcionarios, sin debido proceso, en "juicios" sumarísimos, violando todas las garantía del debido proceso, y todo porque el máximo intérprete y garante de la Constitución no tiene quien lo controle.

Por ello, con razón, al conocerse la sentencia, los profesores Alonso Medina, Alberto Arteaga y José Luis Tamayo expresaron, en rueda de prensa transmitida por el canal de internet de **El Nacional:**

"su estupor frente a un acto de la Sala Constitucional que consideran "incalificable", porque a su ver y entender no respeta ninguna regla constitucional ni derecho a la defensa. Coinciden en señalar que en este día el Tribunal Constitucional abre una nueva etapa en la administración de la justicia en Venezuela al asumir ilegalmente una parodia de juicio penal, sin acusación por delante, actuando como juez de instrucción (no vigente en el ordenamiento jurídico venezolano actual), y dictando una condena que viola flagrantemente normas procesales y el principio de libertad. En este acto sin nombre, indican que se viola todo principio constitucional comenzando (1) por el Principio fundamental de la Competencia, que es de materia de orden público, y pasando por (2) el Principio de Juez Natural; (3) el Principio del Derecho a la Defensa; y (4) el principio del Debido Proceso. Además de que viola completamente el Código Orgánico Procesal Penal".[49]

---

[49]   Véase en "La anti justicia", VenEconomia.com, 10 de abril de 2014, en http://www.venecono mia.com/site/modulos/m_visor.asp?pub=4228

RESEÑA BIBLIOGRÁFICA

EL DERECHO ADMINISTRATIVO EN PERSPECTIVA.
EN HOMENAJE AL PROFESOR
DR. JOSÉ LUIS MEILÁN GIL

Víctor Rafael Hernández-Mendible
Profesor de Derecho Administrativo
en la Universidad Monteávila

Resumen: *Esta crónica describe un importante libro publicado recientemente, que rinde tributo a medio siglo de enseñanza, investigación y construcción del Derecho Administrativo.*

Palabras Clave: *Derecho administrativo; Derecho Iberoamericano; Actividad administrativa.*

Abstract: *This chronicle outlines an important book published recently, which tribute half-century of teaching, research and construction of Administrative law.*

Key words: *Administrative law; Latin American law; Administrative activity.*

En la porteña ciudad autónoma de Buenos Aires, República Argentina, los días 9 y 10 de junio de 2014, tuvo lugar una memorable fiesta en la comunidad jurídica austral con motivo de la celebración del II Congreso Internacional de Abogacía Estatal, Local y Federal, dedicado a "La autonomía de la Ciudad de Buenos Aires en acción, a 20 años de la reforma constitucional de 1994", evento que sirvió de escenario para la presentación de la obra colectiva titulada *"EL DERECHO ADMINISTRATIVO EN PERSPECTIVA. EN HOMENAJE AL PROFESOR DR. JOSÉ LUIS MEILÁN GIL"*, integrada por dos tomos, teniendo el primero 552 páginas y el segundo 819 páginas, la cual es dirigida por el catedrático Jaime Rodríguez Arana-Muñoz, de la Universidad de La Coruña y el profesor Ernesto Jinesta Lobo, de la Universidad Libre de Costa Rica, así como coordinada por el profesor Juan José Pernas García, de la Universidad de La Coruña y publicada por Ediciones RAP, que dirige Eduardo Mertehikian.

Al repasar la hoja de vida de Don José Luis Meilán Gil, se observa que la actividad académica la inició en la Universidad Complutense de Madrid donde obtuvo el título de Doctor en Derecho en 1962, luego ganó la cátedra por oposición en la Universidad de Santiago de Compostela en 1968, para posteriormente llegar a la Universidad de La Coruña, donde se desempeñó como Rector fundador en 1990 y se mantuvo en esa responsabilidad hasta el año 2003, sin que ello haga olvidar su estancia impartiendo clases en la Escuela Nacional de Administración Pública; lo que fue complementado con la actividad de investigación, las publicaciones de monografías, estudios, ensayos y artículos; a lo que cabe agregar las conferencias en España, otros países de Europa y de América, debiendo destacarse que en sus recorridos por este continente a comienzos de la década del setenta del siglo XX, el gobierno de la República de Venezuela, le concedió la Orden Andrés Bello.

También esa hoja de vida tiene unas páginas notables, relacionadas con la política española y gallega. A veces sucede que se atribuyen autorías o responsabilidades a personas que aun teniendo grandes méritos, no tienen la paternidad o autoría que le endosan y con Don José Luis Meilán Gil, ha sucedido lo contrario, por desconocimiento algunos autores –afortunadamente pocos-, han omitido reconocer que fue él como diputado constituyente quien presentó la ponencia de enmienda a la redacción del artículo 103.1 de la Constitución de España de 1978, siendo por tanto corresponsable de su autoría[1], así como también tuvo algo que aportar en la redacción de la cláusula de primacía de los derechos fundamentales de la persona que vinculan a todos los poderes públicos –hoy artículos 9.1 y 53.1 de la Constitución de España[2]- y además es uno de los responsables directos de la redacción del título VIII de la Constitución de 1978, que regula la Organizacional territorial del Estado, convirtiéndose así en uno de los configuradores del Estado de las autonomías[3].

Su influencia directa en la política no fue sólo en el ámbito nacional, sino también en la política autonómica gallega, donde tendrá un papel fundamental en la redacción del Estatuto de Autonomía de Galicia.

Todo ello le valió su posterior elección en el supremo órgano consultivo de Gobierno, que es la manera como la Constitución define al prestigioso Consejo de Estado de España.

Contada así, la vida del Maestro coruñés José Luis Meilán Gil pudiera parecer que ha pasado muy rápida, pero ha sido justamente lo contrario, una vida personal y académica larga, productiva y plena, generosa e intelectualmente honesta, dedicada a servir a España, a Galicia, a La Coruña, a la Universidad, a los colegas de la cátedra, a los discípulos directos, a los amigos y a la familia del Derecho Administrativo en que todos nos reconocemos en ambos continentes. Son todas estas las razones que motivan sobradamente este *Liber Amicorum*, que ha logrado reunir la participación de 72 autores en lengua castellana y portuguesa para concretar esta magnífica publicación.

La obra se inicia con la presentación que hacen sus directores Jaime Rodríguez-Arana Muñoz y Ernesto Jinesta Lobo, respecto a cómo concibieron y por qué asumieron realizar este homenaje, así como con una reseña biográfica –no bibliográfica- breve de sus más relevantes méritos.

Ello inmediatamente da paso a la epístola que en nombre de todos sus discípulos le escribe el "menos joven de ellos", Pablo González Mariñas y seguidamente se suman algunas de las más destacadas plumas del Derecho Administrativo Iberoamericano, con quienes Meilán Gil guarda una amistad, respeto y admiración entrañables.

El tomo I, en que participan 26 autores, contiene la parte general distribuida en dos secciones: La primera, denominada "Ordenamiento jurídico administrativo: Elementos, principios y peculiaridades", contiene los trabajos de Javier Barnes Vázquez, Rodolfo Barra, Mariano R. Brito –recién fallecido a finales de enero de 2014, antes de que se publicase el libro- Juan Pablo Cajarville Peluffo, Juan Carlos Cassagne, Germán Cisneros Farías, Carlos E. Delpiazzo, Juan José Díez Sánchez, Marco Elizalde Jalil, Jorge Fernández Ruiz, Juárez Freitas, Alfredo Gallego Anabitarte, Víctor R. Hernández-Mendible, Miriam M. Ivanega, Fran-

---

[1]   Meilán Gil, José Luis, "Intereses generales e interés público desde la perspectiva del Derecho público español", *Categorías Jurídicas en el Derecho Administrativo*, Escola Galega de Administración Pública-Iustel, Madrid, 2011, pp. 182-183.

[2]   Meilán Gil, José Luis, *Ob. cit.*, pp. 184-185.

[3]   Meilán Gil, José Luis, *La construcción del Estado de las autonomías. Un testimonio personal*, Fundación Caixa Galicia, A Coruña, 2002.

cisco López Menudo, Ramón Martín Mateo –recién fallecido a finales de mayo de 2014, antes de que se publicase el libro– conjuntamente con Juan Rosa Moreno, José Ignacio Morillo Velarde Pérez, Rolando Pantoja Bauzá –fallecido a comienzos de junio de 2013–, Enrique Rivero Ysern, Jaime Rodríguez-Arana Muñoz, Libardo Rodríguez Rodríguez y Mirta Sotelo de Andreau.

En la segunda sección, calificada como "Sujetos de la actividad administrativa", se aprecian las colaboraciones de Jesús González Pérez, Santiago González-Varas Ibañez y Felipe Rotondo.

El tomo II, en que participan 46 autores, agrupa dos secciones y la parte especial: La sección tercera, dedicada a la "Actividad administrativa", contienen las colaboraciones de Mario Aroso de Almeida, Carlos Aymerich Cano con Javier Ferreira Fernández, Romeu Felipe Bacellar Filho, Luis José Béjar Rivera, José Luis Benavides, Allan R. Brewer-Carías, Hugo Calderón Morales, Luis Enrique Chase Plate, Victoria de Dios Viéitez, Iñigo del Guayo Castiella, Sergio Flores Navarro, Marta García Pérez, Rogério Gesta Leal, Ernesto Jinesta Lobo, Ricardo Rivero Ortega, Javier Robalino Orellana, Javier Sheffer Tuñón y Claudia Viana.

La sección cuarta, que se reservó a la "Justicia Administrativa", presenta los aportes de Gonzalo Barrio García, Víctor Benavides Pinilla, Pedro J. J. Coviello, Fausto de Quadros, Diogo Freitas do Amaral, Karlos Navarro Medal conjuntamente con Miguel Ángel Sendín García, Alfonso Pérez Moreno y José E. Rojas Franco.

En la parte especial, que tiene por subtítulo "La actividad administrativa sectorial y varios", se agrupan los estudios de Carlos Amodeo Souto, Gaspar Ariño Ortíz, Martín Bassols Coma, Jorge E. Dañós Ordoñez, Juan Miguel de La Cuétara, Augusto Durán Martínez, Almudena Fernández Carballal, Francisco González Navarro, José Carlos Laguna de Paz, Antonio Candido Macedo de Oliveira, José Luis Martínez López-Muñiz, Ismael Mata, Andry Matilla Correa, Henry Alexander Mejía, Ángel Menéndez Rexach, Juan José Pernas García, Ángel Sánchez Blanco y Francisco J. Sanz Larruga.

En términos generales los temas abordados en ambos tomos son tan diversos como los siguientes: los principios generales del Derecho Administrativo, las fuentes jurídicas, la descentralización administrativa, el principio de legalidad, la discrecionalidad administrativa, la motivación de los actos y los reglamentos, las potestades administrativas, los actos de autoridad, los contratos públicos, la revocación de los actos administrativos, la incompetencia de las autoridades administrativas para realizar las inhabilitaciones del ejercicio de los derechos políticos, la responsabilidad administrativa, los presupuestos para la admisión de las pretensiones en el proceso administrativo; así como temas de Derecho Administrativo económico, desarrollo sostenible y ambiente.

Sin duda se trata de una publicación de consulta obligatoria para los académicos, investigadores y estudiantes que pretendan encontrar pistas sobre las perspectivas del Derecho Administrativo en Iberoamérica, en la segunda década del siglo XXI.

Corresponde finalizar esta breve reseña felicitando a los organizadores y editores de la obra por el esfuerzo que han hecho para lograr la calidad de la misma, agradeciéndoles por haberme incluido entre el selecto grupo de invitados a tributar una vida que ha merecido ser vivida y deseándole a Don José Luis Meilán Gil, que siga disfrutando de buena salud por muchos años, para continuar abrevando de su generosa sabiduría.

ÍNDICE

ÍNDICE ALFABÉTICO DE LA JURISPRUDENCIA

www.ingramcontent.com/pod-product-compliance
Lightning Source LLC
Chambersburg PA
CBHW061214220326
41599CB00025B/4632

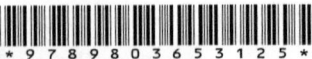